Katzenkinder aufziehen

Ein praktischer Ratgeber für das erste Lebensjahr

KATZENKINDER
aufziehen

Ein praktischer Ratgeber für das erste Lebensjahr

Aus dem Englischen von Antje Husk

VERLAG EUGEN ULMER

Für Mum und Dad und ihre Katze Spring

Bibliografische Information Der Deutschen Nationalbibliothek
Die Deutsche Nationalbibliothek verzeichnet diese Publikation
in der Deutschen Nationalbibliografie; detaillierte bibliografische
Daten sind im Internet über http://dnb.d-nb.de abrufbar.

Titel der englischen Originalausgabe:
The Complete Guide to Kitten Care
Aus dem Englischen von Antje Husk
Erschienen 1996 bei Mitchell Beazley, Reed International Books
Limited, Michelin House, 81 Fulham Road, London SW3 6RB,
Great Britain

© 1996 Reed International Books Limited
Text © 1996 Mark Evans
Illustrations © 1996 Reed International Books Limited
Design © 1996 Reed Consumer Books Limited

© 1997, 2010 Verlag Eugen Ulmer KG
Wollgrasweg 41, 70599 Stuttgart (Hohenheim),
www.ulmer.de
Lektorat: Dr. Nadja Kneissler, Dr. Eva-Maria Götz
Satz: Typomedia GmbH, Ostfildern
Printed in China

ISBN 978-3-8001-6748-7

Inhalt

6 Einleitung

Einleitung

Die Beziehung zwischen Katze und Mensch wurde im Laufe mehrerer Jahrhunderte aufgebaut, und heute ist die Katze aus unserer Gesellschaft nicht mehr wegzudenken.

Vielleicht liegt es daran, daß Katzen gerngesehene Mitbewohner sind, daß wir ihre Anwesenheit mittlerweile fast schon als selbstverständlich betrachten. Die Anschaffung einer Katze ist relativ problemlos, und eine Vielzahl von Produkten und Dienstleistungen unterstützt uns bei ihrer Pflege. Dabei vergißt man nur allzu leicht, daß Katzen – wenn sie auch unser Heim mit uns teilen und unser Leben beeinflussen können – unabhängige Tiere sind, die nicht von Geburt an darauf programmiert sind, die Lebensweise des Menschen zu verstehen.

Je nach den Lebensumständen müssen alle Katzen ihre natürlichen Instinkte an das Zusammenleben mit dem Menschen mehr oder weniger anpassen. Die Katze muß den Menschen erst verstehen lernen, und genauso sollten wir das Leben einmal aus dem Blickwinkel der Katzen betrachten. Vor allem aber müssen wir in der Lage sein, die Körpersprache der Katzen richtig zu deuten.

Zweifellos entsteht die beste Beziehung zwischen Mensch und Katze auf der Grundlage von gegenseitigem Verständnis, Toleranz und Respekt. Das Vertrauen einer Katze darf nicht vorausgesetzt werden, man muß es sich verdienen. Im übrigen sucht sich die Katze ihre zweibeinigen Freunde aus; der Mensch kann die Entscheidung nur akzeptieren.

Auswahl eines jungen Kätzchens

Sie können jedoch durchaus Ihren Beitrag dazu leisten, daß zwischen Ihnen und Ihrem Katzenkind eine Freundschaft fürs Leben entsteht. Bereiten Sie die Auswahl des Kätzchens und seine Ankunft im neuen Heim rechtzeitig und sorgfältig vor – es wird sich bezahlt machen.

Wahrscheinlich klingt das ganz selbstverständlich, doch es gibt immer wieder Menschen, die ganz spontan und ohne jegliche Vorbereitung ein Kätzchen zu sich nehmen. Kleine Kätzchen besitzen wohl die besondere Fähigkeit, mit ihrem Anblick auch die vernünftigsten Menschen einfach dahinschmelzen zu lassen.

Eine Entscheidung zugunsten einer Rassekatze wird in den meisten Fällen allein aufgrund des äußeren Erscheinungsbildes getroffen. Doch hier ist Vorsicht geboten. Siamkatzen beispielsweise sind zwar der Inbegriff der Eleganz, gleichzeitig aber auch sehr stimmkräftige Tiere, also nicht für Menschen geeignet, die Ruhe und Frieden bevorzugen. Perserkatzen erregen zweifellos Aufsehen, doch ihre Fellpflege nimmt sehr viel Zeit in Anspruch.

Ebenso sind Probleme vorprogrammiert, wenn Menschen aus lauter Bequemlichkeit einfach aus dem ersten Wurf, den sie überhaupt sehen, das Kätzchen aussuchen, das ihnen am besten gefällt.

Kindheitserlebnisse

Bei der Auswahl des Kätzchens, das am besten zu Ihnen und Ihrer Familie paßt, sind viele wichtige Punkte zu beachten. Die Kindheitserlebnisse einer Katze tragen ganz entscheidend zu ihrer späteren Entwicklung bei. So sind etwa Katzenkinder, die auf einem Bauernhof groß werden, ‚wilder' und unabhängiger als Katzen, die von Kindesbeinen an stets engen Kontakt zu Menschen haben. Überlegen Sie daher vor der Auswahl Ihres Katzenkindes, was für ein Leben Sie ihm bieten können und wollen.

Unser Wissen über Katzen – und unsere Vorstellungen einer optimalen Haltung dieser Tiere – beruht auf Forschungsergebnissen, die ein wichtiger Bestandteil der Arbeit eines Tierarztes sind.

Mein Kater Gorbatschow lebt in einer Gegend, in der er ungestört umherstreifen kann. Wie alle Katzen hat er ein eigenes Revier, das er gegen Eindringlinge verteidigt, wenn es sein muß.

Vorbereitungen in Heim und Familie

Die Vorbereitungen für die Ankunft Ihres neuen Mitbewohners sind recht zeitaufwendig. Sie und Ihre Familie müssen sich mit der Lebens- und Verhaltensweise von Katzen auseinandersetzen, und Sie müssen lernen, wie Sie die psychischen und physischen Bedürfnisse Ihres Kätzchens erfüllen können. Soll es eine reine Wohnungskatze sein, oder darf das Kätzchen auch draußen umherstreifen?

Sie werden vollauf damit beschäftigt sein, Haus und Garten entsprechend vorzubereiten, die notwendigen Pflegeprodukte und das richtige Futter zu besorgen. Wenn Sie all dies aber rechtzeitig erledigen, können Sie sich Ihrem Katzenkind bei seiner Ankunft in der neuen und ungewohnten Umgebung voll und ganz widmen und ihm helfen, sich einzuleben.

Pflege des Katzenkindes

Es gibt keine allgemeingültigen Regeln für die Pflege eines jungen Kätzchens. Zwar haben alle Katzen viele gemeinsame Merkmale, doch jede von ihnen ist eine eigene Persönlichkeit. Aus diesem Grund müssen Sie für Ihr Katzenkind ein individuelles Pflegeprogramm zusammenstellen.

Mit der Zeit werden Sie ein Gespür für die Bedürfnisse Ihrer Katze entwickeln. Dieses Buch steht Ihnen zwar mit Rat und Tat zur Seite, doch letztendlich müssen Sie selbst über die richtige Pflege für Ihr Katzen-

kind entscheiden. Vermutlich geht es Ihnen nicht anders als uns allen, und Ihnen werden einige Fehler unterlaufen. Wenn Sie dieses Buch zur Hand nehmen, immer ein offenes Ohr für die Bedürfnisse Ihrer Katze haben, die Grenzen Ihres Wissens erkennen und auch einmal um Rat fragen, so werden Sie mögliche Fehler schnell wiedergutmachen oder von vornherein vermeiden können.

Zielsetzung dieses Buches

Dieses Buch will Ihnen nicht vorschreiben, wie Sie Ihr Katzenkind großziehen sollen. Es ist vielmehr ein Ratgeber zu allen wichtigen Themenbereichen, mit denen sich alle Katzenbesitzer vor und nach der Ankunft ihres vierbeinigen Gefährten auseinandersetzen sollten. Auf den nächsten Seiten folgt eine Mischung aus neuen Informationen und persönlichen Ansichten, die der Autor über Jahre hinweg durch das Zusammenleben mit den verschiedensten Katzen gesammelt hat.

Als Katzenbesitzer müssen Sie manchmal Entscheidungen im Namen Ihres Katzenkindes treffen. Hier soll Ihnen das notwendige Wissen vermittelt und dafür gesorgt werden, daß Sie für solche Fälle gewappnet sind.

Dieses Buch ist nach chronologischen Gesichtspunkten aufgebaut und beginnt mit einem Rückblick auf die Geschichte der Hauskatze. Im folgenden wird ein Wurf junger Kätzchen vom Zeitpunkt der Geburt bis in die frühe Kindheit begleitet. Sie erfahren alles darüber, welche Überlegungen Sie vor der Auswahl Ihres Katzenkindes anstellen sollten. Wenn Ihr neuer Mitbewohner dann endlich eingezogen ist, erhalten Sie zahlreiche Ratschläge zu praktischen Themen, wie beispielsweise der Hygiene oder ersten Erziehungsversuchen. Im letzten Kapitel werden alle Aspekte der Gesundheitsvorsorge behandelt, damit Ihr Katzenkind sich immer rundum wohl fühlt. Das Buch gibt einen allgemeinen Überblick über die Pflege und Aufzucht eines Kätzchens, doch nur Sie allein können entscheiden, wie Sie Ihr eigenes Katzenkind großziehen möchten. Und denken Sie immer daran: ‚Nobody is perfect' – schließlich können uns unsere Katzen nicht mitteilen, was sie von unserer Erziehung halten. Wenn Sie sich aber auf eine Mischung aus wissenschaftlichen Erkenntnissen, persönlicher Erfahrung und gesundem Menschenverstand verlassen, dürfte nicht allzuviel schiefgehen.

Woher stammt die Katze?

Die faszinierende Geschichte der Katze kann über Tausende von Jahren zurückverfolgt werden. Der Körperbau der Katze hat sich über diesen Zeitraum kaum verändert, und sie hat viele ihrer ursprünglichen Instinkte bewahrt. Die Anpassungsfähigkeit der Katze ist bemerkenswert. Sie baut intensive Beziehungen zu Menschen auf, die ihr mit Freundlichkeit und Respekt begegnen.

Die Geschichte der Hauskatze

Die Bindung, die zwischen Ihnen und Ihrem Katzenkind entstehen wird, ist ein neues Kapitel in der Geschichte der bemerkenswerten Beziehung zwischen Mensch und Katze. Dieses Bündnis hat im Laufe der Jahrhunderte vielfältige Formen angenommen, wobei der Katze unterschiedliche Funktionen zuteil wurden; sie war Rattenfänger, religiöses Totem, Statussymbol und Weggefährte des Menschen. Die Entwicklung dieser Beziehung dauert bis zum heutigen Tag fort, da sich Zuchtrassen wie Siam und Abessinier zunehmender Beliebtheit erfreuen.

Groß- und Kleinkatzen

Die Familie der Katzen umfaßt etwa 25 verschiedene Arten, doch nur eine ist zum Haustier geworden. Wir wissen nicht, warum das Zusammenleben zwischen Mensch und Hauskatze so gut funktioniert, während viele andere Kleinkatzen kurz vor dem Aussterben stehen.

Die bekanntesten Großkatzen sind Löwe, Tiger, Leopard und Gepard. Es ist uns Menschen zwar gelungen, diese großen, stattlichen Tiere in Gefangenschaft zu halten, doch keines wurde wirklich domestiziert.

Was die Anzahl der Arten angeht, so werden die Großkatzen von den Kleinkatzen deutlich übertroffen, doch wissen wir wesentlich weniger über sie. Einige Kleinkatzen muten in ihrem Aussehen bizarr an, wie etwa die südamerikanische Jaguarundi (Wieselkatze) oder die Pallaskatze, eine Langhaarkatze, die in den asiatischen Steppen zu Hause ist. Die meisten haben eine schöne Zeichnung, und viele – wie beispielsweise die Sandkatze und die kleine Gefleckte Katze – haben mit der Hauskatze die faszinierenden Augen und das Mienenspiel gemeinsam. Und doch sind einige dieser Katzen mittlerweile bedrohte Arten, während es Millionen von Hauskatzen gibt.

Die Afrikanische Wildkatze

Die Diskussion über die Vorfahren unserer Hauskatze wurde endlich

Die Afrikanische Wildkatze kommt recht gut mit dem Menschen aus. In einigen Gebieten Afrikas lebt sie in der Nähe von Dörfern, streift umher und geht auf die Jagd.

beigelegt, und zwar durch ein neuartiges Verfahren, das der Technik des genetischen Fingerabdruckes beim Menschen ähnelt.

Die Annahme, daß Dschungelkatze, Leopard oder Sandkatze als Vorfahren zu betrachten sind, hat sich als falsch erwiesen. In der Tat stammen alle Hauskatzen nur von einer einzigen Art ab: *Felis silvestris lybica*, der Afrikanischen Wildkatze.

Von der Wildkatze zum Haustier

Der genaue Zeitpunkt der Domestikation der Katze ist schwierig zu bestimmen. Wahrscheinlich war es sogar so, daß sich die Katze über mehrere Tausend Jahre allmählich selbst gezähmt hat. Jahrhundertelang hat sich der Körperbau der Katze nicht verändert. Aus diesem Grund konnten Archäologen kaum feststellen, ob es sich bei Knochenfunden in prähistorischen Ansiedlungen um die Knochen von Wildkatzen handelte, die wegen ihres Felles getötet wurden, oder um die Knochen von zahmen Katzen, die einfach an Altersschwäche gestorben sind.

Einige der ersten europäischen Afrikaforscher haben halbzahme Wildkatzen beschrieben, die zur Ungezieferbekämpfung in Hütten mit Lebensmittelvorräten angebunden waren. Möglicherweise ist das ein Hinweis darauf, wie es zur Domestikation der Katze kam. Es ist aber auch möglich, daß die Katzen nicht zahmer wurden, weil es der Wille des Menschen war, sondern weil Ratten und Mäuse, die von den Lebensmittellagern der Menschen angezogen wurden, leichte Beute waren.

Ganz gleich, wie es begann: der Prozeß der Domestikation konnte beginnen, sobald diese Zusammenarbeit zwischen Mensch und Katze stattfand.

Die Ähnlichkeit zwischen vielen Hauskatzen und ihren Vorfahren ist verblüffend. Das gilt nicht nur für das Aussehen, sondern auch für bestimmte Verhaltensmuster, z.B. das Territorialverhalten.

Die Katze im alten Ägypten

Die alten Ägypter waren die ersten, die Katzen auf ihren Bildern als Haustiere dargestellt haben. Oft wird die Zähmung der Katze ganz den Ägyptern zugeschrieben. Sie haben wahrscheinlich nur ein Kapitel der Beziehung zwischen Katze und Mensch geschrieben.

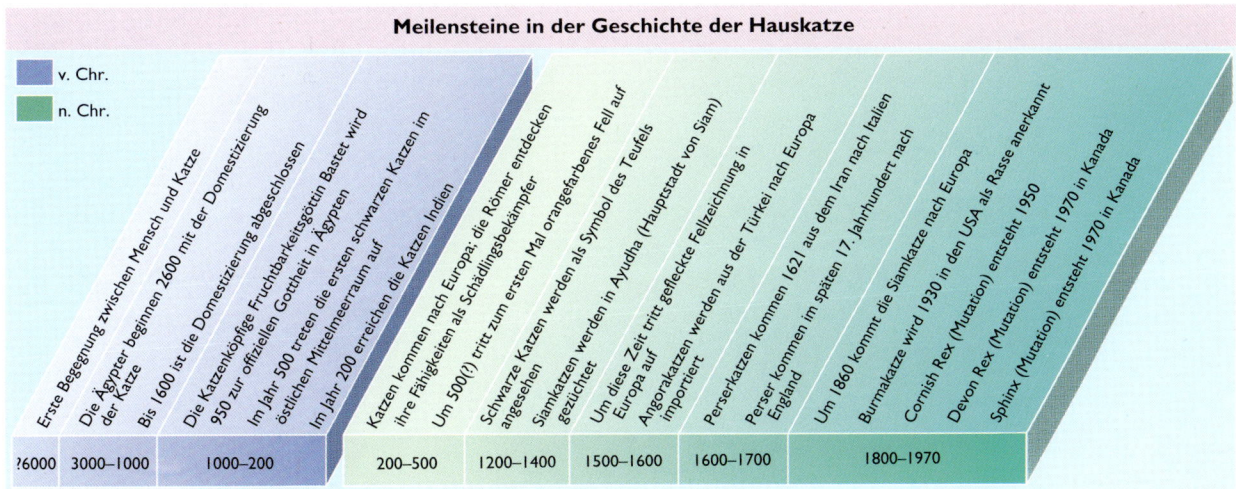

Meilensteine in der Geschichte der Hauskatze

Im letzten Jahrtausend vor Christi Geburt wurde die Katze von den Ägyptern als heiliges Tier verehrt. Zu Ehren von Bastet, der Göttin der Fruchtbarkeit mit dem Katzenkopf, wurde in Bubastis ein großer Tempel errichtet, und zu den jährlich stattfindenden Feiern zu ihrer Verehrung kamen bis zu 750000 Menschen. In ganz Ägypten wurden Tausende von Katzen in Tempeln gehalten, und viele von ihnen wurden nach ihrem Tod mumifiziert und in Gräbern beerdigt.

Die ägyptischen Katzen ähnelten in ihrem Aussehen noch sehr stark der Afrikanischen Wildkatze: Sie hatten lange Vorderbeine und saßen mit aufrechtem Rücken. Jahrhundertelang gab es ausschließlich gestreifte Katzen oder auch gefleckte, die den heutigen wildfarbenen oder Tabbykatzen ähnelten. Die erste ,neue' Fellfarbe war ein reines Schwarz, das wahrscheinlich um 500 v.Chr. als Mutation in einem der nordafrikanischen Häfen aufgetreten ist.

Die nächsten tausend Jahre

Die Ägypter haben argwöhnisch über ihre Katzen gewacht, doch nach der Zerschlagung des ägyptischen Reichs durch die Römer im Jahre 30 v.Chr. konnten sich die Hauskatzen in ganz Europa verbreiten. Vermutlich wurden sie von Händlern als ,Schiffskatzen' mitgebracht. Die ersten Katzen gingen um das Jahr 200 n.Chr. in Europa an Land.

Die Römer hielten Katzen vor allem als Haustiere und zur Schädlingsbekämpfung. Die Kelten dagegen scheinen der Katze eine mystische Bedeutung verliehen zu haben; es wurden Überreste von Katzen gefunden, die den Gottheiten der Kelten geopfert wurden.

Im Mittelalter hat man die Katze wohl hauptsächlich in ihrer Eigenschaft als Rattenfänger und damit als Pestbekämpfer geschätzt, obwohl einige Katzen zweifellos als Heimtiere gehalten wurden.

Die Katze im 13. bis 16. Jahrhundert

In dieser Zeit hatten es die Katzen nicht einfach – jedenfalls nicht in Europa. Das Christentum hatte bis zum frühen Mittelalter viele Elemente anderer Religionen übernommen, so auch die Katzenverehrung, die auf den ägyptischen Kult um die Göttin Bastet zurückzuführen ist. Seit dem 13. Jahrhundert wurden diese Kulthandlungen jedoch abgeschafft, die Katzenhaltung wurde mit Mißachtung betrachtet, und Tausende von Katzen mußten sterben.

Den Katzen wurden übernatürliche Kräfte zugesprochen, sie wurden zu Symbolen des Teufels selbst. Ihre

Diese typische kurzhaarige Hauskatze ist kleiner als ihr wilder Vorfahre und hat kürzere Beine. Es ist aber immer noch ein agiles, athletisches Tier, das bei Bedarf zu einem ausgezeichneten Jäger wird.

Ohr-
muschel

Widerrist

Bauch

Flanke

Schwanz

Hüfte

Oberkiefer
Unterkiefer

Hals

Schulter

Ellen-
bogen

Brustkorb

Vorderbein

Handgelenk

Ferse

Vorderpfote
(mit fünf Krallen)

Hinterpfote
(mit vier Krallen)

Fähigkeit, Stürze aus großer Höhe unverletzt zu überstehen, wurde als Teufelswerk angesehen, und ihre glänzenden Augen wurden auf ein heidnisches Bündnis mit dem Mond zurückgeführt.

Die Katze im 17. bis 19. Jahrhundert

Die religiöse Verfolgung ließ im 17. Jahrhundert nach, doch die Puritaner verurteilten die Haltung von Haustieren, und erst in der Mitte des 18. Jahrhunderts wurde die Vorstellung, eine Katze als Heimtier zu halten, von der Gesellschaft angenommen. Selbst zu dieser Zeit war vielen Katzen aber nur ein kurzes und unglückliches Leben vergönnt, da sich der Mensch erst seit Mitte des 19. Jahrhunderts um das Wohlergehen der Tiere zu kümmern begann.

Die modernen Züchtungen

Der geschmeidige, langbeinige Körperbau der Katzen aus dem Alten Ägypten ist fast vollständig verlorengegangen. Sehr wahrscheinlich hat mit der Verbreitung der Ägyptischen Katzen in Europa und Asien eine Kreuzung mit den einheimischen Wildkatzen stattgefunden. Dies erklärt die Entwicklung der in Europa weit verbreiteten kurzbeinigen und relativ gedrungenen Katzen und der orientalischen Züchtungen mit ihrem feinen Knochenbau, die mit der Europäischen Wildkatze bzw. der Indischen Steppenkatze verwandt zu sein scheinen.

Entwicklung der Fellfarbe

Nach Schwarz ist wahrscheinlich Orange (Rot) die älteste Mutation in der Fellfarbe der Katze. Andere Mutationen haben die Katzen mit weißen Pfoten und weißem Kinn, die verschiedenen Langhaarkatzen sowie den Verdünnungseffekt hervorgebracht: Schwarz wurde zu ‚Blau‘ und Orange zu Creme. Die Colourpoint-Färbung der Siamkatzen, die aufgrund von Temperaturunterschieden an den kältesten Körperteilen auftritt (siehe Seite 109) ist ebenso eine Mutation wie der Schwanz der Japanischen Stummelschwanzkatze (Japanese Bobtail).

Als ‚Durchschnittskatzen‘ werden häufig Katzen mit gestromter oder marmorierter Fellzeichnung (blotched Tabby, Räderzeichnung) angesehen. Diese Fellzeichnung gibt es aber erst seit 300 Jahren; sie trat zuerst in England auf. Heute ist diese Fellzeichnung am häufigsten in Großbritannien, den Niederlanden, in Kanada, Australien und Neuseeland anzutreffen.

Der Körper einer Katze ist eine komplexe biologische Maschine, deren Einzelteile wirkungsvoll zusammenarbeiten. Unabhängig vom Aussehen ist die ‚Innenausstattung‘ bei allen Katzen gleich.

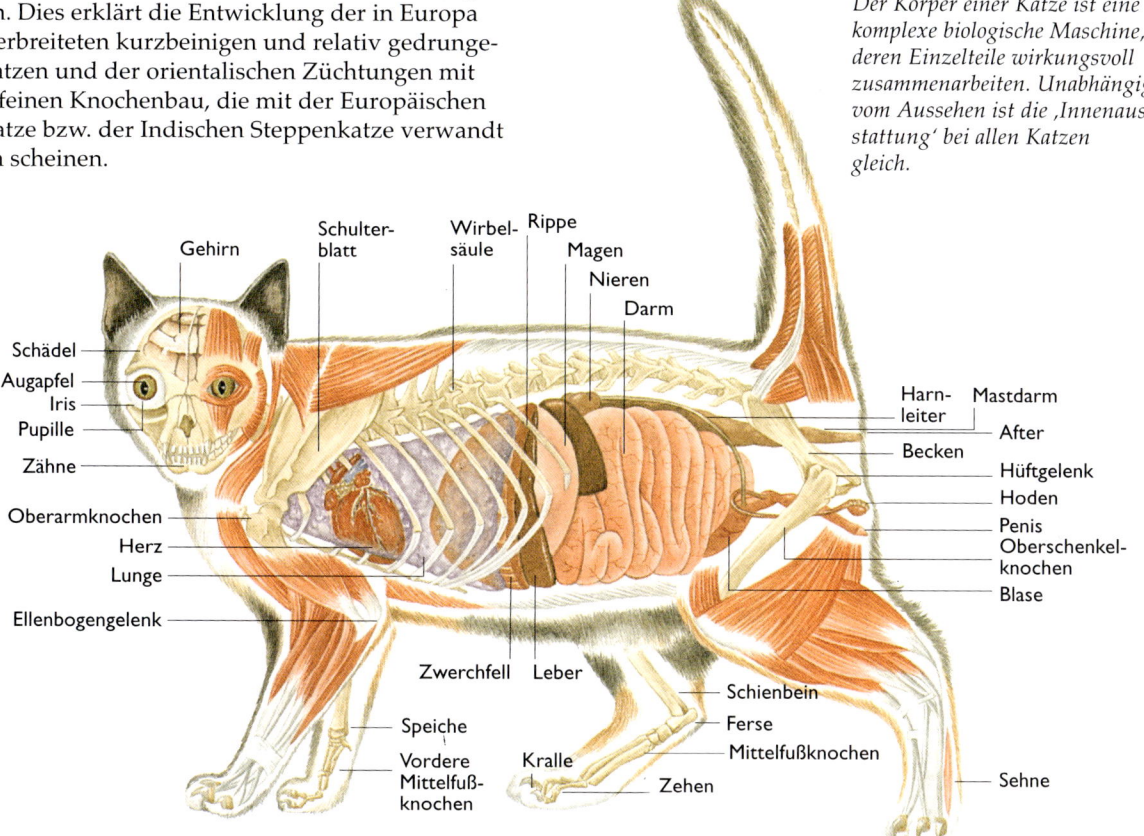

Gehirn
Schulterblatt
Wirbelsäule
Rippe
Magen
Nieren
Darm
Schädel
Augapfel
Iris
Pupille
Zähne
Harnleiter
Mastdarm
After
Becken
Hüftgelenk
Hoden
Penis
Oberschenkelknochen
Blase
Oberarmknochen
Herz
Lunge
Ellenbogengelenk
Zwerchfell
Leber
Schienbein
Ferse
Mittelfußknochen
Speiche
Vordere Mittelfußknochen
Kralle
Zehen
Sehne

Neues Leben entsteht

Die Geburt eines Katzenkindes ist ein sehr aufregendes Ereignis. Wenn Sie den Rest Ihres Lebens mit einer Katze teilen möchten oder bereits eine Katze besitzen und bei ihrer Geburt nicht dabei sein konnten, wird Sie dieses Kapitel ganz besonders interessieren. Allein die Vorstellung, daß sich ein lebendes Tier im Leib eines anderen entwickelt, erfüllt uns mit Staunen.

Das Paarungsspiel

Ausgewachsene Kater sind normalerweise sexuell aktiv und zu jeder Zeit des Jahres auf der Suche nach einer paarungsbereiten Partnerin, auch wenn einige Wissenschaftler der Auffassung sind, daß der Kater im Frühjahr und Sommer das meiste Sperma produziert.

Ausgewachsene weibliche Katzen dagegen sind nur zu bestimmtem Zeiten sexuell aktiv. Die Paarungsbereitschaft hängt mit der Länge der Tage zusammen; in mitteleuropäischen Ländern etwa erleben die meisten Katzen ihre Zyklen von Januar bis September . Durch künstliche Helligkeit kann die Paarungsbereitschaft der Katze auf das ganze Jahr ausgedehnt werden.

Die Katze in Hitze

Eine geschlechtsreife Katze wird zu bestimmten Zeiten während der Paarungszeit sexuell aktiv (sie wird rollig) und kann sich paaren (siehe Seite 123). Die Paarung von reinrassigen Katzen wird meist von verantwortungsbewußten Besitzern organisiert und findet normalerweise im Heim des Katers statt. Natürlich sind einige Paarungen, besonders im Fall von Mischlingskatzen (siehe Seite 44), wesentlich zwanglosere Katzenhochzeiten.

Lockverhalten

Wenn die Katze rollig ist, legt sie ein bestimmtes Lockverhalten an den Tag. Zunächst sucht sie die Zuneigung ihres Besitzers, streicht ungewöhnlich häufig mit Kopf und Flanken um seine Beine. Sie wälzt sich am Boden und gibt ihrem Drang durch lautes Rufen Ausdruck.

Am Höhepunkt der Hitze angelangt, nimmt die Katze vor ihrem Besitzer oder einer anderen Katze eine charakteristische Position ein. Sie legt sich flach auf den Boden und legt ihren Kopf zwischen die ausgestreckten Vorderbeine. Sie hebt ihr Hinterteil an und legt den Schwanz zu einer Seite, um ihre Geschlechtsteile zu zeigen. Mit ihren Hinterpfoten vollführt sie imaginäre Schritte und „knetet" den Boden.

In der Hoffnung, daß sie einen oder mehrere Kater zur Paarung locken kann, behält die Katze dieses Verhalten fünf bis zehn Tage bei. Wenn überhaupt, wird es nur wenige (normale) Kater geben, die dem widerstehen können.

Die sexuelle Vereinigung

Wenn ein Kater und eine Katze zur Paarung aufeinandertreffen, stößt der Kater vor der Vereinigung auffordernde Rufe aus. Der Paarungsakt selbst ist normalerweise eine Sache von Sekunden. Der Kater packt die Katze mit seinem Gebiß im Nackenfell und steigt auf. Mit den Vorderpfoten hält er den Oberkörper der Katze fest. Die Katze wiederum preßt ihr Vorderteil auf den Boden und hebt das Hinterteil an. Der Kater tritt von einer Hinterpfote auf die andere, und sein gesamter Körper gerät ins Schaukeln. Dann

Vor der Vereinigung wird die Katze von ihrem Partner auf den Boden gepreßt.

Paarungshaltung von Kater und Katze

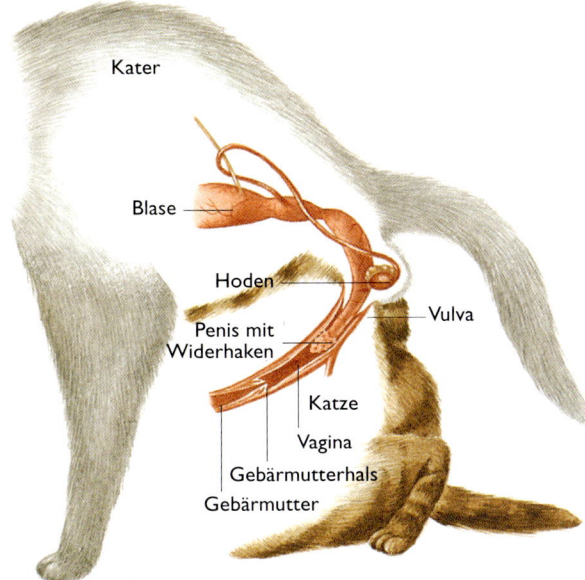

Nach der Ejakulation steigt der Kater schnell ab. Beim Zurück-ziehen des Penis stimulieren die Widerhaken die Scheidenwand. Man nimmt an, daß dadurch die Ovulation ausgelöst wird.

vollzieht der Kater mit gekrümmtem Rücken die Paarung. Vor der Ejakulation führt der Kater für etwa fünf bis 15 Sekunden schnelle, heftige Stöße aus.

Nach der Ejakulation läßt der Kater sofort ab und sucht das Weite, da die Katze normalerweise faucht und versucht, ihn zu attackieren. Und sie hat guten Grund für ihre Reaktion. Auf dem Penis des Katers befinden sich Widerhaken zur Stimulation der Vulva während des Geschlechtsverkehrs und zur Unterstützung der Ovulation (siehe Abbildung oben). Aus diesem Grund ist der Geschlechtsverkehr für die Katze vermutlich sehr schmerzhaft.

Verhalten nach der Paarung

Nach dem Paarungsakt wälzt sich die Katze wild auf dem Boden. Nach Auffassung von Experten wird dadurch der Samenfluß in die Gebärmutter unterstützt.

Währenddessen lecken Kater und Katze ihre Geschlechtsteile sauber, um sich auf eine erneute Paarung vorzubereiten. Es kann durchaus sein, daß sie sich innerhalb der nächsten Stunde noch einige Male paaren. Wenn eine Katze die Möglichkeit dazu hat, kann es gut sein, daß sie sich in den folgenden vier bis fünf Tagen mit verschiedenen Katern paart.

Ovulation

Die Ovulation erfolgt 23 bis 30 Stunden nach der Paarung. Katzen stoßen durchschnittlich vier Eier ab. Natürlich gibt es keine Garantie dafür, daß sich aus allen befruchteten Eiern kleine Kätzchen entwickeln. Meistens besteht ein Wurf einer nicht reinrassigen Katze aus drei bis sieben Jungen.

Die Größe des Wurfs variiert je nach Rasse: orientalische Rassen haben oftmals mehr Junge – manchmal mehr als zehn Kätzchen in einem Wurf –, während Langhaarkatzen häufig nur zwei oder drei Junge zur Welt bringen. Einzelgeburten sind ungewöhnlich.

Empfängnis

Wenn ein Ei befruchtet wurde, wird durch einen besonderen Mechanismus verhindert, daß dasselbe Ei von einem anderen Spermium nochmals befruchtet wird. Wenn sich eine Katze mit mehreren Katern gepaart hat, ist es also theoretisch durchaus möglich, daß jedes Ei mit dem Sperma eines anderen Vaters befruchtet wird.

Befruchtung

Obwohl zur Befruchtung eines Eies nur ein einziges Spermium nötig ist, gehen Wissenschaftler davon aus, daß tatsächlich etwa eine Million Spermien erforderlich sind, um eine geeignete Umgebung für die Befruchtung zu schaffen. In den Eileitern wird eine unbekannte Anzahl von Eiern befruchtet. Dann dauert es noch etwa eine Woche, bis die befruchteten Eier die Gebärmutter erreichen.

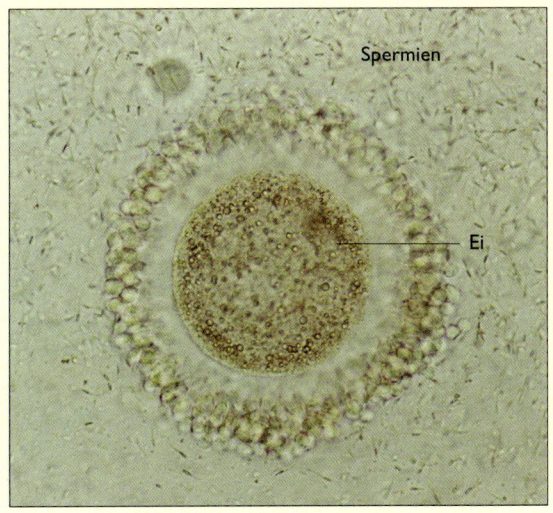

Das Leben vor der Geburt

Kätzchen sind bei ihrer Geburt hilflos und in den ersten Wochen vollständig auf ihre Mutter angewiesen.
Das hängt damit zusammen, daß sie
im Durchschnitt nur neun Wochen
in der Gebärmutter verbringen.

Diese neun Wochen sind allerdings eine sehr angenehme Zeit für
die Katzenjungen. Während ihres
Aufenthalts in der dunklen Gebärmutter werden sie ernährt und
warm gehalten. So können sie in
Geborgenheit und ohne Streß auf
den Moment ihrer Geburt warten.

Die Reise zur Gebärmutter

In den ersten zwei Wochen nach der Empfängnis sind
die Embryonen kaum größer als ein Stecknadelkopf.
Ihre Reise führt sie zunächst durch den Eileiter zur Gebärmutter. Auf dieser Reise findet bereits eine Zelltei-
lung statt, bis schließlich ein mikroskopisch kleiner,
aber stabiler Zellklumpen entstanden ist.

Alle Embryonen – aus denen einmal Kätzchen desselben Wurfs werden sollen – erreichen die Gebärmutter 13 bis 17 Tage nach dem Ausstoßen der Eier.

Wenn die Embryonen am Ziel sind, verteilen sie sich
meist gleichmäßig auf die beiden Seiten (oder Hörner)
der Gebärmutter und suchen sich einen sicheren Platz
in der Gebärmutterwand (siehe Abbildung oben).

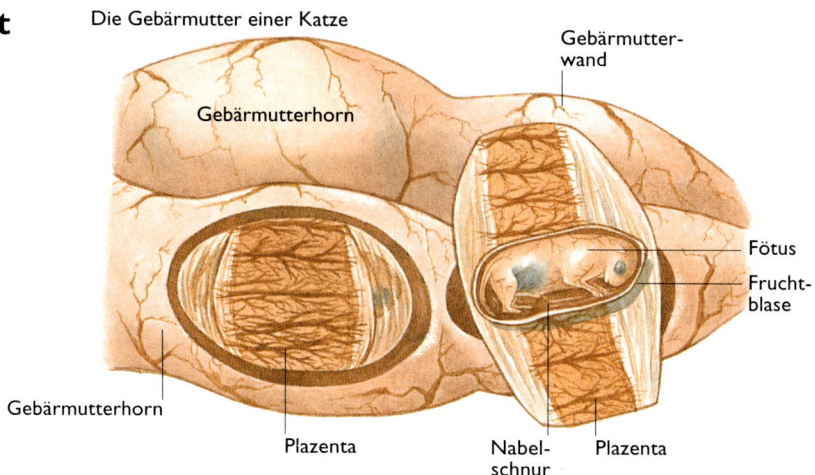

Die Gebärmutter einer Katze

Gebärmutter-
wand

Gebärmutterhorn

Fötus

Frucht-
blase

Gebärmutterhorn

Plazenta

Nabel-
schnur

Plazenta

*Die Föten verteilen sich auf die ‚Hörner' der Y-förmigen Gebär-
mutter; jeder schwimmt in seiner eigenen Fruchtblase.*

Die Entwicklung der Embryonen

Mit der weiteren Entwicklung der Embryonen übernehmen die Zellen verschiedene Aufgaben: einige Zellen bilden den Körper der Katzenjungen, andere die
Schutzmembran oder den Mutterkuchen, der den Blut-
kreislauf der Embryonen mit dem der Mutter verbin-
det.

*Während eine trächtige Hündin erst ab der fünften Woche zu-
nimmt, nimmt eine trächtige Katze kontinuierlich zu. Zunächst
besteht ein Großteil des zusätzlichen Gewichts aus Körperfett.*

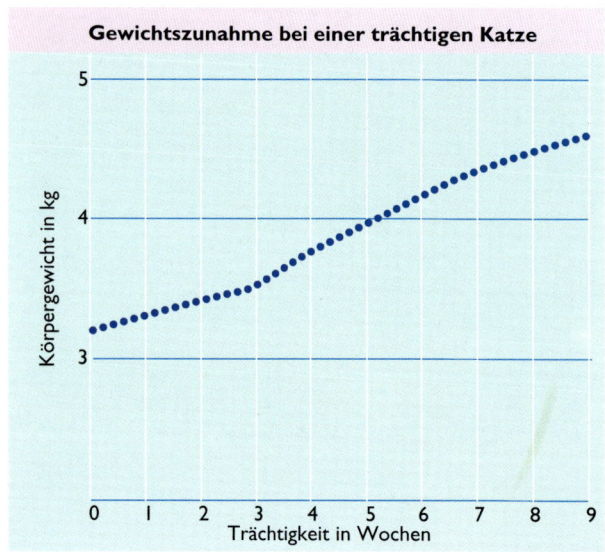

Gewichtszunahme bei einer trächtigen Katze

Körpergewicht in kg

5

4

3

0   1   2   3   4   5   6   7   8   9
Trächtigkeit in Wochen

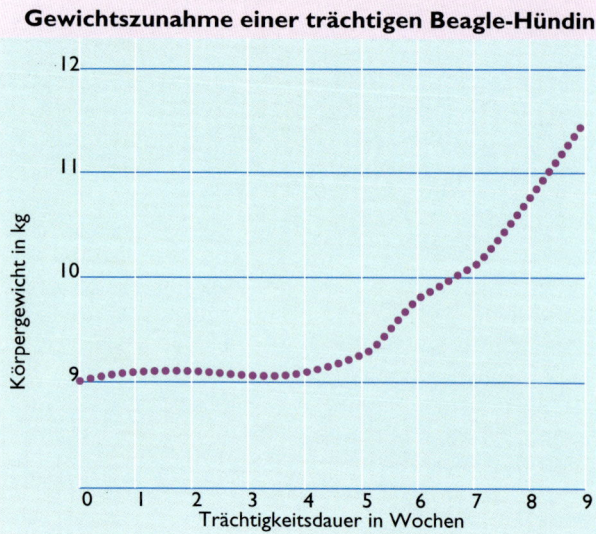

Gewichtszunahme einer trächtigen Beagle-Hündin

Körpergewicht in kg

12

11

10

9

0   1   2   3   4   5   6   7   8   9
Trächtigkeitsdauer in Wochen

Ungefähr 16 Tage nach der Empfängnis hat die Entwicklung des Kopfes und der Wirbelsäule bereits begonnen. Die Plazenta der Embryonen ist erst nach etwa 22 Tagen funktionsfähig. Bis zu diesem Zeitpunkt werden die Embryonen aus einer „eingebauten" Nahrungsquelle, dem Dottersack, ernährt. Bis zur Entleerung des Dottersacks schwimmt jeder Embryo in seinem eigenen, mit Flüssigkeit gefüllten Sack und ist über die Nabelschnur mit der Plazenta verbunden.

Die Entwicklung des Körpers, des Kopfes und der Augen geht sehr schnell vor sich, und schon nach vier Wochen sind alle Organe des Kätzchens ausgebildet, wenn auch noch nicht fertig entwickelt. In diesem Stadium sind die Embryonen 25 bis 30 mm lang und haben die fötale Position eingenommen (siehe links).

Das fötale Stadium

Wenn die Embryonen vier Wochen alt sind, werden sie bis zur Geburt als Föten bezeichnet. Ihre Organe reifen heran, und sie wachsen sehr schnell: ihre Größe verdoppelt sich zwischen dem 28. und dem 40. Tag und dann erneut bis zur achten Woche.

Tastsinn: Etwa vom 28. Tag an entwickelt sich als erster Sinn der Tastsinn. Wir wissen zwar nicht, inwieweit die Föten diese neu erworbene Fähigkeit tatsächlich nutzen können, doch es wird angenommen, daß sie damit die Bewegungen ihrer Glieder besser kontrollie-

Trächtigkeitsstatistik
• Die Trächtigkeit einer Katze dauert durchschnittlich zwischen 63 und 65 Tage, aber es sind auch schon Trächtigkeiten von 59 und 70 Tagen aufgetreten.
• Bei der Geburt ist ein Kätzchen ungefähr 12,5 cm lang; die genaue Größe hängt von der Rasse ab. Bei einem großen Wurf kann jedes Kätzchen etwas kleiner sein

ren können. Diese Bewegungen können ab der siebten Trächtigkeitswoche wahrgenommen werden.

Geschmackssinn: Sehr wahrscheinlich funktioniert auch dieser Sinn bereits vor der Geburt. So können die Kätzchen das Fruchtwasser schmecken, in dem sie schwimmen.

Gleichgewichtssinn: Dieser Sinn entwickelt sich als nächstes und ist etwa acht Wochen nach der Empfängnis funktionsfähig.

Gehör und Sehvermögen: Diese Sinne entwickeln sich später; neugeborene Kätzchen sind taub und blind.

Diese Katze befindet sich in der achten Trächtigkeitswoche und wird bald werfen. In diesem Stadium nimmt sie etwa 25% mehr Nahrung zu sich als vor der Empfängnis, um die heranreifenden Föten zu ernähren.

Die trächtige Katze

Die ersten Anzeichen einer Trächtigkeit sind nach etwa drei Wochen sichtbar. Die Zitzen vergrößern sich und ändern ihre Farbe in ein helles Rosa. Der Haarwuchs um die Zitzen geht leicht zurück. Bis zum 40. Tag sollten die Zitzen der Katze deutlich vergrößert sein. Das Verhalten der Katze ändert sich bis etwa zwei Wochen vor Ende der Tragzeit kaum (eine trächtige Wildkatze verwendet mehr Zeit als gewöhnlich auf die Jagd, um ihren erhöhten Nährstoffbedarf während Tragzeit und Stillzeit zu decken). Im Gegensatz zur Hündin, die in den letzten drei Wochen vor der Niederkunft am meisten zunimmt, erfolgt die Gewichtszunahme der Katze relativ gleichmäßig (siehe Seite 14). Dabei hängt die Gewichtszunahme von der Anzahl der ausgetragenen Jungen ab, eine Zunahme von 1,5 kg liegt aber durchaus im Bereich des Möglichen. Der Bauch ist stark gewölbt, und die trächtige Katze wird sich in den letzten Wochen nur schwerfällig fortbewegen, wenn sie einen großen Wurf erwartet.

Von oben betrachtet, hat eine Katze kurz vor der Niederkunft einen deutlich geschwollenen Bauch. In diesem Stadium sind die einzelnen Föten durch Abtasten der Bauchwand kaum mehr auseinanderzuhalten.

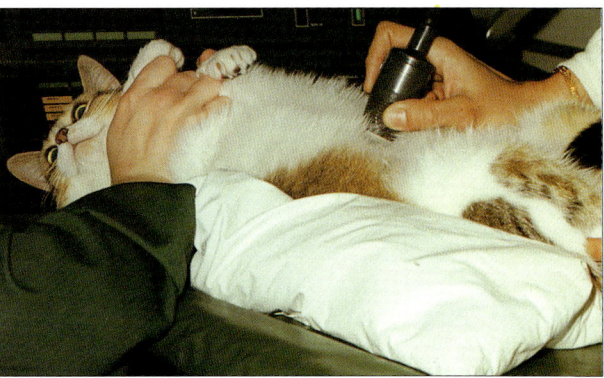

Bei der Ultraschalluntersuchung wird ein ähnlicher Apparat eingesetzt wie beim Menschen. Die Untersuchung ist schmerzlos, und die meisten Katzen lassen sie widerstandslos über sich ergehen.

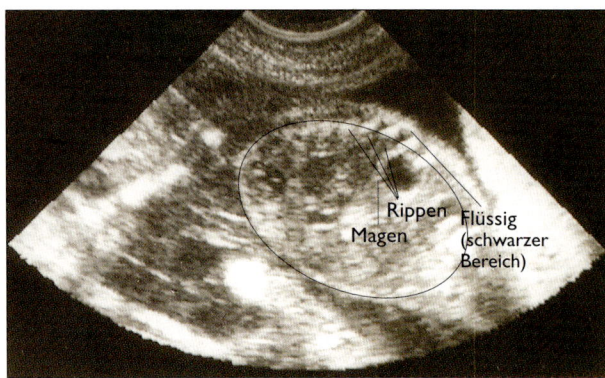

Rippen
Magen
Flüssig
(schwarzer
Bereich)

Durch eine Ultraschalluntersuchung kann eine Trächtigkeit schon in der zweiten Woche festgestellt werden. Der eingekreiste Bereich auf diesem Bild zeigt einen Querschnitt durch den Bauch eines Fötus am 28. Tag der Trächtigkeit.

Feststellen der Trächtigkeit

Ein Tierarzt kann die Trächtigkeit einer Katze mit verschiedenen Methoden feststellen.

Ultraschalluntersuchung: Dazu wird ein ähnlicher Apparat eingesetzt wie beim Menschen (siehe Abbildung oben). Ein erfahrener Tierarzt kann mit diesem Verfahren bereits 14 Tage nach der Paarung einzelne Embryonen in der Gebärmutter erkennen.

Abtasten des Bauches: Bei einigen Katzen können die Föten durch sanftes Abtasten des Bauches erfühlt werden. Der optimale Zeitpunkt dafür liegt zwischen dem 16. und dem 26. Tag (später wird es schwierig, die einzelnen Föten zu unterscheiden).

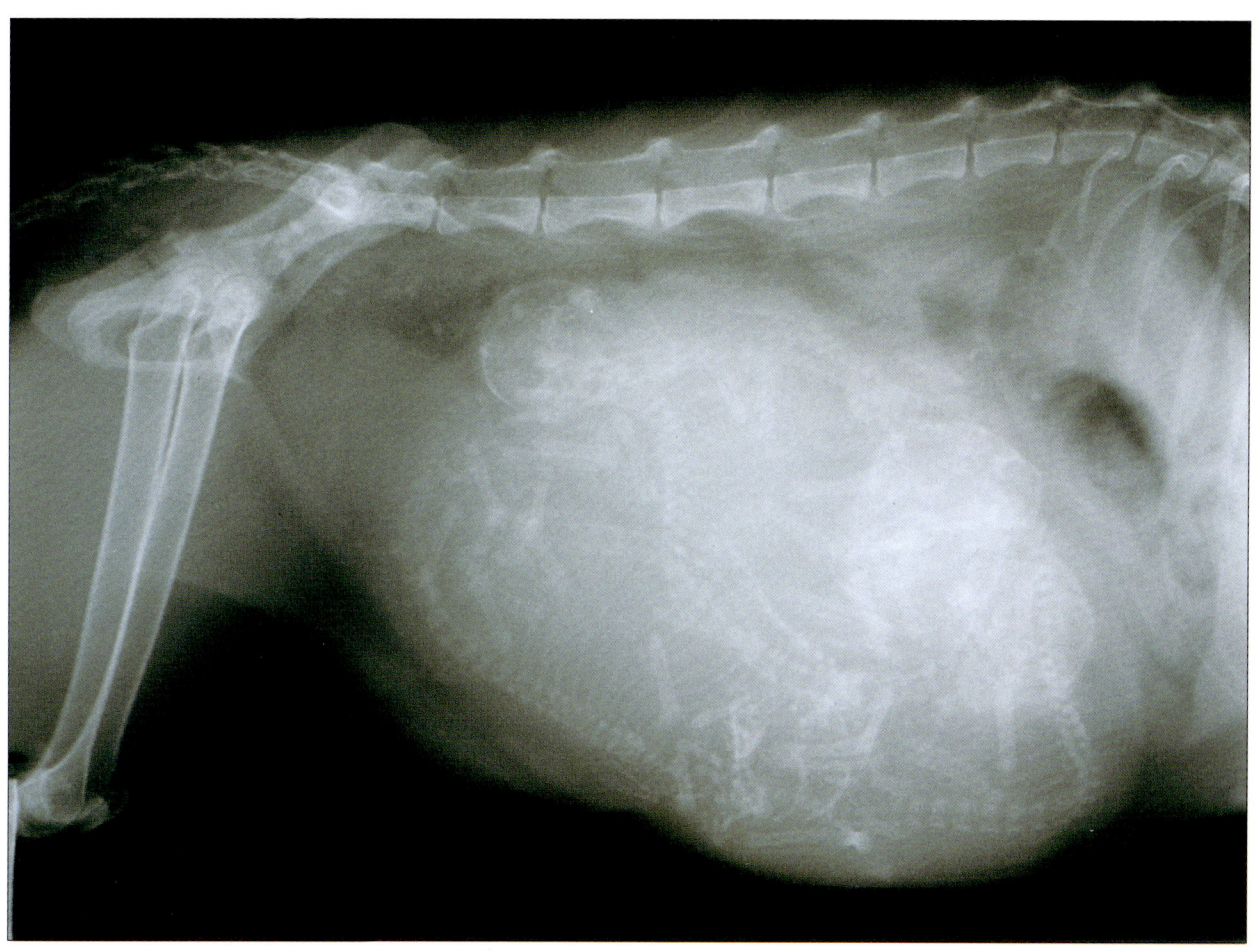

Diese Röntgenaufnahme zeigt eine auf der Seite liegende träch-
tige Katze. Die zahlreichen schwachen Linien in der Mitte des
Bauchraums sind die zarten Knochen der Föten.

Röntgenaufnahme: Nach dem 40. Tag der Tragzeit
  sollten auf einem Röntgenbild die zarten Skelette
  der Föten deutlich sichtbar sein (siehe Abbildung
  oben).

Abhören der Herztöne: Der im Vergleich zur Mutter
  schnellere Herzschlag der Föten kann im fortge-
  schrittenen Stadium der Trächtigkeit mit einem Stethoskop abgehört werden.

Verhalten vor der Geburt

In der letzten Woche der Tragzeit läßt die Aktivität der
Katze deutlich nach. Sie verbringt normalerweise viel
Zeit mit der Suche nach einem geeigneten Ort für die
Niederkunft. Unter Umständen entschließt sie sich für

einen von ihrem Besitzer vorbereiteten Platz, doch einige Katzen werden in diesem Stadium sehr unruhig.

Die Katze sucht ganz instinktiv nach einem geheimen Winkel, in dem sie ihre Jungen sicher und geschützt zur Welt bringen kann. Das liegt daran, daß
neugeborene Kätzchen in der freien Natur eine leichte
Beute für Vögel, Hunde oder andere Nesträuber sind.

Möglicherweise hat auch die alte Unsitte, uner-
wünschte Katzenjunge nach der Geburt zu ertränken,
zu diesem Verhalten beigetragen. Weibliche Kätzchen,
die außerhalb der Reichweite des Menschen das Licht
der Welt erblickt haben, konnten dieser grausamen Methode zur Geburtenkontrolle entgehen und sich weiter
fortpflanzen.

Zutrauliche Katzen suchen sich vielleicht einen vertrauten Platz in ihrer Umgebung für die Niederkunft
aus – es kann sogar passieren, daß sie ihre Jungen im
Bett ihres Besitzers zur Welt bringen!

Die Geburt

Nach ungefähr neun Wochen wird es Zeit für die vollständig entwickelten, aber dennoch hilflosen Föten, ihre gewohnte Umgebung zu verlassen. Sie spielen eine entscheidende Rolle beim Auslösen einer bemerkenswerten Kettenreaktion, an deren Ende sie den sicheren Körper der Mutter endgültig verlassen müssen. Die Wehen setzen ein, die Kätzchen beginnen ihre Reise ans Tageslicht.

Die meisten Menschenmütter sind recht gut darauf vorbereitet, was sie während der Geburt eines Babys erwartet. Eine junge Katzenmutter aber, die zum ersten Mal wirft, hat keinerlei Vorstellung darüber, was mit ihr geschieht. Wir müssen annehmen, daß sich die Katze zwar unwohl fühlt und ungewohnte Bauchschmerzen verspürt, aber keine Ahnung hat, was als nächstes passieren wird. Die Katze verläßt sich ausschließlich auf ihre natürlichen Instinkte.

Die ersten Wehen

Während der ersten Wehenphase bereitet sich der Körper der Katze auf vielfältige Weise auf die Geburt vor.

Letzte Vorbereitungen

Die Katze empfindet die Kontraktion der Gebärmutter beim Einsetzen der Wehen als unangenehm. Ihr Puls-

Eine trächtige Katze verwendet viel Zeit auf die Suche nach einem geeigneten Wurfort, an dem sie ihre Jungen sicher und ungestört auf die Welt bringen kann.

schlag erhöht sich, und ihr Atem geht schneller. Die Körpertemperatur sinkt um etwa ein Grad ab. Diese Symptome können 12 Stunden, aber durchaus auch früher, vor der Geburt auftreten. Kurz vor dem Einsetzen der Wehen kann auch schon etwas Milch aus den Zitzen austreten.

Kurz vor der Geburt zieht sich die Katze in ihr Nest zurück und unterzieht sich einer gründlichen Reinigung. Möglicherweise dient der Geruch ihres Speichels den neugeborenen Kätzchen als Wegweiser zu den nahrungsspendenden Zitzen.

Der Geburtskanal

Das Becken und die Beckenbänder entspannen sich, Vagina und Vulva dehnen sich, so daß jedes Katzenjunge den Geburtskanal sicher passieren kann.

Der Muttermund, der während der Tragzeit die Gebärmutter fest verschließt, öffnet sich nach und nach, bis er kurz vor der Geburt des ersten Kätzchens vollständig geöffnet ist. Die Gebärmutter zieht sich zusammen, und die Plazenta, die jeden einzelnen Fötus während der Trächtigkeit mit lebenswichtigem Blut versorgt hat, löst sich von ganz alleine von der Gebärmutterwand ab.

Vorbereitung auf die Geburt

Auch die Föten müssen in der Lage sein, außerhalb des Körpers der Mutter zu überleben. Zu ihren beiden größten Problemen gehört es, selbständig zu atmen und mit der Kälte fertig zu werden. Da sie in der Gebärmutter ein Leben unter Wasser führen, haben die Kätzchen natürlich nicht die Möglichkeit, ihre Lungen vor der Geburt zu testen. Man geht aber davon aus, daß bestimmte Hormonschwankungen dafür sorgen, daß die Lungen der Kätzchen bei Bedarf sofort funktionieren. Außerdem baut jeder Fötus zur Vorbereitung auf die – im Vergleich zur Gebärmutter – kältere Umgebung besondere Energiespeicher auf, die nach der Geburt für eine ausreichende Körpertemperatur sorgen. Jeder Fötus nimmt im Geburtskanal eine bestimmte Position ein, so daß er im Notfall jederzeit ‚zurücktauchen‘ kann und nicht während des Geburtsvorgangs steckenbleibt. Während der Schwangerschaft haben sich die Föten normalerweise mit angezogenen Beinen und eingezogenem Kopf zusammengerollt, doch jetzt werden sie aktiver, und es wird nicht mehr lange dauern, bis sie sich ausstrecken. Die Wehen können zwei bis zwölf Stunden lang andauern und von starker Unruhe und lautstarken Schmerzensbekundungen der Katze begleitet sein.

Das erste Kätzchen

Die heftigen Kontraktionen der Gebärmutter drücken schließlich den ersten Fötus durch den Gebärmutterhals in das Becken der Katze. Zu diesem Zeitpunkt beginnt die Katze zu pressen, d.h. sie zieht die Bauchmuskeln zusammen und hilft dem Jungen so auf seinem Weg durch den engen Geburtskanal.

Die Fruchtblase

In den meisten Fällen ist bei der Geburt zuerst die Fruchtblase zu sehen. In einigen Fällen platzt die Fruchtblase im Geburtskanal oder durch das heftige Pressen. Ist dies nicht der Fall, zerbeißt die Katzenmutter die Fruchtblase nach der Geburt. In ihren Augen handelt es sich wohl um etwas Merkwürdiges, das sie entfernt, ohne auch nur die leiseste Ahnung davon zu haben, was sich darin befindet.

Mit jeder Kontraktion und jeder Preßwehe rutscht das Kätzchen ein Stück weiter voran. Die schlüpfrigen Membranen, die es umhüllen, erleichtern den Weg durch den Geburtskanal.

Die meisten Kätzchen kommen in Kopflage auf die Welt, aber immerhin vier von zehn Katzenjungen werden mit dem Hinterende zuerst geboren. Die Geburt wird durch die schlüpfrige Fruchtblase erleichtert, von der jedes Kätzchen umgeben ist.

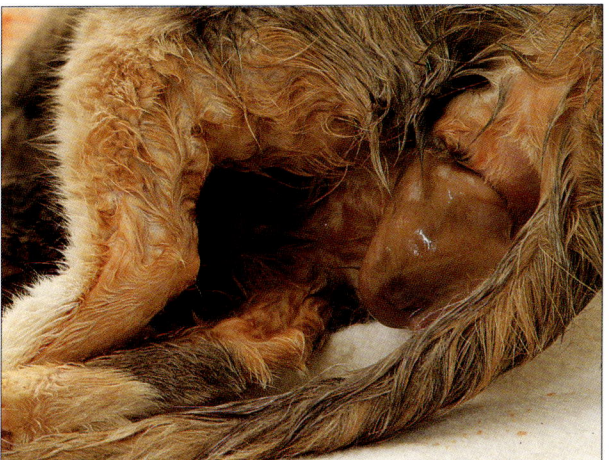

Der Geburtskanal einer Katze

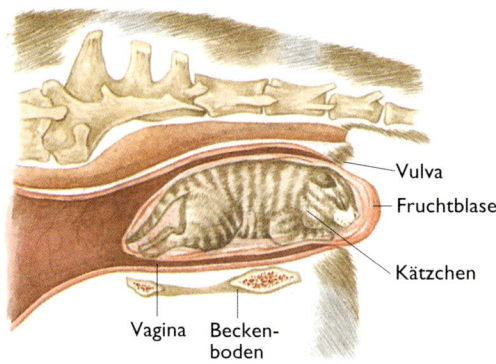

Vulva
Fruchtblase
Kätzchen
Vagina Becken-boden

Wenn ein Kätzchen in den Teil des Geburtskanals rutscht, der auf den Beckenboden drückt, wird die Katze zum Pressen angeregt. Dazu benutzt sie ihre Bauchmuskeln.

Die Geburt

Der Kopf des Kätzchens ist im Vergleich zum restlichen Körper recht groß und bereitet der werdenden Mutter große Mühe. Wenn der Kopf am Ende des Geburtskanals angelangt ist, folgt der Rest des Körpers normalerweise recht mühelos nach. Die Katze begleitet die Geburt ihres Jungen in manchen Fällen mit lauten Schreien.

Im Normalfall dauert es vom Einsetzen der Wehen bis zur Geburt des ersten Kätzchens zwischen fünf Minuten und einer Stunde, wobei diese Zeitspanne bei erstgebärenden Katzen am längsten ist.

Die Katzenmutter befreit ihr Junges unverzüglich nach der Geburt instinktiv von den der Fruchtblase und beißt die Nabelschnur durch, sofern sie noch intakt ist.

Die stolze Mutter

Die meisten Katzen verlassen sich auf ihren Instinkt und tun nach der Geburt automatisch das Richtige. Wenn eine Katze mit anderen weiblichen Katzen zusammenlebt, kann sie – wie es auch in der freien Natur der Fall ist – von diesen unterstützt werden.

Zuerst muß die Katze dafür sorgen, daß das Neugeborene so schnell wie möglich zu atmen beginnt und nicht erstickt. Sie zerbeißt die Membran, die das Junge immer noch umhüllt, und reißt sie mit ihrer rauhen Zunge vom Gesicht des Kätzchens herunter.

Doch damit ist es noch nicht getan: sie leckt ihr Junges ab, um es zu säubern und die Atemtätigkeit anzuregen. Der Geruch und Geschmack des Fruchtwassers signalisieren der Katze, daß sie das Neugeborene auf diese Art und Weise säubern muß. Wenn das Junge versucht, seinen ersten Atemzug zu tun, ähnelt das Ergebnis meist eher einem Keuchen.

Rabenmütter

Gelegentlich kommt es vor, daß eine Katze ihr Junges nicht annimmt und es nicht zum Atmen anregt. Manchmal frißt sie das Junge sogar auf. Dieses abnorme Verhalten tritt am häufigsten bei unerfahrenen Müttern auf. Manche Katzen allerdings kommen ihr ganzes Leben lang nicht mit der Mutterrolle zurecht.

Die nächste Aufgabe der Katze besteht darin, ihr Junges abzutrocknen, da es andernfalls an Unterkühlung sterben kann. Sie leckt es weiter ab und schiebt es an ihren Bauch, wo es Nahrung und Wärme findet. Wenn nötig, beißt sie auch die Nabelschnur durch.

Ein neugeborenes Kätzchen macht sich sofort auf die Suche nach einer Zitze. In der Nähe der Mutter profitiert es außerdem von deren Körperwärme, ohne die es nicht überleben würde.

Geschwister

Wenn wieder etwas Ruhe einge-
kehrt ist, beginnt die Katzenmutter,
sich selbst zu säubern. Möglicherweise bleibt ihr nicht viel Zeit, denn
schon nach fünf Minuten – vielleicht
aber auch erst nach einer Stunde –
meldet sich das zweite Kätzchen an,
das nach der Geburt mit derselben
Aufmerksamkeit wie das erstgebo-
rene versorgt wird.

Die restlichen Wurfgeschwister
erblicken normalerweise im Abstand von fünf Minuten bis einer
Stunde das Licht der Welt. Dabei
können aber die Wehen für mehrere
Stunden ganz aussetzen. Es kann
sein, daß die Katze zwischen den
Geburten rastlos um ihr Nest
schleicht.

Wie lang dauern die Wehen?

Bei der Niederkunft einer Katze gibt
es keinen festen Zeitplan. Es kann
schon nach sechs Stunden alles vorbei sein. Wenn aber die Wehen immer wieder ausgesetzt haben, kann
es auch bis zu 24 Stunden dauern.
Problematisch wird es, wenn ein
Kätzchen im Geburtskanal stecken-
geblieben ist.

Wenn alles überstanden ist, legt
die frischgebackene Katzenmutter möglicherweise anderen Tieren gegenüber ein aggressives Verhalten an
den Tag, wenn sie eine Bedrohung ihrer Jungen wittert.

*Nach der Geburt kommen viele neue Pflichten auf die junge
Mutter zu. Sie muß ihre Jungen ernähren und beschützen,
auch wenn sie selbst vielleicht erschöpft ist.*

Kolostralmilch

Wenn die Jungen sauber und trocken sind, sucht jedes
von ihnen nach einer Zitze und nimmt die wichtigste
Mahlzeit in seinem Leben zu sich: die Kolostralmilch.

Die erste Milch enthält spezielle Antikörper, die den
Katzenkindern einen vorübergehenden Schutz vor den
Krankheiten bietet, gegen die die Katzenmutter geimpft
wurde oder an denen sie bereits einmal erkrankt war
(siehe Seiten 118–121). Diese Milch müssen die Kat-
zenbabies in den ersten 24 Stunden zu sich nehmen.

Wertvolle Nährstoffe

Die sogenannte Nachgeburt, d.h. die im Körper ver-
bliebenen Teile der Plazenta, wird einige Minuten nach
der Geburt oder während der Vorbereitung auf die
nächste Geburt ausgestoßen. Innerhalb von zwei Stunden nach der Geburt des letzten Jungen sollten alle
Nachgeburten ausgestoßen werden.

Die erste, instinktive Reaktion der Katze ist, die
Nachgeburt aufzufressen. In der freien Natur versorgt
die Nachgeburt die Katze in den ersten Tagen nach der
Geburt, wenn sie noch nicht wieder auf die Jagd gehen
kann, mit wichtigen Nährstoffen.

Kindheit und Jugend

Eine Katze durchläuft in ihrem Leben normalerweise vier Phasen: Neugeborenenzeit, Sozialisierungsphase, Jugend und Erwachsenenalter (siehe Seite 23). Wenn Sie das Katzenkind im Alter von acht Wochen zu sich holen, ist die zweite Phase bereits abgeschlossen.

Für viele neue Katzenbesitzer werden die prägenden Erlebnisse einer Katze in ihrer Kindheit vielleicht immer ein Geheimnis bleiben. Wenn Sie sich aber damit befassen, können Sie mit Ihrem neuen Mitbewohner schneller Freundschaft schließen.

Katzenkinder verstehen lernen

Es gibt auch sehr viel schwerwiegendere Gründe dafür, warum Sie sich mit der Kindheit Ihres Kätzchens auseinandersetzen sollten. Viele Charaktereigenschaften werden in den ersten acht Lebenswochen geprägt, und Verhaltensstörungen sind oft auf eine unglückliche Kindheit zurückzuführen. Wenn Sie das wissen, können Sie bei der Auswahl Ihres Kätzchens die entscheidenden Punkte beachten und den bisherigen Besitzern die richtigen Fragen stellen.

Wilde Instinkte

Vergessen Sie niemals, daß die Freundlichkeit der Katze dem Menschen gegenüber kein angeborenes Verhalten ist. Die Katze wurde bis heute nicht vollständig domestiziert, obwohl schon seit Tausenden von Jahren eine Beziehung zum Menschen besteht. In einigen Teilen der Welt leben heute noch Wildkatzen, die keinerlei Kontakt zum Menschen haben.

Wir können Katzen nur deswegen als Haustiere halten, weil sie in der Lage sind, in frühester Kindheit ein gewisses Vertrauen dem Menschen gegenüber zu erlernen. Die Eignung zum Haustier wird ihnen zwar in gewissem Maß vererbt, doch muß der Mensch immer wieder seinen Beitrag leisten, um diese Eignung zu fördern.

Dies geschieht am besten während der ersten Lebenswochen eines Kätzchens. Aus diesem Grund ist es unerläßlich, Einblick in die geistige und körperliche Entwicklung eines Katzenkindes in diesem Alter zu nehmen.

Die jungen Kätzchen werden von der Mutter versorgt und ernährt. Sie lernen von ihr, was es heißt, eine Katze zu sein und sich wie eine Katze zu verhalten. Aber auch regelmäßiger Kontakt zum Menschen ist von Anfang an sehr wichtig.

Schon im Alter von vier Wochen (oben) werden die Katzenkinder zunehmend unabhängiger und beginnen, die Welt auf eigene Faust zu erforschen.

Trotz der neu erworbenen Unabhängigkeit (rechts) sind die Kätzchen im Alter von vier Wochen noch nicht entwöhnt. Sie sind also immer noch auf die Mutter angewiesen, wenn es um Milch, Wärme und Trost geht. Die Katze wacht weiterhin mit Argusaugen über ihre Jungen und bringt kleine Ausreißer zurück in die Wurfkiste.

Entwicklungsphasen

Katzen entwickeln sich im Gegensatz zu Hundewelpen relativ schnell, während im Vergleich zu Menschenkindern beide Tierarten eine rasante Entwicklung durchlaufen.

Die Entwicklung einer jungen Katze wird in die folgenden Phasen unterteilt:

Neugeborenenphase: In den ersten beiden Lebenswochen ist ein Katzenjunges fast völlig hilflos und voll und ganz auf die Mutter angewiesen.

Sozialisierungsphase: Ab der dritten oder vierten Lebenswoche wird ein Katzenkind besonders empfänglich für seine Umgebung, gleich, ob es sich um Menschen oder andere Tiere handelt (siehe Seite 31). Im Vergleich zum Welpen setzt diese Phase bei der Katze etwa eine Woche früher ein und ist ungefähr vier Wochen früher abgeschlossen.

Jugendphase: Über diese Phase, die im Alter von acht bis neun Wochen beginnt, wissen wir am wenigsten. Das ist sehr schade, da genau in dieser Phase die Beziehung zum neuen Besitzer aufgebaut wird.

Erwachsenenphase: Normalerweise wird eine Katze im Alter von etwa sieben Monaten geschlechtsreif. Es dauert jedoch weitere fünf Monate, bis das Endgewicht erreicht ist. Die körperliche Entwicklung einer einjährigen Katze kann in etwa mit der eines sechzehnjährigen Jugendlichen verglichen werden. Ein Katzenjahr entspricht etwa vier Menschenjahren.

Die erste Lebenswoche

In den ersten 24 Stunden nach der Geburt läßt die Katzenmutter ihren Wurf keine Sekunde aus den Augen. Auch nach der ersten gründlichen Reinigung fährt sie fort, die Jungen zu lecken und anzustupsen, um sie zum Säugen anzuregen. Die erste Milch, das sogenannte Kolostrum (siehe Seite 21), unterscheidet sich in der Zusammensetzung von der Milch, die ab dem dritten Tag produziert wird.

Durchschnittlich wiegt ein Kätzchen bei der Geburt nur 100 g. Liegt das Geburtsgewicht unter 80 g, bleibt das Kätzchen wahrscheinlich in seiner Entwicklung zurück. Im Vergleich zu anderen Säugetieren sind Katzenjunge relativ weit entwickelt, so kommen sie etwa im Gegensatz zu Ratten und Mäusen nicht nackt auf die Welt.

Nahrungsaufnahme und Schlafen

Die ersten Lebenstage vergehen im Wechsel zwischen Trinken und Schlafen. Die Kätzchen scheinen sehr lebhaft zu träumen und zucken im Schlaf oft zusammen. In den nächsten Wochen entwickelt sich allmählich der Wechsel zwischen ‚ruhigen‘ Phasen und Traumphasen.

In den ersten 24 Stunden widmet sich eine Katze voll und ganz dem Wohlergehen ihrer Jungen. Während sie die Jungen säugt und beschützt, normalisiert sich ihr Körper allmählich.

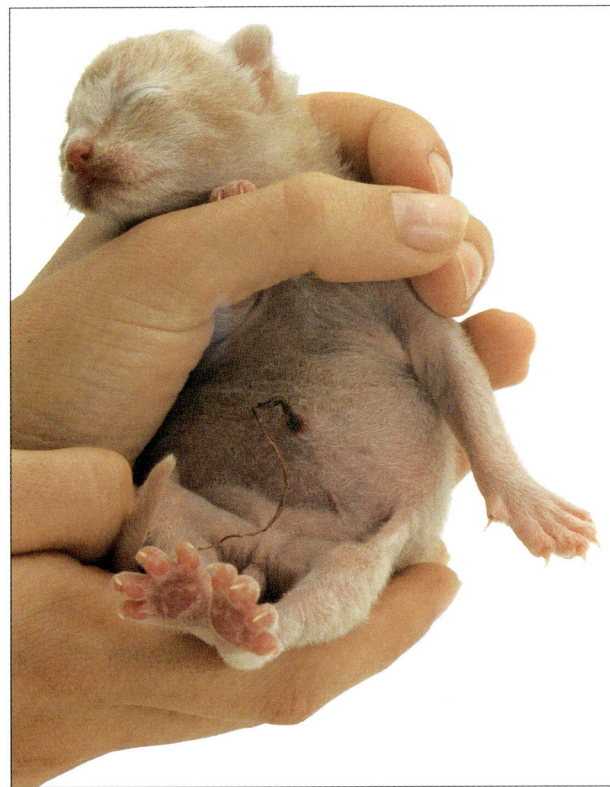

In der ersten Lebenswoche sind Kätzchen sehr zarte Lebewesen, aber dennoch müssen sie untersucht werden. Die Überreste der Nabelschnur vertrocknen bald und fallen ab, es bleibt nur eine kleine Narbe zurück.

Nestwärme

Bei der Geburt sind Katzenjunge nicht in der Lage, ihre Körpertemperatur aufrechtzuerhalten. Aus diesem Grund ist es unerläßlich, daß sie die ersten Tage in engem Kontakt mit dem warmen Bauch ihrer Mutter verbringen.

Wenn die Katzenmutter ihren Wurf einmal kurz verläßt, versuchen die Jungen, sich zu einem Knäuel zusammenzufügen und so ihre Körperwärme möglichst effektiv zu erhalten.

Die ersten Schritte

In den ersten Wochen können die Katzenjungen auf ihren Vorderbeinen, die sich vor den Hinterbeinen entwickeln, ein kurzes Stück voranrobben – weit genug, um die Zitze der Mutter wieder zu erreichen, falls diese sie in einem besonders heftigen „Waschgang" versehentlich weggestoßen hat.

Entwicklung der Sinne

Neugeborene Kätzchen können kaum etwas von ihrer Umgebung wahrnehmen. Die Augen sind fest geschlossen, die Ohren sind durch Hautfalten blockiert. Tast- und Geruchssinn dagegen sind schon recht gut entwickelt. Im Moment sind diese Sinne auch völlig ausreichend, um die Mutter zu finden und Nahrung aufzunehmen. Ab dem fünften Lebenstag funktioniert das Gehör einwandfrei, und die Kätzchen reagieren auf Geräusche ab einer gewissen Lautstärke.

Der Suchreflex

Die Katzenkinder erkennen an der Wärme und am Geruch, wo sich ihre Mutter befindet. Wenn sie mit dem Körper der Mutter in Kontakt sind, krabbeln sie an ihrem Bauch entlang, schwingen den Kopf nach beiden Seiten und suchen nach einer Zitze.

Wenn ein Katzenjunges eine Zitze gefunden hat, löst die Berührung mit seiner Nase einen wunderbar anzuschauenden Reflex aus, den sogenannten Suchreflex. Das Kätzchen wirft den Kopf zurück und macht mit geöffnetem Mund einen Satz nach vorne. Wenn es die Zitze trifft, setzt der Saugreflex ein.

Der zweite Tag

Bereits vom zweiten Tag an lernen die Kätzchen ihre Umgebung kennen. Das Saugen, zunächst ein reiner Instinkt, wird nun mit dem Geruch der Mutter verknüpft. Ebenso können die Kätzchen ihr Nest mit Hilfe des Geruchs wiederfinden, wenn sie herausfallen oder herausgestoßen werden. Falls das Junge nicht zur Wurfkiste zurückfindet, friert oder verletzt ist, stößt es einen überraschend lauten Hilfeschrei aus, den die Mutter sofort beantwortet. Tatsächlich scheinen Katzenmütter ihre Kinder eher am Geräusch als am Aussehen zu erkennen. Es kann sogar vorkommen, daß sie sich auf ihre Jungen legen, bis sie durch ein plötzlich ertönendes Quieken alarmiert werden!

Am Ende der ersten Woche kann ein Kätzchen bis zu 50 cm krabbelnd zurücklegen. Wenn sein Körper sanft von einem Menschen gehalten wird, versucht es sogar, auf eigenen Füßen zu stehen.

Im Alter von einer Woche ist ein Kätzchen etwa 15 cm lang.

Die zweite Lebenswoche

Die Katzenjungen wachsen jetzt sehr schnell und lernen jeden Tag etwas Neues. Die Mutter unternimmt zwar kurze Ausflüge ohne ihre Kinder, kehrt aber immer wieder zurück. Sie legt sich neben die Jungen, leckt sie und stupst sie an, um sie so zur Nahrungsaufnahme anzuregen.

Saugverhalten

Die Katzenjungen haben mittlerweile gelernt, daß die im hinteren Bereich des Bauches gelegenen Zitzen die meiste Milch produzieren. Die stärkeren und aktiveren Kätzchen aus dem Wurf werden deshalb versuchen, diese Zitzen für sich allein zu beanspruchen.

Während des Saugens ‚massieren‘ die Jungen den Bereich um die Zitzen mit ihren Vorderpfoten, um den Milchfluß anzuregen (Milchtritt). Oftmals ist während der Fütterung ein ganzer Chor des Wohlbehagens zu vernehmen, wenn die Kätzchen und auch die Mutter während des Saugens laut schnurren.

Ein Kätzchen, das von seinen Geschwistern getrennt wurde, versucht, durch Rufe die Aufmerksamkeit der Mutter zu erregen. Die Katze trägt den Ausreißer am Nackenfell zurück ins Nest.

> ### Hygiene in der Wurfkiste
>
> Bis zur vierten Lebenswoche sind die Kätzchen nicht in der Lage, ihre Ausscheidungen zu kontrollieren. Die Katzenmutter ist also allein für die Sauberkeit der Jungen und des Nestes zuständig. Sie putzt das Hinterteil der Jungen ausgiebig, um Darm- und Blasentätigkeit anzuregen, und verschlingt die Ausscheidungen sofort.
>
> Auf diese Art und Weise kann die Katze die Wurfkiste sauber und hygienisch halten, bis die Kätzchen alt genug sind, um auf die Katzentoilette zu gehen.

Krabbeln

Obwohl sich die Muskulatur zur Steuerung der Gliedmaßen bereits schnell entwickelt, können sich die Katzen auch in der zweiten Lebenswoche nur krabbelnd vorwärtsbewegen.

Die Tragstarre

Gelegentlich kann es vorkommen, daß ein Junges aus dem Nest fällt oder versehentlich hinausgestoßen wird. Normalerweise kann sich das Kätzchen am Geruch des Nestes orientieren und problemlos zurückkrabbeln. Wenn sich das Junge aber in größerer Entfernung von seinen Geschwistern befindet, stößt es wahrscheinlich einen Hilferuf aus (siehe Seite 25). Die Mutter sollte ihr Junges dann zurückbringen. Dazu packt sie das Kätzchen einfach am Genick. In diesem Bereich befinden sich Nervenenden, die ein bestimmtes Verhalten, die sogenannte Tragstarre, auslösen. Das Kätzchen läßt sich hängen, Schwanz und Beine werden angezogen. Das ermöglicht es der Katze, ihr Junges mühelos und sicher zu tragen.

Entwicklung der Sinne

Sehvermögen: Zwischen dem 7. und dem 12. Lebenstag öffnen die Kätzchen die Augen, und danach nimmt das Sehvermögen rapide zu. Weibliche Kätzchen öffnen die Augen häufig früher als ihre Brüder; aber auch die Gene spielen eine Rolle: Kätzchen, die in der ersten Lebenswoche die Augen öffnen, haben Eltern, die ebenfalls früh die Augen geöffnet haben. Zu diesem

Zeitpunkt haben alle Katzen blaue Augen. Die Flüssigkeit zwischen Linse und Netzhaut ist bis etwa zur sechsten Woche trüb, und die Pupillen reagieren erst nach 24 Stunden auf Helligkeit. Daher können wir davon ausgehen, daß das Sehvermögen des Kätzchens zunächst nicht sehr gut ausgeprägt ist.

Hörvermögen: Während der zweiten Lebenswoche richten sich die Ohren der Kätzchen auf. Gleichzeitig öffnen sich die Gehörgänge. Jetzt sind die Katzenjungen in der Lage, auf die verschiedensten Geräusche zu reagieren – ganz besonders, wenn diese Geräusche von anderen Katzen gemacht werden. Die Kätzchen heben den Kopf und schauen sich um, schnüffeln und drehen die Ohren nach allen Seiten.

Erste Lernerfolge

Am Ende der zweiten Lebenswoche haben die Katzenjungen bereits eine ganze Menge dazugelernt. Sie versuchen, sich auf eigene Füße zu stellen, da sie ihre Vor-

Mit der Entwicklung des Hörvermögens entdecken die Kätzchen ihre Umgebung neu. In diesem Stadium öffnen sich auch die Augen, so daß sie ihre Geschwister zum ersten Mal sehen können.

derbeine mittlerweile relativ gut koordinieren können und die Hinterbeine stark genug sind. Außerdem sollten die Jungen in der Lage sein, ihre Krallen auszufahren, die zwar noch recht weich sind, aber von großem Nutzen sein können, wenn die Kätzchen die ersten Schritte wagen und das Gleichgewicht verlieren.

Im Alter von zwei Wochen ist ein Kätzchen etwa 17,5 cm lang.

Die dritte Lebenswoche

In dieser Woche werden Hör- und Sehvermögen des Kätzchens weiter geschärft. Die Jungen lernen, die Richtung zu bestimmen, aus der ein Geräusch kommt. Einige Tage später sind sie sogar in der Lage, ein Geräusch zu verfolgen, dessen Richtung sich ändert – beispielsweise den beruhigenden Ruf der Mutter, wenn diese nach einem Ausflug zum Nest zurückkehrt.

Verbessertes Sehvermögen

Einige Tage später können die jungen Katzen einen beweglichen Gegenstand mit den Augen verfolgen. Am Ende dieser dritten Woche haben sie eine recht klare Vorstellung von ihrer Umgebung, sie finden den Weg zum Nest mit den Augen und müssen sich nicht mehr auf den Geruch verlassen. Das sogenannte binokulare Sehvermögen ist jedoch noch nicht entwickelt, daher können die Katzenjungen die tatsächliche Entfernung von Gegenständen nicht einschätzen.

Körperliche Entwicklung

Der Suchreflex (siehe Seite 25) wird überflüssig, da die Kätzchen jetzt sehen können.

Die kleinen Katzen verbringen zwar immer noch 60 bis 70% der Zeit schlafend, strotzen aber in den Wachphasen vor Tatendrang. Die Jungen können die Bewegungen ihrer Vorder- und Hinterbeine jetzt steuern, auch wenn die Nervenreflexe, die für die Steuerung des jeweiligen Beinpaars zuständig sind, noch nicht vollständig aufeinander abgestimmt sind. So erweckt es manchmal den Eindruck, als würden die Hinterbeine des Kätzchens in eine ganz andere Richtung laufen als die Vorderbeine!

Das Gebiß

Etwa in der dritten Lebenswoche brechen die Milchzähne des Katzenjungen durch. Insgesamt entwickeln sich im Lauf der nächsten drei Wochen 26 Milchzähne – 12 Schneidezähne, vier Eckzähne und zehn Vorbackenzähne. Etwa im Alter von drei Monaten fallen die Milchzähne aus, und 30 neue, bleibende Zähne nehmen ihren Platz ein.

In der dritten Lebenswoche macht ein Kätzchen buchstäblich die ersten Schritte. Es kann auf drei Beinen stehen, um etwa eine Pfote eingehend zu untersuchen – auch wenn es gar nicht so genau weiß, was es da eigentlich untersucht!

Einfluß der Katze auf ihre Jungen

Wenn die Kätzchen drei Wochen alt sind, verbringt die Katzenmutter noch etwa 70% des Tages mit den Jungen. Sie läßt die Jungen aber auch einmal eine Weile allein.

Die Katzenmutter vermittelt ihren Jungen alles, was für deren emotionale Entwicklung so wichtig ist. Ihre ständige Aufmerksamkeit beschleunigt das Öffnen der Augen, wenn sie immer noch geschlossen sind (siehe Seiten 26–27). Der Forschungsdrang der Kätzchen wird stärker, und sie lernen schneller. Von Menschenhand aufgezogene Kätzchen bekommen unter Umständen nicht alle erforderlichen Anreize, obwohl der menschliche Mutterersatz mit viel Liebe und Hingebung einen Großteil von dem erreichen kann,

was eine Katzenmutter auch tun würde. Außerdem hat die Katzenmutter einen erheblichen Einfluß auf die frühe Sozialisierung der Kätzchen (siehe Seite 31).

Es ist von lebenswichtiger Bedeutung, daß die Katze jetzt wohlgenährt ist, was bei streunenden Katzen nicht immer der Fall ist. Wenn eine Katze nur 80% der Nahrungsmenge zu sich nimmt, die sie jetzt eigentlich benötigt, hat dies noch keine Auswirkungen auf die Muttermilch. Bei geringeren Mengen kommt es zu einem Eiweißmangel, der zu Entwicklungsstörungen bei den Kätzchen führen kann – und das gerade jetzt, wo sie das Eiweiß für die Entwicklung des Gehirns und des Nervensystems so dringend benötigen.

Ernährung

Eine säugende Katze muß mehr Nahrung zu sich nehmen als gewöhnlich, damit sie genügend Milch produzieren und ihre Jungen wie auch sich selbst mit genügend Nährstoffen versorgen kann. Vier Wochen nach
der Geburt kann sich für eine Mutter von vier hungrigen Mäulern der Kalorienbedarf pro Tag durchaus verdoppeln; die genaue Anzahl berechnet sich aus der
Zahl und dem Alter der Jungen sowie der Zusammensetzung ihrer Ernährung.

In Sachen Ernährung sind die Kätzchen immer noch
voll und ganz auf ihre Mutter angewiesen, doch muß
die Mutter sie jetzt nicht mehr zur Nahrungsaufnahme
auffordern – die Jungen bestimmen selbst, wann sie
saugen wollen.

*In den ersten beiden Wochen haben die Kätzchen ihre Mutter
an der Wärme und am Geruch erkannt. Ab dem Ende der dritten Lebenswoche nehmen die Jungen ihre Mutter allmählich
mit den Augen wahr (oben).*

Im Alter von drei Wochen ist ein Kätzchen etwa 20 cm lang.

Die vierte Lebenswoche

Mit zunehmender Mobilität der kleinen Kätzchen muß ihre Mutter ständig auf der Hut sein. Wenn sich ein Junges zu weit vom Nest entfernt, wird sie versuchen, es zurückzuholen.

Jede Katzenmutter geht dabei anders vor: einige rufen nach ihren Kindern, andere stupsen sie mit den Vorderpfoten zurück ins Nest. Wenn das alles nicht funktioniert, besteht die bevorzugte Methode der meisten Katzenmütter darin, die Ausreißer am Genick zu packen (siehe Seite 26) und sie ohne viel Federlesen in die Wurfkiste zurückzubringen.

Ein neues Zuhause

Wenn die Jungen etwa vier Wochen alt sind, sucht die Katzenmutter instinktiv nach einem neuen Platz für das Nest. Wahrscheinlich will sie dadurch verhindern, daß ihre Jungen von Flöhen oder anderen Parasiten befallen werden, die möglicherweise im alten Nest ausschlüpfen (siehe Seiten 114–117).

In einer gepflegten und sauberen Umgebung ist dies natürlich nicht notwendig, doch die meisten Katzen halten an diesem Verhaltensmuster fest. Nach ein oder zwei Tagen macht es der Katze im Normalfall nichts aus, wenn der Wurf vom Katzenhalter wieder in die ursprüngliche Wurfkiste zurückgebracht wird.

Entwicklung der Sinne

Die Kätzchen sind jetzt in der Lage, ihre Körpertemperatur selbst zu regeln. Auch ihre Sinne entwickeln sich weiter:

Gleichgewicht: Der Gleichgewichtssinn ist jetzt gut ausgebildet. Die kleinen Katzen sind nun wie ihre ausgewachsenen Artgenossen in der Lage, bei einem Sturz aus einer gewissen Höhe sicher auf den Füßen zu landen.

Sehvermögen: Das Sehvermögen der Katzenjungen ist jetzt so gut ausgeprägt, daß sie ihre Mutter optisch wahrnehmen und erkennen.

Hörvermögen: Die Kätzchen reagieren auf die Rufe der Mutter oder der Geschwister, doch sie flüchten, wenn sie knurrende oder zischende Geräusche vernehmen.

Stimme: Wenn die Kätzchen eine fremde Katze erblicken, stoßen sie zischende Laute aus und sträuben ihre Haare, um größer zu erscheinen. In diesem Alter wirkt dies jedoch eher belustigend als bedrohlich.

Zunehmende Unabhängigkeit

Die Katzenmutter führt ihre Jungen jetzt Schritt für Schritt in die Unabhängigkeit und beginnt mit der Entwöhnung (siehe Seite 32). In der freien Natur bringt die

So eine Katzentoilette muß den kleinen Kätzchen am Anfang wirklich seltsam vorkommen, aber durch Beobachten der Mutter entdecken sie schnell, was es damit auf sich hat.

Katze ihre Beutetiere mit und verzehrt sie vor den Augen der Jungen. So erhalten diese Anschauungsunterricht in Sachen Jagd und Ernährung.

Außerdem zeigt die Katze ihren Jungen, wofür die Katzentoilette benutzt wird. Am Ende der vierten Lebenswoche sollten bereits einige der Kätzchen die Katzentoilette besuchen, da sie mehr und mehr in der Lage sind, ihre Ausscheidungen selbst zu kontrollieren. Aus unerfindlichen Gründen versuchen die meisten Katzenjungen eine Zeitlang, die Streu zu fressen. Das gibt sich jedoch sehr schnell, da sie ihre Mutter imitieren und den wahren Zweck der Katzentoilette erkennen.

Sozialisierung

Zwischen der vierten und siebten Lebenswoche sind die kleinen Katzen am empfänglichsten für die Sozialisierung. Die Erfahrungen, die während dieser Zeit gesammelt werden, prägen ihre Persönlichkeit und ihr Verhalten gegenüber anderen Tieren oder Menschen.

In dieser Zeit lernen die Kätzchen ihre Identität kennen. Katzenkinder, die mit der Flasche aufgezogen werden und keinen Kontakt mit Artgenossen haben, werden niemals ganz genau wissen, daß sie Katzen sind. Aus diesem Grund legen sie ein aggressives oder defensives Verhalten an den Tag, wenn sie später anderen Katzen begegnen.

Kontakt mit Menschen

Wenn sich nur eine Person um das Katzenkind kümmert, kann es zu einer extremen Fixierung auf diese Person kommen. Im Idealfall lernen die Katzen von Anfang an verschiedene Personen kennen, Kinder ebenso wie Männer und Frauen.

Sanftes Streicheln und Zureden sind die ersten Schritte zur erfolgreichen Sozialisierung.

Ab der vierten Lebenswoche sollte man sich mindestens eine Stunde pro Tag mit den Kätzchen beschäftigen.

Das Verhalten der Katzenmutter

Das Verhältnis der jungen Katzen zum Menschen wird vom Verhalten der Mutter beeinflußt. Daher sollte eine sehr vorsichtige Katzenmutter vorübergehend von ihren Jungen getrennt werden, wenn sich eine Bezugsperson mit den kleinen Katzen beschäftigt.

Sozialisierung

Bei kleinen Hauskatzen dauert die Sozialisierungsphase sehr viel länger als bei Wildkatzen. Daher können Hauskätzchen gut gleichzeitig an den Menschen und auch an andere Haustiere gewöhnt werden.

Jüngste Forschungsergebnisse zeigen, daß mindestens eine Stunde täglich auf den sensiblen Kontakt verwendet werden muß, um das Sozialisierungspotential eines Kätzchens maximal auszuschöpfen. Dauert der Kontakt mit dem Menschen weniger als eine Stunde pro Tag, ist das Katzenkind im ersten Lebensjahr sehr nervös im Umgang mit Menschen.

Im Alter von vier Wochen ist ein Kätzchen etwa 21 cm lang

Fünfte und sechste Lebenswoche

Bis zur fünften Lebenswoche waren die jungen Katzen nicht in der Lage, Entfernungen einzuschätzen und zwischen horizontalen und vertikalen Flächen zu unterscheiden. Oftmals ist es ihnen nicht gelungen, vom Aussehen eines Gegenstands auf dessen Position zu schließen. Daher sind sie oft über Hindernisse gestolpert.

Am Ende der fünften Woche ist die Entwicklung des Sehvermögens fast vollständig abgeschlossen, und die Kätzchen haben sich eingehend mit Körper und Erscheinungsbild auseinandergesetzt. Noch im Alter von vier Wochen scheint ein Kätzchen dagegen nicht zu wissen, wie seine eigene Pfote aussieht!

Entwöhnung

Während der vierten Lebenswoche geht die Initiative zum Saugen eher von den Jungen als von ihrer Mutter aus. Im Laufe der nächsten Woche beginnt die Katzenmutter, dies zu verhindern, indem sie den Jungen aus dem Weg geht oder sich auf den Bauch legt und so den Weg zu den Zitzen versperrt.

Das mag grausam erscheinen, wäre aber in der Wildnis für das Überleben der Mutter unerläßlich, da jetzt langsam ihre Reserven angegriffen werden.

ERNÄHRUNG EINES GROßEN WURFS

Ein großer Wurf bedeutet sehr viel mehr Anstrengung für die Katzenmutter als ein kleiner Wurf. Das spiegelt sich auch im Körpergewicht der Jungen wieder. Kätzchen mit sieben Geschwistern sind beispielsweise etwa 25% leichter als Kätzchen aus einem Wurf mit nur zwei Jungen. Die Mutter entscheidet, wann es an der Zeit ist, daß ihre Jungen zu fester Nahrung übergehen. Wenn sie diese Entscheidung zu lange hinauszögert, wird ihr Körper durch das Säugen unter Umständen derart geschwächt, daß sie nie mehr trächtig werden kann.

Wenn nach Meinung der Kätzin der richtige Zeitpunkt gekommen ist, versucht sie, die Entwöhnung zu beschleunigen, indem sie die Milchmenge verringert, die ihre Jungen erhalten. Dieses Verhalten wirkt im Normalfall nach einigen Tagen. Danach kann die Mutter wieder eine normale Beziehung zu ihrem Wurf aufnehmen.

Tatendurstige Katzenkinder werden schnell hungrig und steigen dann gerne von der Muttermilch auf feste Nahrung um.

Die erste feste Nahrung

Zu Beginn der sechsten Lebenswoche sollten die Kätzchen die erste feste Nahrung bekommen, auch wenn sie immer noch regelmäßig Muttermilch zu sich nehmen.

Würde die Katzenfamilie in der Wildnis leben, so würde die Mutter zu diesem Zeitpunkt ihren Jungen noch lebende Beutetiere – keine toten Tiere (siehe Seiten 30–31) – bringen und sie auf den Tag vorbereiten, an dem sie zum ersten Mal selbst auf Beutejagd gehen.

Im Alter von fünf Wochen ist ein Kätzchen etwa 22,5 cm lang.

Wenn die Katzenkinder im Alter von fünf und sechs Wochen die Faszination des Spiels entdecken, haben sie mehr Spaß miteinander als mit den besten Spielsachen der Welt!

Die ersten Spiele

Die kleinen Katzen entdecken jetzt die Faszination des Spiels mit ihren Geschwistern. Spielzeug interessiert sie zunächst wenig. Während die Spiele unter den Geschwistern anfangs noch wilden Raufereien gleichen, erfinden sie jetzt immer trickreichere Spielvarianten.

Im Alter von sechs Wochen ist ein Kätzchen etwa 24 cm lang.

Imitieren der Mutter

Die kleinen Katzen beobachten und imitieren jetzt nahezu jeden Schritt ihrer Mutter. Sie verlangen dieselbe Nahrung, die auch die Mutter zu sich nimmt, und lernen, wie man auf Möbel oder andere Gegenstände klettert.

Die Katzenfamilie sollte mindestens noch weitere zwei Wochen zusammenbleiben. Wenn die Jungen bereits im Alter von sechs Wochen von der Mutter und den Geschwistern getrennt werden, wachsen sie möglicherweise zu ängstlichen, aggressiven Katzen heran, die nur sehr langsam lernen.

Das Flehmen

Während der sechsten Lebenswoche kommt es bei den jungen Katzen zum ersten Mal zum sogenannten ‚Flehmen'. Darunter versteht man eine bestimmte Haltung, die ausgewachsene Katzen einnehmen, wenn sie die Duftmarke eines Artgenossen beschnüffeln. Mit herabhängendem Unterkiefer verharrt die Katze für einige Sekunden in äußerster Konzentration.

Der interessante Geruch wird über die Nase und einem zusätzlichen Geruchsorgan, dem Jacobson'schen Organ, aufgenommen. Dieses Organ befindet sich im Gaumendach und ist durch zwei feine Röhrchen mit dem Gaumen verbunden. Katzen, Pferde und viele andere Säugetiere verfügen ebenfalls über dieses Organ.

Siebte und achte Lebenswoche

Am Ende der Sozialisierungsphase in der
siebten Woche ähnelt das Verhalten der
kleinen Kätzchen bereits dem Verhalten
von Jungkatzen. Was das Schlafverhal-
ten angeht, sind sie bereits erwachsen: ruhige Schlafphasen wechseln sich mit Traumphasen ab. Das Milchgebiß ist jetzt vollständig
(siehe Seite 112), voller Wagemut und Abenteuerlust
erforschen die Kätzchen ihre Umwelt. In der siebten
und achten Woche sind die Katzenjungen sehr spiel-
freudig: sie liefern sich Kämpfe und Verfolgungsjagden
mit den Geschwistern und stürzen sich voller Begeisterung auf Spielzeug.

*Spielerische Kämpfe schei-
nen den Kätzchen ebensoviel
Vergnügen zu bereiten wie
den Zuschauern. Nur selten
wird ernsthaft gekämpft.*

Spielerisches Kräftemessen

Die spielerischen Kämpfe unter den Geschwistern laufen jetzt nach festen Regeln ab. Dabei verständigen sich
die Kätzchen durch bestimmte Positionen und Verhal-
tensweisen.
Der Krebsgang: Das Katzenjunge bewegt sich mit gekrümmtem Rücken im Seitwärtsgang wie ein Krebs.
Die Warnung: Das Katzenjunge wedelt mit einer Vorderpfote und läßt den Schwanz niedersausen.
Die aufrechte Haltung: In dieser Position steht das
   Kätzchen aufrecht auf den Hinterbeinen.
So lassen sich die Geschwister mühelos zu einem Kräf-
temessen herausfordern. Gelegentlich arten diese
Spiele in ernsthafte Kämpfe aus, doch solange die Kät-
chen ihr ‚Spielgesicht‘ aufsetzen – das Maul ist halb
geöffnet – und keine aggressiven Laute ausstoßen, bedeutet das, daß sie nur spielen.

Warum spielen Katzenkinder?

Die Gründe, warum Katzenkinder so viel und gerne
spielen, sind noch nicht vollständig erforscht. Es wird angenommen, daß sie sich spielerisch auf die Jagd vorbereiten, weil im Spiel so viele Elemente auftauchen, die dem
Jagdverhalten ähneln. Es ist unwahrscheinlich, daß durch
das Spielen überschüssige Energie abgebaut wird, da es
die benötigte Nahrungsmenge nur um 4% erhöht.
Außerdem spielen Kätzchen, deren Mütter nur wenig
Milch haben und daher früher wieder auf Beutefang gehen müssen, tatsächlich mehr als wohlgenährte Kätzchen.

    Das Spiel mit den Geschwistern fördert vermutlich
auch die sozialen und kämpferischen Fähigkeiten der
Kätzchen.

Im Alter von sieben Wochen ist ein Kätzchen etwa 27,5 cm lang.

Spielzeug

In der achten Lebenswoche beginnen die Kätzchen, die Faszination von Spielzeug aller Art zu entdecken. Sie vollführen regelrechte Katz-und-Maus-Spiele: sie stürzen sich auf das Spielzeug, schlagen mit den Pfoten danach, halten es im Maul und probieren ihre Zähne daran aus.

Kleine Kater legen bei der ‚Jagd' auf Spielzeuge oftmals ein energischeres Verhalten an den Tag als ihre Schwestern.

Ängstliches Ausweichen

Am Ende der achten Lebenswoche kommt es bei vielen Katzenkindern zu ängstlichen Reaktionen, wenn sie auf andere Tiere oder Menschen treffen, die sie nicht kennen.

Wenn sich die Angst in Grenzen hält, kann die Katze im Normalfall in den nächsten Wochen davon geheilt werden, indem man sie langsam mit den Dingen vertraut macht, die ihr Angst einflößen.

Besonders scheue und ängstliche Kätzchen brauchen viel Liebe und Zuneigung, damit sie ihre Furcht oder Zurückhaltung dem dem Menschen gegenüber verlieren und zu einem zufriedenen und zutraulichen Haustier werden.

Im Alter von acht Wochen haben die Kätzchen voller Begeisterung entdeckt, wieviel Spaß es machen kann, mit Spielzeug und anderen interessanten Gegenständen zu spielen.

Im Alter von acht Wochen ist ein Kätzchen 30 cm lang.

Von der achten Woche bis zum ersten Geburtstag

Nicht reinrassige Katzen kommen normalerweise im Alter von acht Wochen zu ihren neuen Besitzern, Rassekatzen oft vier bis fünf Wochen später.

Körperliche Reife

Bis zur zehnten Lebenswoche haben die Kätzchen ein Viertel bis ein Drittel ihres endgültigen Körpergewichts erreicht. Von nun an wachsen die kleinen Kater schneller als ihre Schwestern. Folgende Veränderungen treten während dieses Zeitraums ein:

Sehvermögen: Zwischen der dritten und der zehnten Lebenswoche verbessert sich das Sehvermögen um das Sechzehnfache. Die Iris nimmt allmählich eine dunklere Färbung an.

Fellfarbe: Bis zur zehnten Lebenswoche ist auch die endgültige Fellfarbe zu erkennen. Langhaarkatzen nehmen jedoch erst nach dem ersten Haarwechsel ihr endgültiges Fell an (siehe Seite 109).

Gebiß: Die Milchzähne fallen zwischen dem dritten und sechsten Monat aus und werden durch das bleibende Gebiß ersetzt.

Die Grafik zeigt die durchschnittlichen Wachstumskurven für gesunde Kätzchen und Kater. Ab der 10. Woche wächst der Kater deutlich schneller als die Katze.

Ein Kätzchen sollte erst eine Woche nach den ersten Impfungen ins Freie gelassen werden, aber dann sollte es ernsthaft damit beginnen, die große weite Welt zu erforschen.

Geschlechtsreife

Katzen werden ungefähr im Alter von sieben Monaten geschlechtsreif (Siamkatzen bereits früher, Perserkatzen erst später). Das Körpergewicht eines ausgewachsenen, nicht kastrierten Katers ist bis zu 50% höher als das eines kastrierten Katers (siehe Seite 122).

Das neue Zuhause

Jüngste Forschungsergebnisse zeigen, daß die Persönlichkeit eines Katzenkindes beim Umzug in das neue Zuhause zum Teil tiefgreifende Änderungen erfährt.

Das Kätzchen bringt jetzt all seine Zuneigung dem neuen Besitzer entgegen, da Mutter und Geschwister nicht mehr da sind. Diese zarten Bande werden durch das Füttern gefestigt – aber auch Streicheln, Zureden und Spielen sind von großer Bedeutung.

Im Alter zwischen zehn und 14 Wochen sind kleine Katzen am verspieltesten. Häufige Spiele mit dem Besitzer erleichtern den Aufbau einer dauerhaften Beziehung und sind für Katze und Mensch eine vergnügliche Angelegenheit.

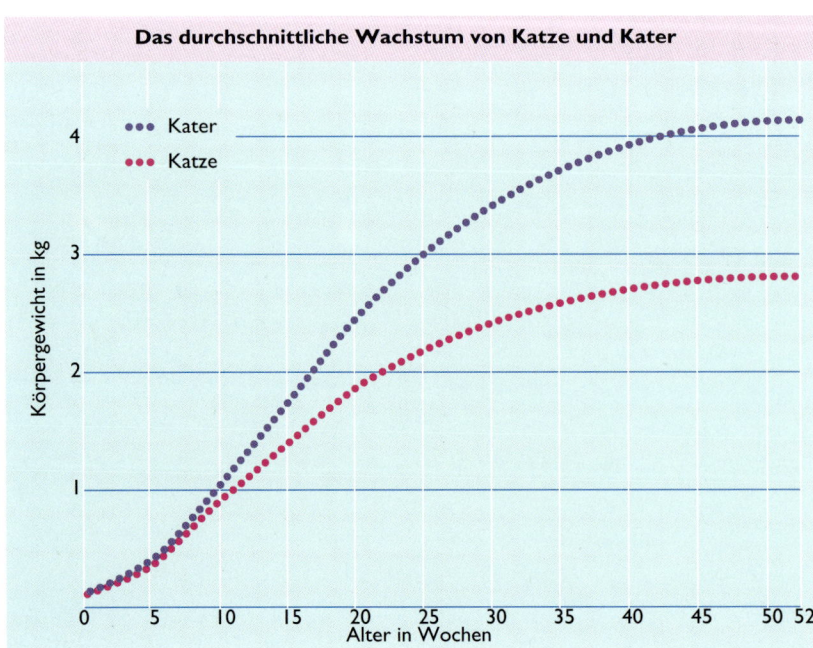

Das durchschnittliche Wachstum von Katze und Kater

• • • Kater
• • • Katze

Körpergewicht in kg

0 5 10 15 20 25 30 35 40 45 50 52
Alter in Wochen

Soziale Fähigkeiten

Das Katzenkind sollte sobald wie möglich vielfältige Erfahrungen sammeln. Dazu gehören etwa der Umgang mit unbekannten Menschen oder Hunden sowie auch Autofahrten. Die Reaktionen hängen im wesentlichen von den Ereignissen im bisherigen Leben des Kätzchens ab (siehe Seite 31). Wenn eine Katze im Alter von neun Wochen sehr nervös auf alles Unbekannte reagiert, kann ihr die Angst nur durch eine sorgfältige Erziehung mit viel Liebe und Geduld genommen werden.

Ein gutes Verhältnis zwischen Mensch und Katze basiert auf Vertrauen. Ein Kätzchen, mit dem sich seit seiner vierten Lebenswoche verschiedene Menschen, auch Kinder, beschäftigt haben, ist im Alter von acht Wochen gut auf das Leben in seiner neue Familie vorbereitet.

Die Katzenfamilie in der Wildnis

Wenn ein Kätzchen auch nach der zwölften Lebenswoche bei der Mutter und den Geschwistern bleibt – wie es in der Wildnis der Fall ist –, wird es ein selbstbewußter Jäger und hat sich im Alter von fünf Monaten vollständig von der Mutter abgenabelt.

Wildlebende Kater, die mit den Geschwistern aufwachsen, legen ab dem vierten Lebensmonat ein aggressiveres Spielverhalten an den Tag. Mit fünf Monaten treten schon sexuelle Verhaltensmuster auf. Im Alter von sechs Monaten verlassen fast alle Kater ihre Familien. Unter Umständen streifen sie monatelang umher, bevor sie ein eigenes Revier finden.

Weibliche Katzen dagegen bleiben oft bei der Mutter, wenn genug Fressen für alle da ist. Mutter und Tochter teilen sich dann die Arbeit bei der Aufzucht des zukünftigen Nachwuchses.

Katzen verstehen

Hauskatzen werden oftmals als Einzelgänger bezeichnet, obwohl dies in Wirklichkeit gar nicht zutrifft, da sich eine Katze das Revier innerhalb des Hauses mindestens mit ihrem Besitzer teilt und Katzen, die im Freien umherstreifen dürfen, meistens mit anderen Katzen in Kontakt kommen.

Alle Katzen sind in gewissem Maße ‚gesellschaftlich aktiv'; im Lauf ihrer Entwicklungsgeschichte haben sich die Katzen auf eine gemeinsame ‚Sprache' verständigt.

Sie sollten sich bereits vor der Ankunft Ihres Katzenkindes mit der Sprache der Katzen vertraut machen, um Mißverständnisse von vornherein zu vermeiden. Die Körpersprache der Katze ist zwar noch nicht vollständig erforscht, doch mit einiger Übung werden Sie sich bald gut mit Ihrem Kätzchen verständigen können. Im Laufe der Zeit entwickeln Sie ein Gespür für die Stimmungslage Ihrer Katze. Dadurch wird Ihre Beziehung weiter gefestigt, und Sie haben noch mehr Freude an Ihrem Gefährten.

Körpersprache

Viele Tiere – wie im übrigen auch der Mensch – sind in der Lage, ihren Artgenossen durch Körperhaltung, Mimik und Verhalten mitzuteilen, in welcher Stimmung sie sich befinden. Lächeln, Händeschütteln und Küssen – diese Elemente der menschlichen Körpersprache be-

Dieses Kätzchen hat Angst und macht einen Buckel; möglicherweise kann es sich nicht zwischen Angriff und Verteidigung entscheiden. Katzenkinder machen auch oft im Spiel einen Buckel.

dürfen keiner weiteren Erklärung. Wir Menschen verlassen uns jedoch so sehr auf die Sprache in Wort und Schrift, daß wir subtilere Signale oft gar nicht wahrnehmen.

Da haben uns die Katzen einiges voraus: Für sie ist die Körpersprache eine der wichtigsten Verständigungsmethoden. Von Geburt an sind sie in der Lage, das Aussehen und Verhalten anderer Tiere bis ins Detail zu beobachten und zu analysieren.

Wenn man die Stimmung oder die Absichten einer Katze erkennen möchte, sollte stets der gesamte Körper betrachtet werden. Es ist aber nicht so einfach, die Körpersprache einer Katze richtig zu deuten, wie Sie sich das jetzt vielleicht vorstellen. Wenn eine Katze – was häufig vorkommt – verschiedene Körperhaltungen und Gesichtsausdrücke kombiniert, ist es rasch vorbei mit unseren ‚Sprachkenntnissen'. Vielleicht kann das Geheimnis durch weitere wissenschaftliche Studien gelüftet werden.

Körperhaltung

Eine angreifende Katze wird immer versuchen, ihren Körper so groß wie möglich erscheinen zu lassen: sie steht aufrecht und sträubt ihr Fell.

Eine unterwürfige Katze dagegen zieht den Kopf ein und preßt sich auf den Boden, um so harmlos wie möglich zu wirken. Aber auch aus dieser Position ist die Katze jederzeit in der Lage, einen Gegenangriff zu starten.

Der Katzenbuckel ist typisch für eine Katze, die Angst hat oder sich nicht zwischen Angriff und Verteidigung entscheiden kann. Junge Katzen nehmen diese Körperhaltung häufig beim Spiel ein.

Mimik

Es kann sehr schwierig sein, die Mimik einer Katze richtig zu deuten, da viele verschiedene Faktoren eine Rolle spielen. Dazu gehören etwa die Blickrichtung, Größe und Form der Pupillen sowie die Stellung der Ohren. Die Tatsache, daß sich bei einem Stimmungsumschwung die Mimik kaum merklich ändert, macht es noch schwieriger.

Eine unterlegene Katze wird im Normalfall den direkten Blickkontakt mit dem Gegner vermeiden. Die Ohren liegen eng am Kopf an, und die Pupillen sind vergrößert. Die Ohren des Angreifers sind zwar aufrecht, aber zur Seite gedreht, so daß man von vorne die Rückseite der Ohren sehen kann.

Diese Katze gibt durch den hoch aufgerichteten Schwanz, die nach vorne gerichteten Ohren und verengte Pupillen zu verstehen, daß sie freundlich gestimmt ist.

Diese Katze ist ängstlich, kann sich aber nicht zwischen Angriff und Verteidigung entscheiden. Anzeichen sind die seitlich angelegten Ohren, kreisförmig geweitete Pupillen, der Katzenbuckel und der senkrecht in die Höhe stehende Schwanz.

Diese Katze ist aggressiv und warnt vor einem bevorstehenden Angriff. Die Ohren sind nach hinten angelegt, die Pupillen sind nur noch enge Schlitze, und der Schwanz zeigt nach unten.

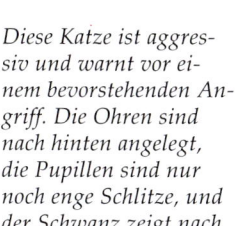

Diese Katze ist entspannt, aber dennoch aufmerksam. Der Schwanz hängt locker nach unten.

Die Schwanzspitze

Die Katze setzt ihren Schwanz vor allem ein, um beim Springen, Klettern oder Laufen das Gleichgewicht halten zu können, aber eben auch zu Verständigungszwecken. Die Bewegungen der Schwanzspitze sind unabhängig vom Rest des Schwanzes, wurden aber bis heute noch nicht hinreichend untersucht.

Haltung des Schwanzes

Zur Begrüßung und beim Spielen hält eine Katze ihren Schwanz normalerweise senkrecht in die Höhe. Die Krümmung des Schwanzes weist auf eine aggressive, aber defensive Katze hin. Der Angreifer dagegen läßt seinen Schwanz herabhängen, aber nicht zwischen den Hinterbeinen. Ist die Katze aufgeregt, wütend oder gelangweilt, peitscht ihr Schwanz hin und her.

Kratzen

Wenn eine Katze Gegenstände zerkratzt, geschieht dies aus folgenden Gründen.
• Sie möchte ein sichtbares Zeichen für ihre Anwesenheit hinterlassen oder
• Duftmarken für andere Katzen hinterlassen oder
• ihre Krallen schärfen oder
• ihre Dominanz über anwesende Beobachter ganz eindeutig signalisieren oder
• ihre Aufregung während des Kontakts mit Menschen zum Ausdruck bringen.

Im Freien richtet sich das Augenmerk der Katzen dabei auf Baumstämme, Zaunpfähle oder Bäume. Im Haus tobt sich die Katze an Teppichen, Möbeln und Türrahmen aus. Glücklicherweise können die meisten Katzen darauf trainiert werden, ihre Kratzlust an einem Kratzbaum auszuleben, den Sie an einem geeigneten Ort im Haus aufstellen sollten (siehe Seite 82).

Tastsinn

Der Tastsinn ist bei der Geburt eines Kätzchens der am besten entwickelte Sinn; ein Fötus verfügt bereits im Alter von 28 Tagen über diesen Sinn (siehe Seite 15). Daher ist die Verständigung durch Berührung für Katzenkinder wie erwachsene Katzen von großer Bedeutung.

Katzen haben die Angewohnheit, sich mit Kopf und Körper an anderen Tieren und Gegenständen zu reiben. Dies kann zum einen dazu dienen, um Duftmarken für andere Katzen zu hinterlassen. Zum anderen kann dadurch der soziale Status unterstrichen werden. Fühlt sich eine Katze unterlegen, reibt sie ihren Kopf an dem überlegenen, dominanteren Tier. Dazu sollte auch der Besitzer der Katze zählen!

Katzenlaute

Einige ausgewachsene Katzen sind sehr stimmkräftige Tiere. Wissenschaftlern ist es gelungen, 11 verschiedene Rufe zu identifizieren, doch ist deren Anzahl in Wirklichkeit wohl unendlich, da jede Katze diese Standardrufe zu verändern scheint.

Schnurren

Die Stimmbänder und die Muskeln des Kehlkopfs erzeugen das Schnurren. Obwohl das Schnurren zu den bekanntesten Lautäußerungen der Katzen gehört, weiß man nicht genau, warum sie schnurren. Gegenwärtig ist man der Auffassung, daß das Schnurren den tatsächlichen oder erwünschten Kontakt mit anderen Katzen oder Menschen begleitet. Folgende Situationen können ein Auslöser für das Schnurren sein:

• Anwesenheit des Besitzers;
• Säugen der Katzenjungen;
• Begrüßen vertrauter Katzenfreunde;
• Reiben und Umherrollen;
• Halbschlaf;
• Warme, vertraute Umgebung;
• Starke Schmerzen.

Wenn eine Katze auf diese Weise den Kopf an ihrem Besitzer reibt, werden Duftstoffe ausgetauscht. Außerdem zeigt die Katze, daß sie ihre Rolle des Unterlegenen in der Beziehung akzeptiert.

Miauen

Das Miauen der Katze tritt in vielfältigen Variationen auf, die sich oft nur durch Feinheiten unterscheiden. Ebenso vielfältig sind auch die Möglichkeiten, das Miauen einer Katze zu deuten.

Einige Katzen entwickeln verschiedene Arten des Miauens für verschiedene Anlässe. Manche Katzen beherrschen auch das stumme Miauen, d.h. ihr Maul vollführt die entsprechenden Bewegungen, doch es ist kein Geräusch zu vernehmen. Wir wissen jedoch nicht, welchen Zweck die Katze damit verfolgt.

Knurren und Schreien

Wenn Katzen sexuell aktiv oder aggressiv sind, wird dies durch verschiedene Geräusche untermalt. Eine rollige Katze stößt einen bestimmten Ruf aus (siehe Seite 12), während kämpfende Kater aggressive Knurrgeräusche und Schreie hervorbringen. Zischende oder fauchende Geräusche warnen vor einem drohenden Angriff.

Rufe von Katzenkindern

Bei neugeborenen Katzen ist die individuelle Geräuschpalette noch nicht vollständig entwickelt. Katzenkinder sind zwar taub (siehe Seite 25), jedoch ist ihnen die Fähigkeit zum Ausstoßen der ersten Hilferufe angeboren.

Ein Kätzchen kann erstaunlicherweise schon im Alter von wenigen Tagen schnurren, die ersten Miauversuche werden in der Zeit der Entwöhnung unternommen. Zu dieser Zeit können auch die ersten aggressiven Laute vernommen werden, wobei junge Katzen das Fauchen aber erst im Alter von etwa fünf Wochen erlernen.

Die ersten Kontakte

Wenn Sie den ersten Kontakt zu einer Katze knüpfen, denken Sie immer daran, daß die Katze es bevorzugt, wenn die Beziehung nach ihren Wünschen und Bedingungen aufgebaut wird.

Wenn eine Katze auf einen fremden Menschen trifft, wird sie kaum durch Blickkontakt sofort feststellen, ob er ihr freundlich gesonnen ist oder nicht. Sie versucht dagegen vielmehr, den Menschen danach zu beurteilen, wie bedrohlich er auf sie wirkt und wie er sich ihr gegenüber verhält.

Katzenpsychologie

Sicherlich haben Sie schon einmal beobachtet, daß eine Katze aus einer Gruppe fremder Menschen den einzigen ‚Katzenhasser' als Bezugsperson auswählt. Der Grund dafür ist einfach. Wenn die Katze den Raum betritt, versuchen Katzenliebhaber mit allen Mitteln, ihre Aufmerksamkeit zu erregen.

Die Person dagegen, die sich nichts aus Katzen macht, bleibt völlig ruhig und unbeteiligt sitzen und vermeidet wahrscheinlich jeden Blickkontakt mit der Katze, da sie irrtümlicherweise befürchtet, die Aufmerksamkeit der Katze zu erregen. Die Katze interpretiert dieses Verhalten allerdings so, daß dieser Mensch freundlicher und weniger bedrohlich ist als die anderen. Also sucht die Katze – sehr zum Mißfallen der betreffenden Person – engeren Kontakt.

Freundschaft schließen

Wenn Sie mit einer Katze Bekanntschaft schließen möchten, bleiben Sie am besten ganz ruhig sitzen und ignorieren sie. Reden Sie mit gesenkter Stimme. Schauen Sie der Katze nicht direkt in die Augen. Machen Sie keine plötzlichen Bewegungen, und geben Sie der Katze Gelegenheit, Sie mit Augen, Ohren und Nase zu erforschen.

Wenn die Katze zu Ihnen kommt, an Ihnen schnüffelt und sich dann in Ihrer Nähe niederläßt, ist das schon ein Kompliment. Wenn eine Katze Sie wirklich als Bedrohung empfindet, kommt sie gar nicht erst in Ihre Nähe.

Wenn sich die Katze gar auf Ihrem Schoß niederläßt, ihren Kopf an Ihnen reibt, schnurrt und Sie mit den Vorderpfoten ‚knetet', hat sie die Katze in ihr Herz geschlossen – Sie haben es geschafft!

Wenn Sie diese Regeln beherzigen, können auch ängstliche oder unfreundliche Katzen zum Freund des Menschen werden.

Informationen sammeln

Wenn Sie ein Katzenkind zu sich holen möchten, aber bisher kaum oder nur wenig Erfahrung mit Katzenhaltung haben, ist es sinnvoll, wenn Sie sich vorher mit anderen Katzen, etwa von Freunden, Nachbarn, Bekannten oder Verwandten, eingehend und in Ruhe befassen.

Jede Katze ist eine eigene Persönlichkeit und wird anders auf Sie reagieren. Beschäftigen Sie sich mit den unterschiedlichsten Katzen, fragen Sie den Besitzer, ob Sie bei der Gesundheitsvorsorge oder der Fellpflege helfen können.

Tips und Tricks

• Laufen Sie niemals hinter einer Katze her, um sie einzufangen; sie gerät in Todesangst.

• Halten Sie eine Katze während der Fell- oder Zahnpflege oder der Verabreichung von Medikamenten mit sicherer Hand fest. Katzen werden nicht gerne festgehalten, ergeben sich aber relativ schnell in ihr Schicksal, wenn sie richtig gehalten werden.

• Wenn Sie eine Katze festhalten, die zu kämpfen beginnt – auch spielerisch –, lassen Sie sie nach Möglichkeit erst hinunter, wenn sie sich beruhigt hat. Andernfalls verwendet die Katze in Zukunft das Kämpfen als Mittel zum Zweck und wird bald nicht mehr zu bändigen sein.

• Sie können das Vertrauen einer schüchternen Katze gewinnen, wenn Sie ihr ein wenig Futter aus der Hand füttern. Legen Sie es zunächst auf den Boden; nach einiger Zeit frißt Ihnen die Katze sicher auch aus der Hand.

• Streicheln Sie eine Katze immer sanft und vorsichtig, und reiben Sie ihr nicht den Bauch. Für viele Katzen ist der Bauch ein empfindlicher Körperteil, den sie beschützen wollen.

Sie sollten die Katze mit sicherem Griff festhalten, wenn Sie eine Untersuchung durchführen müssen. Auf unbekanntem Territorium, beispielsweise auf einem Tisch, geht das am besten.

Vorbereitungen in Heim und Familie

Die Entscheidung für ein Katzenkind ist mit vielfältigen Verpflichtungen und großer Verantwortung verbunden. Beginnen Sie rechtzeitig mit den Vorbereitungen. In diesem Kapitel erfahren Sie alles über die Wahl des Kätzchens, das zu Ihnen und Ihrer Familie paßt, die notwendigen Vorbereitungen und die richtige Ernährung für das Katzenkind.

Was zeichnet gute Katzeneltern aus?

Einige Menschen glauben, daß jeder Katzenliebhaber auch für eine Katze sorgen kann, doch Zuneigung allein reicht leider nicht aus. Ebenso wenig tragen ein gefülltes Bankkonto und ein großes Haus mit Garten allein zum Wohlergehen der Katze bei. Vielmehr kommt es darauf an, daß Sie bereit sind, Opfer für Ihre Katze zu bringen.

Ganz gleichgültig, für was für eine Katze Sie sich entscheiden oder wie unabhängig diese Katze auch

Das Katzenkind wird ein Familienmitglied, für das Sie für den Rest seines Lebens verantwortlich sind. Es hat schon Katzen gegeben, die 30 Jahre alt geworden sind!

sein mag, so ist sie doch immer in Sachen Ernährung, Erziehung und Gesundheitsvorsorge auf Sie angewiesen. Haben Sie das Zeug zu einem verantwortungsvollen Katzenbesitzer?

Vorbereitungen

Möglicherweise müssen Haus und Garten an die Bedürfnisse der Katze angepaßt werden. Außerdem müssen vielerlei Dinge für die Katzenpflege angeschafft werden. Können Sie sich das finanziell leisten?

Futter

Das Katzenkind erhöht nicht einfach nur die Zahl der Esser in Ihrer Familie – es braucht eine ganz bestimmte Ernährung. Trotz des großen Angebots an Katzenfutter müssen Sie sich Gedanken über die richtige Ernährung machen (siehe Seiten 54–67). Dazu bedarf es wesentlich mehr, als mit einem Dosenöffner umgehen zu können.

Erziehung

Katzen kommen mit den Instinkten wildlebender Tiere auf die Welt, und es liegt bei Ihnen, das Katzenkind mit der Lebensweise des Menschen vertraut zu machen.

Denken Sie an die Zukunft

Eine Katze kann gut und gerne zehn Jahre alt werden, und Ihr Leben kann sich in dieser Zeit drastisch ändern. Wie paßt die Katze in Ihre Lebensplanung? Was geschieht, wenn Sie umziehen müssen, möglicherweise sogar ins Ausland? Ziehen Sie auch unangenehme Möglichkeiten in Betracht, etwa plötzliche und lange Krankheit, Invalidität oder Tod. Sie müssen vorsorgen, denn als Katzenhalter tragen Sie eine lebenslange Verantwortung für Ihr Tier!

Wichtiger Hinweis

Einige Menschen leiden an einer starken Allergie gegen Katzenhaare. Wenn Sie glauben, daß Sie oder ein anderes Familienmitglied betroffen sein könnten, klären Sie das bitte vor dem Katzenkauf mit Ihrem Hausarzt.

Wenn Sie das Kätzchen im Alter von acht Wochen zu sich nehmen (siehe Seite 36), hat es normalerweise bereits einige Erfahrung über das Dasein als Katze und die merkwürdigen Angewohnheiten der Menschen gelernt. Nun ist es Ihre Aufgabe, Ihren neuen Mitbewohner mit der ‚Hausordnung' vertraut zu machen (siehe Seite 50).

Beschäftigung

Im Vergleich zu anderen Tieren schlafen Katzen zwar relativ viel, doch sie müssen Körper und Geist trainieren, um gesund und in Form zu bleiben. Sie müssen ihr Katzenkind immer wieder mit Spielen versorgen, die Körper und Geist herausfordern (siehe Seiten 82–85). Dies gilt ganz besonders für reine Wohnungskatzen und Katzen mit eingeschränktem Auslauf (siehe Seiten 88–89).

Gesundheitsvorsorge

Katzen bleiben nicht von alleine gesund – auch dafür sind Sie zuständig. Regelmäßige Impfungen, Parasitenbekämpfung, Zahn- und Fellpflege – einige dieser Aufgaben können Sie selbst durchführen, andere müssen beim Tierarzt oder in der Tierklinik ausgeführt werden.

Die Kosten für Tierarztbesuche können durch Unfall oder Krankheit von heute auf morgen rapide ansteigen. Einige Katzen müssen jahrelang vom Arzt behandelt werden. Können Sie die Kosten für unerwartete Tierarztbesuche tragen oder eine Krankenversicherung für das Kätzchen abschließen (siehe Seite 105)?

Urlaub

Wer kümmert sich um die Katze, wenn Sie verreisen möchten?

Die Familie

Auch wenn Sie die Pflege des Katzenkindes alleine übernehmen möchten, ist der Kontakt mit anderen Familienmitgliedern unvermeidlich. Mag Ihre Familie Katzen genauso gern wie Sie selbst, oder sind Sie der einzige Katzenfreund im Haushalt?

Ganz besonders in der Anfangszeit wird das Kätzchen einiges kaputtmachen. Wie reagieren Sie und der Rest der Familie, wenn das Katzenkind Ihr neues Sofa mit seinen Krallen bearbeitet? Und wenn Sie während des Haarwechsels buchstäblich das berühmte Haar in der Suppe finden? Was ist, wenn an regnerischen Tagen Ihre Kleider, Ihr Teppich und Ihre Möbel mit schwarzen Pfotenabdrücken verziert sind?

Finanzielle Sicherheit

Auch wenn Sie sich momentan ein Kätzchen leisten können: was soll aus ihm werden, wenn sich Ihre finanzielle Lage plötzlich verschlechtert? Sind Sie bereit, für Ihre Katze auf andere Dinge zu verzichten?

Weitere Vorbereitungen

• Sprechen Sie mit Freunden, die selber Katzen haben. Hier hören Sie eine ehrliche Einschätzung der Vor- und Nachteile.

• Bieten Sie Ihren Freunden an, sich während ihres Urlaubs um die Katze zu kümmern (im Idealfall in der gewohnten Umgebung). So können Sie eigene Erfahrungen sammeln.

• Stellen Sie eine Liste mit den Gegenständen zusammen, die Sie kaufen müssen. Kalkulieren Sie die laufenden Kosten. Dazu gehören beispielsweise Futter, Impfungen, Gesundheitsvorsorge, Krankenversicherung und Spielsachen.

Eine der wichtigsten Entscheidungen ist die Frage, ob sie ein oder zwei Katzenkinder aufnehmen möchten (siehe Seiten 46–47).

Die richtige Wahl

Sie haben im wahrsten Sinne des Wortes die Qual der Wahl zwischen vielen verschiedenen Katzen, die sich in Aussehen und Temperament stark unterscheiden. Vielleicht haben Sie bereits eine bestimmte Rasse ins Auge gefaßt, doch Sie sollten sich niemals nur aufgrund des Aussehens entscheiden.

Siamkatzen sind zwar sehr schöne, aber auch sehr stimmkräftige Katzen. Bei Langhaarkatzen wird die Fellpflege sehr viel mehr Zeit in Anspruch nehmen als bei ihren kurzhaarigen Artgenossen.

Wenn Sie die grundlegenden Fragen zur Katzenhaltung (siehe Seiten 42–43) beantwortet haben, sollten Sie jetzt Informationen über die verschiedenen Rassen einholen. Jetzt sollten Sie sich auch entscheiden, ob sie ein oder zwei Kätzchen, eine Katze oder einen Kater, ein junges oder ein älteres Tier möchten (siehe Seite 47).

Die verschiedenen Katzenrassen können in folgende Gruppen unterteilt werden.

Reinrassige Katzen

Wenn Sie sich für ein reinrassiges Kätzchen entscheiden, wissen Sie, wie es später aussehen wird und können sich ein recht gutes Bild von seinem Charakter und Temperament machen. Darin liegt eben die Besonderheit der Rassekatzen, daß sie Aussehen und Charakter über Generationen bewahren.

Mischlingskatzen

Ein Katzenjunges wird als hybrid bezeichnet, wenn ein oder beide Elternteile reinrassig sind, aber unterschiedlichen Rassen angehören. Neue Züchtungen entstehen normalerweise durch Kreuzung von Hybriden mit ähnlichem Aussehen über viele Generationen. Es gibt jedoch keinerlei Garantie dafür, daß ein mischrassiges Kätzchen einem Elternteil mehr gleicht als dem anderen.

Hauskatzen

Beide Elternteile sind normale Hauskatzen aus meist ungeplanten Verpaarungen. In diesem Fall sind Größe, Aussehen und Charakter nur schwer vorherzusagen, da die Vorfahren des Kätzchens meist über viele Generationen unbekannt sind.

Die Rassekatzen

Es gibt verschiedene Systeme zur Klassifizierung der Rassekatzen. Das charakteristische Temperament der einzelnen Rassen ist bedauerlicherweise kaum erforscht, und daher orientieren sich viele Beschreibungen an fast schon menschlichen Charaktereigenschaften und subjektiven Meinungen. Aus diesem Grund sollten Sie derartige Klassifizierungen und Beschreibungen mit Vorsicht genießen.

Die folgende Klassifizierung und die Anmerkungen zu den einzelnen Rassen geben die Meinung des Herausgebers einer der bekanntesten Katzenzeitschriften in Großbritannien wieder.

Zwei verschiedene Körperformen sind typisch für Rassekatzen. Zum einen gibt es die gedrungenen Katzen mit rundlichem Kopf und breiten Schultern (z. B. Perserkatzen oder die Britisch Kurzhaar); zum anderen die geschmeidigen, muskulösen Katzen mit einem kleinen Kopf (z.B. Siamkatzen). Andere Rassen liegen zwischen diesen beiden Extremen.

Die Unterteilung der Katzenrassen kann auch nach der Länge des Fells erfolgen, wie die folgenden Beispiele zeigen.

Langhaarkatzen

Viele Menschen fühlen sich durch das wahrhaft beeindruckende Aussehen dieser Katzen angezogen. Wenn Sie mit dem Gedanken spielen, sich eine Langhaarkatze anzuschaffen, sollten Sie allerdings mehr nach praktischen Gesichtspunkten vorgehen. Die notwendige Fellpflege nimmt entsprechend viel Zeit in Anspruch. Wer diese Katzen wirklich liebt, wird diese Mühsal auch bereitwillig auf sich nehmen. Doch haben Sie wirklich Zeit und Lust dazu? Sprechen Sie vor Ihrer Entscheidung mit Besitzern einer Langhaarkatze!

Perser mit flachem Gesicht.

Perserkatzen: Perser sind die beliebtesten Langhaarkatzen. Es gibt sie in einer Vielfalt von Farben und Fellzeichnungen. Perserkatzen sind im allgemeinen friedliche Tiere; lediglich die Colourpoint (Kreuzung aus Perser und Siamkatze) ist etwas lebhafter und stimmkräftiger. Perserkatzen eignen sich besonders gut als reine Wohnungskatzen. Sie verstehen sich gut mit anderen Katzen (vielleicht nicht mit allzu draufgängerischen Rassen), anderen Tieren und Kindern.

Norwegische Waldkatze.

Halb-Langhaarkatzen

Dazu gehört eine kleine Gruppe attraktiver Rassen, deren langes weiches Fell aber pflegeleichter ist als das der Perserkatzen. Einige von ihnen sind eng mit den Kurzhaarkatzen verwandt.

Balinese: Man kann diese Rasse als langhaarige Ausgabe der Siamkatzen bezeichnen. Sie haben dieselben Abzeichen im Gesicht, an Ohren, Beinen und Schwanz. Die Katzen sind ebenso intelligent wie die Siamkatzen, aber weniger stürmisch.

Ragdoll: Diese Rasse erfreut sich seit einigen Jahren großer Beliebtheit. Ragdolls sind große, attraktive Katzen mit lebhaftem Temperament. Es treten verschiedene Färbungen auf, darunter auch Colourpoint und Bi-Colour (zweifarbig). Diese verspielten Katzen eignen sich gut als Wohnungskatzen.

Birmakatze: Diese schön gezeichneten Katzen haben dunkle Abzeichen im Gesicht, an Ohren, Beinen und Schwanz. Sie tragen immer weiße ‚Strümpfe‘. Die kobaltblauen Augen sind ein besonders hervorstechendes Merkmal. Die intelligenten und lebhaften Tiere dieser Rasse vertragen sich gut mit Kindern und anderen Tieren.

Norwegische Waldkatze und Main-Coone-Katze: Die großen, athletisch gebauten Katzen sind seit kurzem sehr beliebt. Diese aktiven, unabhängigen Katzen lieben die Freiheit. Beide Rassen sind angenehme Zeitgenossen. Es gibt sie in einer Vielfalt von Farben und Zeichnungen.

Türkisch Van-Katze: Diese charmanten Katzen haben ein ganz besonderes Aussehen: weiß mit kastanienroten- oder cremefarbenen Flecken im Gesicht, um und unter den Ohren. Der Schwanz ist kastanienrot mit helleren Ringen, das Fell weich und seidig. Die intelligenten Katzen entwickeln sich zwar langsam, wachsen dann aber zu großen Exemplaren heran. Sie haben eine ausgeprägte Vorliebe für Wasser, einige gehen sogar schwimmen.

Somalikatze: Diese Rasse gleicht in der Färbung und der kleinen Körperform den Abessiniern (siehe Seite 46) – es ist sozusagen die langhaarige Ausgabe der Abessinier. Allerdings sind Somalikatzen etwas weniger athletisch. Die verspielten Katzen lieben es, sich im Freien auszutoben. Sie sind ruhige, sensible und liebevolle Hausgenossen.

Kurzhaarkatzen

Diese Gruppe umfaßt eine Vielzahl verschiedener Rassen.

Britisch Kurzhaar: Diese kräftigen Katzen treten in vielen verschiedenen Farben und Zeichnungen auf; ihr Fell ist kurz und dicht. Sie können sehr alt werden und entwickeln als ausgewachsene Katzen häufig einen enormen Appetit. Die Britisch Kurzhaar ist intelligent und ein geselliges Haustier. Sie liebt frische Luft und Sonnenschein und schätzt den Aufenthalt in einem sicheren Garten. Viele Exemplare sind begeisterte Jäger, die Besitzer können sich also auf regelmäßige ‚Mitbringsel‘ einstellen.

Orientalisch Kurzhaar: Der Körper dieser in vielen Farben auftretenden Katzen ist lang und schlank. Sie gehören zu den intelligentesten Rassen und sind voller Tatendrang, der ihrem Besitzer kaum eine ruhige Minute läßt. Sie brauchen viel Aufmerksamkeit, die sie sich mit ihrer ausgeprägten Stimme garantiert auch verschaffen. Diese Katzen sind wohl am besten in Gesellschaft anderer Katzen und vieler Menschen

Britisch Kurzhaar.

aufgehoben, da sie sich alleine schnell langweilen. Wenn sie von Kindesbeinen daran gewöhnt werden, geben sie gute Wohnungskatzen ab.

Siamkatze: Die Siamkatzen gehören wohl zu den bekanntesten Rassekatzen. Die langgestreckten, schlanken Tiere sind intelligent und stimmkräftig. Sie können gut mit anderen Tieren zusammengehalten werden, neigen aber dazu, uneingeschränkte Herrscher im Haus sein zu wollen. Sie fordern viel Aufmerksamkeit, geben die Zuneigung aber auch gerne an ihre Menschen zurück. Eine gepflegte Siamkatze ist gesund, ausdauernd und kann sehr alt werden.

Burmakatze: Diese verspielten, extrovertierten Katzen möchten immer im Mittelpunkt des Geschehens stehen. Normalerweise strotzen sie vor Energie und sind begeisterte Kletterer. Das glänzende Fell der Burmakatze ist kurz und pflegeleicht.

Abessinier: Abessinier erinnern im Aussehen an Wildkatzen und unterscheiden sich von anderen Rassen durch das ‚Ticking‘ des Fells (jedes einzelne Haar ist dreifach dunkel gebändert). Abessinier kommen gut mit anderen Katzen aus, sie sind intelligent und abenteuerlustig, gleichzeitig aber auch sehr liebevoll. Sie genießen den häuslichen Komfort.

Russisch Blau-Katze: Die attraktiven grauen Katzen haben lebhafte grüne, mandelförmige Augen und ein dichtes, seidiges Fell mit einem Silberschimmer. Die Tiere sind sehr höflich und nicht besonders anspruchsvoll.

Koratkatze: Diese graue Kurzhaarkatze stammt aus Thailand. Sie hat ein herzförmiges Gesicht mit großen Augen. Eine leichte Silberfärbung läßt ihr Fell leuchten. Sie ist verspielt und lebhaft.

Neue Züchtungen

Asiatische Katze (Mandalay): Diese Rasse ähnelt der Burmakatze. Die stämmigen, charaktervollen Tiere gibt es in vielen verschiedenen Farben.

Ocicat: Diese gefleckten Katzen ähneln im Aussehen den Wildkatzen. Die Ocicat ist weitläufig mit der Siamkatze und der Abessinierkatze verwandt. Sie ist sehr gesellig und ihrem Besitzer oftmals sehr ergeben.

Bengalkatze: Als Besitzer einer Bengalkatze hat man schon fast einen Leoparden im Wohnzimmer. Das golden gefleckte Fell wird als Pelz beschrieben, und ihr wildes Aussehen steht im Widerspruch zu ihrem verschmusten Charakter. Diese großen, geselligen Tiere lieben das Familienleben und genießen es, im Freien umherzustreifen.

Bengalkatze.

Weitere Überlegungen

Aus den genannten Beispielen läßt sich ersehen, wie wichtig es ist, die verschiedenen Rassen kennenzulernen, um das richtige Katzenkind für Sie selbst und Ihre Familie auszusuchen. Denken Sie immer daran, daß nicht allein das Aussehen zählt! Bücher über Katzenrassen können zwar weiterhelfen, aber durchaus auch in die Irre führen.

Sprechen Sie mit Menschen, die mit Katzen aller Art leben und arbeiten. Holen Sie die Meinung Ihres Tierarztes ein, und sprechen Sie mit anderen Katzenhaltern, Tierverhaltensforschern und Tierpflegern. Dort erhalten Sie interessante und fundierte Argumente zu diesem wichtigen Thema.

Ein Kätzchen oder zwei?

Wenn Ihr Katzenkind relativ viel Zeit alleine verbringen muß, spielen Sie vielleicht mit dem Gedanken, sich zwei Kätzchen anzuschaffen. Sie müssen sich aber im klaren darüber sein, daß ein zweites Kätzchen kein Ersatz für Sie, den Menschen, sein kann.

Katzen sind sehr anpassungsfähig. Wenn genug Futter und Platz vorhanden ist, können zwei Katzen sehr gut miteinander auskommen.

Am Anfang ist die Beziehung zwischen den beiden Kätzchen vielleicht stärker als die Beziehung der Katzen zu Ihnen. Wenn sie älter werden, werden sie aber möglicherweise um die Vormachtstellung in Ihrem Haus kämpfen, besonders, wenn es sich um zwei Kater handelt. Nicht vergessen: Katze und Kater werden aller Voraussicht nach versuchen, sich zu paaren, wenn sie nicht rechtzeitig kastriert werden (siehe Seiten 122–123).

Wichtiger Hinweis

Einige der Rassen mit extravagantem Aussehen leiden unter bestimmten gesundheitlichen Problemen. Katzen mit sehr flachen Gesichtern beispielsweise, wie etwa die Perser vom Extremtyp(siehe Seite 44), leiden häufig an Atembeschwerden und Zahnerkrankungen. Bei anderen Rassen kommt der Nachwuchs mit Gelenkabnormalitäten zur Welt. Werden Manxkatzen untereinander gepaart, stirbt jedes vierte Junge noch vor der Geburt. Wenden Sie sich an Ihren Tierarzt, wenn Sie Fragen zu der Rasse haben, der Ihr Katzenkind angehören soll.

Zwei Katzen bereiten auch nicht weniger Probleme als eine! Viele Katzenhalter sind der Auffassung, daß einige Rassen – wie beispielsweise die Cornish Rex (siehe unten) – nur paarweise wirklich zufrieden sind. Bedenken Sie aber, daß sich auch Kosten und Verantwortung verdoppeln. Wählen Sie zwei Kätzchen aus demselben Wurf, die sich gut zu verstehen scheinen. Sorgen Sie für eine rechtzeitige Kastration.

Katze oder Kater?

Ausgewachsene, nicht kastrierte Kater sind stämmig und normalerweise aktiver und zerstörungswütiger als weibliche Katzen. Sie setzen Duftmarken und verteidigen große Reviere. Daher sind sie auch oft in Kämpfe mit anderen Katzen verwickelt. Dieses Machoverhalten ist am besten durch Kastration unter Kontrolle zu bringen (siehe Seite 122).

Bei einer Katze, die vor der Pubertät kastriert wurde, ist auf den ersten Blick manchmal kaum zu entscheiden, ob es sich um eine Katze oder einen Kater handelt. Kastrierte Kater verhalten sich eher wie Katzen und bringen ihren Besitzern mehr Zuneigung entgegen. Sie sollten bei Ihrer Entscheidung die unterschiedlichen Eigenschaften berücksichtigen und sich die Frage stellen, ob Sie Ihr Kätzchen kastrieren lassen möchten.

Jung oder alt?

Im Idealfall holen Sie das Katenkind im Alter von acht Wochen zu sich (siehe Seite 36). Vielleicht möchten Sie sich aber auch ein älteres Kätzchen anschaffen, das zwischen sechs Monaten und einem Jahr alt und bereits sozialisiert ist, möglicherweise aus einem Tierheim.

In jedem Fall sollten Sie sich bereits vor der Anschaffung Gedanken über Temperament und Charakter Ihres zukünftigen Mitbewohners machen (siehe Seiten 68–69). Meiner Meinung nach ist ein junges Katzenkind das Beste für die meisten Familien, die über keinerlei Katzenerfahrung verfügen. Es ist sowohl unterhaltsam als auch lehrreich, die Entwicklung des Katzenkindes in allen Phasen zu verfolgen.

Katzen mit lockigem Fell

Es gibt Rassen mit weichem, kurzem und welligem Fell: z. B. die Devon Rex und die Cornish Rex. Die Rexkatzen verlieren weniger Haare als andere Rassen, so daß sie unter Umständen auch von Allergikern gehalten werden können. Diese und andere Rassen gibt es in verschiedenen Farben.

DEVON REX (rechts)

Diese kleinen, zierlichen Katzen haben ein kürzeres Fell als die Cornish Rex. Das Gesicht mit großen Augen und Ohren und einem kleinen, keilförmigen Maul verleiht den Katzen das Aussehen eines Kobolds. Die Katzen sind sehr aktiv und verspielt und brauchen jede Menge Aufmerksamkeit und Beschäftigung.

CORNISH REX

Die Cornish Rex ist die größere der beiden Rexkatzen. Sie ist relativ kräftig, hat lange Beine und einen langen, zugespitzten Schwanz. Diese intelligenten und lebhaften Katzen spielen gern und sind begeisterte Kletterer, also nichts für schwache Nerven. Sie fühlen sich zu zweit am wohlsten und brauchen viel Zuwendung.

Auf der Suche nach einem Katzenkind

Wenn Sie sich für eine Katzenrasse oder einen Mischling entschieden haben, können Sie nun Überlegungen anstellen, wo Sie das geeignete Kätzchen erhalten können.

Wenn Sie ein reinrassiges, acht Wochen altes Kätzchen möchten, sollten Sie zuallererst die richtige Katzenmutter ausfindig machen. Sie sollte Ihren Vorstellungen in bezug auf Aussehen und Charakter soweit wie möglich entsprechen.

Wenn Sie einen Mischling oder eine Hauskatze im Alter von acht Wochen haben möchten, müssen Sie wahrscheinlich keine lange Wartezeit in Kauf nehmen. Da die meisten Katzen aber nur im Frühjahr und im Sommer rollig sind (siehe Seite 123), gibt es nicht das ganze Jahr über Katzenkinder im Überfluß. Weil die Paarung bei Mischlingen in den meisten Fällen ungeplant erfolgt, werden Sie kaum die Möglichkeit haben, sich die Katzenmutter auszusuchen, bevor sie trächtig wird.

Beim ersten Termin, wenn Sie einen Wurf junger Kätzchen die ersten Male ansehen, sollten Sie Ihre Kinder lieber nicht mitbringen, da die Kinder vielleicht sehr enttäuscht sind, wenn Sie die Katzenmutter, die Jungen oder die Umgebung nicht für geeignet halten. Die Suche nach dem richtigen Katzenkind erfordert manchmal viel Zeit und Mühe!

- Besuchen Sie regionale oder auch nationale Katzenausstellungen. Dort können Sie Kontakte knüpfen.
- Wenn Freunde von Ihnen eine Katze der von Ihnen gewünschten Rasse besitzen, finden Sie heraus, wo diese Katze herkommt. Notieren Sie sich die Namen der Eltern, falls Ihnen diese noch einmal begegnen.
- Lesen Sie die regionalen Zeitungen. Dort werden oft Rassekätzchen zum Verkauf angeboten, bevor sie überhaupt geboren sind.

Weitere Schritte

- Vereinbaren Sie einen Besuchstermin bei den in Frage kommenden Züchtern. Versuchen Sie, herauszufinden, mit welchem Kater die Katzenmutter gepaart werden soll, und versuchen Sie, diesen Kater ebenfalls kennenzulernen.
- Richten Sie Ihre Aufmerksamkeit bei einem Besuch nicht nur auf die Katze, sondern auch auf den Züchter und die Umgebung, in der es aufwachsen wird. Die Entwicklung eines Kätzchens wird in einem hohen Ausmaß von den frühen Erfahrungen geprägt.

An der Planung für die Anschaffung eines Katzenkindes sollte die ganze Familie beteiligt sein; jeder kann seine Vorschläge einbringen. Kinder können aus diesen Diskussionen nur lernen.

Ein reinrassiges Kätzchen
Die ersten Schritte

- Kontaktieren Sie den entsprechenden Katzenzüchterverband. Die Telefonnummer findet man in Fachzeitschriften, oder man erfragt sie beim Tierarzt. Der Verband kann Ihnen Züchter in der näheren Umgebung nennen.

Wichtiger Hinweis

Sie sollten Ihr Katzenkind möglichst nicht bei ‚Massenzüchtern‘ oder in einer Tierhandlung kaufen. Ein solcher Ort ist für ein Katzenkind auch für eine vorübergehende Unterbringung denkbar ungeeignet. Diese Kätzchen haben meist später ernsthafte Verhaltensstörungen.

• Es mag wohl bequemer sein,
wenn Sie das Katzenkind von einem
Freund bekommen, doch sollten Sie diese
Entscheidung genau überlegen. In bezug auf
das Aussehen können Sie Zugeständnisse machen, aber
niemals in bezug auf den Charakter!
• Sie sollten auch längere Reisen auf sich nehmen, um
die perfekten Eltern für das Katzenkind ausfindig zu
machen.
• Manchmal werden auch in Tierheimen reinrassige
Katzen angeboten. Nehmen Sie Kontakt zu seriösen
Einrichtungen in Ihrer Nähe auf, doch auch hier ist
Vorsicht geboten (siehe Seite 69).

Ein Hauskätzchen oder ein Mischling

Erste Schritte

• Sehen Sie die Anzeigen in regionalen Zeitungen
durch.
• Nehmen Sie Kontakt zu den Tierkliniken in Ihrer
Nähe auf. Dort weiß man oft Bescheid, wo es junge
Kätzchen gibt.
• Setzen Sie sich mit Tierheimen in Ihrer Nähe in Ver-
bindung. Wenn dies Ihr erstes Katzenkind ist, sollten
Sie allerdings auf keinen Fall ein Kätzchen zu sich neh-
men, das ohne Mutter aufgewachsen ist (siehe Seite 69).

Weitere Schritte

• Versuchen Sie, mehrere trächtige Katzen und ihre Besitzer kennenzulernen. Wenn Ihnen keine der Katzen
zusagt, suchen Sie weiter!
• Wenn Sie eine Katze finden, die ihren Erwartungen
entspricht, deren Junge aber bereits einige Wochen alt
sind, müssen Sie sich vielleicht früher als geplant für
ein Katzenkind entscheiden (siehe dazu auch Seiten
68–69). Trotzdem sollten Sie keine der auf den folgenden
Seiten beschriebenen Vorbereitungsphasen auslassen.

*Wichtig ist, daß das Kätzchen nicht von seinen Geschwistern
getrennt wird, bevor Sie es abholen, und daß es den Umgang
mit Menschen bereits gewohnt ist (siehe Seite 31).*

Ein älteres Kätzchen

Wenn Sie sich für ein älteres Kätzchen entschieden haben, sollten Sie dieselben Nachforschungen wie bei einem acht Wochen alten Kätzchen anstellen, die sich allerdings schwieriger gestalten werden.

Rechtzeitige Planung

Wenn Sie sich entschieden haben, wo Sie Ihr Kätzchen
erwerben möchten, können Sie weiter planen. Wenn
das Katzenkind noch nicht geboren ist, bleiben Sie in
Kontakt mit dem Besitzer der Katzenmutter. Mit etwas
Glück verläuft alles nach Plan, aber Sie können auch Ent-
täuschungen erleben. Vielleicht stehen Sie auf der War-
teliste an vierter Stelle, und dann werden nur drei Kätzchen des gewünschten Geschlechts geboren. Schrauben
Sie Ihre Hoffnungen also besser nicht zu hoch! In einem
solchen Fall können Sie entweder den nächsten Wurf
derselben Katze abwarten oder sich erneut auf die Suche nach einer anderen, geeigneten Katzenmutter machen.

Wenn alles glatt gegangen ist, können Sie beginnen,
den kleinen Katzen Besuche abzustatten, um mit der
Auswahl Ihres Katzenkindes zu beginnen (siehe Seiten
68–69). Sie können sich auch das Datum vormerken, an
dem das Katzenkind acht Wochen alt wird und Sie es
abholen können. In der verbleibenden Zeit können Sie
alles für die Ankunft des neuen Familienmitglieds vorbereiten.

Vorbereitungen in Haus und Garten

Haus und Garten bergen eine Vielzahl potentieller Verletzungsfallen für das Katzenkind. Daher sollten Sie rechtzeitig entsprechende Vorbereitungen treffen. Das Katzenkind wird sich voller Neugier und Naivität ans Werk machen, wenn es darum geht, das neue Revier zu erforschen. Es wird seiner Umgebung mit Pfoten, Krallen und Zähnen zu Leibe rücken.

Im Haus

Sie sollten Ihre Wohnung so katzensicher wie möglich machen – aber bleiben Sie dabei bitte in einem vernünftigen Rahmen.

Spielzimmer

Zunächst sollten Sie ein Zimmer auswählen, in dem das Kätzchen nach Herzenslust spielen darf. Sie sollten diesen Raum gut im Auge behalten können, und aus Gründen der Sicherheit und Hygiene sollte es sich nicht gerade um die Küche handeln.

Prüfen Sie sorgfältig, ob der Raum so katzensicher wie möglich ist. Räumen Sie Stromkabel aus dem Weg, entfernen Sie alle Pflanzen, und sichern Sie den Kamin. Stellen Sie die Möbel so auf, daß das Kätzchen nicht direkt an der Heizung liegt, und sorgen Sie dafür, daß niedrige Regale einen sicheren Stand haben.

Bedenken Sie, daß das Katzenkind versuchen wird, alles zu erklettern. Kleine Katzen finden besonderen Spaß daran, ihre Bergsteigerkünste an Vorhängen zu trainieren. Sie stürzen zwar dabei selten, müssen aber oft ‚gerettet‘ werden. Stellen Sie sicher, daß alle Fluchtwege in die Außenwelt verbaut sind. Sie sollten das Kätzchen erst nach den ersten Impfungen ins Freie lassen (siehe Seiten 120–121).

Außerdem müssen Sie einen geeigneten Ort für die Katzentoilette wählen. Katzen sind sehr eigen, wenn es darum geht, ihr Geschäft zu verrichten. Daher sollte die Katzentoilette etwas abseits des Geschehens aufgestellt werden – und möglichst weit entfernt vom Futterplatz!

Schlafplatz

Legen Sie an zwei oder drei Stellen im Spielzimmer einige weiche Decken (siehe Seite 52) aus, und lassen Sie Ihre Katze entscheiden, wo sie schlafen möchte. Wenn sich das Kätzchen für einen Schlafplatz entschieden hat, können Sie ihm mehr Komfort bieten. Mein eigener Kater Gorbatschow beispielsweise schläft in einer Katzenhängematte am Heizkörper.

Hausordnung

Sie entscheiden, zu welchen Teilen des Hauses das Katzenkind Zugang hat. Sie müssen Ihrem Kätzchen auch beibringen, was erlaubt und was verboten ist. Wenn das Kätzchen auf ein Möbelstück springt, das nach der ‚Hausordnung‘ verboten ist, müssen Sie seine Aufmerksamkeit ablenken und es verwarnen, ohne es jedoch zu bestrafen (siehe Seite 79). Wenn das Katzenkind älter ist, kann es sich auch ohne Aufsicht im ganzen Haus aufhalten.

Im Garten

Potentielle Gefahrenquellen im Garten lassen sich durch folgende Vorkehrungen beseitigen:

Sicherheitsvorkehrungen

Gartenteiche und Regentonnen müssen katzengerecht abgesichert werden.

Nach der Ankunft Ihres Katzenkindes müssen Sie alle Gartengeräte sicher verstauen, wenn sie nicht in Gebrauch sind. Schließen Sie alle Tore, Türen und Fenster, und gehen Sie bei der Verwendung und Aufbewahrung von Chemikalien äußerst sorgfältig vor.

Setzen Sie bei den Sicherheitsvorkehrungen im Garten ebenso Ihren gesunden Menschenverstand ein wie bei den Vorbereitungen im Haus, und seien Sie nicht übervorsichtig. Schließlich wird das Kätzchen, wenn es im Freien umherstreifen darf, auch die Grenzen Ihres Gartens überschreiten – es sei denn, Sie zäunen ihn ein.

Eingegrenzter Auslauf

Wenn Sie dem Kätzchen nur beschränkten Auslauf gewähren möchten, ist es jetzt an der Zeit, ein Gehege zu entwerfen und zu bauen (siehe Seiten 88–89). Sie können entweder ein fertiges Gehege kaufen oder selbst eines bauen. Alternativ können Sie auch Ihren gesamten Garten durch entsprechende Umzäunung ausbruchsicher machen.

Prüfen Sie die Sicherheit Ihres Gartens aus dem Blickwinkel der Katze, bevor Sie Ihr Kätzchen vom Züchter holen. Achten Sie dabei auf folgende Punkte. 1 Wenn sich der Auslauf Ihres Kätzchens auf den Garten beschränken soll, sollten Sie einen hohen Zaun mit einem Abschluß aus nach innen gerichtetem Maschendraht errichten. 2 Verstauen Sie alle Geräte und Chemikalien an einem sicheren Ort. 3 Decken Sie die Regentonne ab. 4 Vermeiden Sie Pflanzen, die für Katzen giftig sind. 5 Decken Sie den Gartenteich ab.

Alles für die Katz'

Eine Reihe von Gegenständen sind notwendig, wenn Sie das Kätzchen richtig versorgen und pflegen möchten. Sie sollten diese Gegenstände aussuchen und besorgen, bevor das Katzenkind bei Ihnen einzieht.

Die folgende Aufzählung enthält die Dinge, die meiner Meinung nach zur Grundausstattung gehören. Einiges müssen Sie kaufen, andere Dinge können Sie sich ausleihen oder selber machen. Anhand der folgenden Informationen können Sie eine Einkaufsliste vorbereiten.

Tragekorb

Manchmal werden Sie eine sichere Transportgelegenheit benötigen. Empfehlenswert ist ein plastiküberzogener Drahtkorb mit einem Deckel, der sich nach oben öffnet. Diese Tragekörbe sind äußerst pflegeleicht, und die Katze kann mühelos hineingesetzt oder herausgenommen werden. Meine Tierarzthelferinnen und ich sprechen da aus Erfahrung: Wir müssen oft genug erleben, wie schwierig es ist, eine Katze aus dem Tragekorb zu nehmen, wenn sie zu viele Möglichkeiten hat, sich darin festzukrallen!

Schlafgelegenheit

Am besten und preisgünstigsten ist eine weiche Decke. Die Katze liegt bequem und warm, und die Decke läßt sich leicht reinigen. Andere Möglichkeiten sind Schaumstoffmatratzen oder ähnliche weiche Gegenstände.

Katzentoilette und Katzenstreu

Die meisten Katzentoiletten sind aus Kunststoff, und es gibt sie in nahezu allen Farben des Regenbogens. Sie benötigen mindestens zwei Katzentoiletten. Die Toiletten müssen tief genug sein, damit das Kätzchen die Streu nicht herausschleudern kann, aber auch flach genug, damit das Kätzchen problemlos hineinklettern kann. Eine Abdeckung verschafft dem Kätzchen eine gewisse Privatsphäre. Einlegetücher und eine kleine Schaufel zum Reinigen vervollständigen die Ausrüstung.

Dies sind nur einige der Dinge, die Sie anschaffen müssen. Legen sie nach Möglichkeit etwas Geld für das Katzenzubehör auf die Seite.

Schlafhöhle aus Schaumstoff

Kletterbaum

Katzentoilette

Katzenfutter

Transportkäfig

Katzentür

weiche Decke

luftdichter Behälter und Futter

Futternapf und Löffel

Wasserschüssel

Metallrassel

elastisches Halsband

Kamm

weiche Bürste

Spielzeug

Metallkamm

Entfilzungsbürste

Drahtbürste

Bürste zum Glätten

Wasserzerstäuber

Kauf von Zubehör und Spielzeug

Mittlerweile sind unzählige verschiedene Pflegeprodukte für Katzen erhältlich, die normalerweise – was die Qualität angeht – auch ihr Geld wert sind. Kaufen Sie nur verpackte Produkte mit Gebrauchsanweisung. In großen Tierhandlungen sind Sie unter Umständen am besten beraten, wobei aber nicht immer die größten Geschäfte auch die besten sind. Oft hat aber auch der langjähriger Inhaber einer kleinen Tierhandlung gute Ratschläge für Sie parat.

Auch viele Tierkliniken und Tierärzte bieten spezielle Produkte zum Verkauf an . Eine gute Tierklinik läßt ihre Mitarbeiter unter Umständen speziell im Bereich Tierpflege ausbilden. Wenn es um Dinge geht, die das Wohlergehen und die Gesundheit Ihres Kätzchens betreffen, lohnt es sich in jedem Fall, den Rat von Fachleuten einzuholen.

Weitere Informationen zu Katzentoiletten und Katzenstreu finden Sie auf den Seiten 74–77.

Futter und Zubehör

Sie sollten sich rechtzeitig Gedanken darüber machen, womit und wie Sie das Katzenkind füttern möchten (siehe Seiten 54–67). In den ersten Tagen werden Sie den Ernährungsplan des Züchters übernehmen (siehe Seite 63), doch das wird sich bald ändern. Kaufen Sie das Katzenfutter erst kurz vor dem Verzehr, um sicherzustellen, daß das Futter auch frisch ist.

Wenn Sie sich für Trockenfutter entschieden haben (siehe Seite 60), brauchen Sie einen luftdichten Behälter zur Aufbewahrung. Außerdem benötigt das Katzenkind eine geeignete Futterschüssel sowie eine Wasserschale (siehe Seite 64).

Halsband

In manchen Ländern ist es gesetzlich vorgeschrieben, daß Kätzchen ein Halsband zur Identifikation tragen müssen (siehe Seite 99). Sie sollten Name und Adresse oder die Telefonnummer direkt auf das Halsband oder auf einen kleinen Anhänger schreiben.

Beim Anpassen des Halsbandes ist darauf achten, daß zwei Finger noch mühelos an der Seite zwischen Halsband und Katze passen. Das Halsband muß so gefertigt sein, daß es sich weitet oder zerreißt, falls sich beispielsweise ein Zweig darin verfängt (siehe Seiten 98–99). Befestigen Sie keine überflüssigen Glöckchen oder Ringe am Halsband – wenn die Katze damit an Hindernissen hängenbleibt, kann sie sich verletzen.

Spielzeug

Geist und Körper Ihres Kätzchens sind gleichermaßen aktiv und müssen gleichermaßen geschult werden. Suchen Sie nach Möglichkeit Spielsachen aus, die das natürliche Verhalten fördern. Wenn Sie selber Spielsachen anfertigen möchten, müssen Sie keinesfalls ein Experte sein: Knüllen Sie einfach ein Stück Papier zusammen, und schon haben Sie ein preisgünstiges Spielzeug, an dem das Kätzchen viel Spaß haben wird.

Klettergerüste sind eine relativ neue Erfindung (siehe Seite 84). Diese hervorragenden Spielgeräte können allerdings recht teuer sein. Solche Spielgeräte sind vor allem für reine Wohnungskatzen wichtig.

Kratzgelegenheiten

Alle Katzen bearbeiten geeignete Objekte in ihrer Umgebung mit den vorderen Krallen – einerseits, um ihr Revier zu kennzeichnen, andererseits auch, um ihre Krallen zu schärfen (siehe Seite 82). Bei Katzen, die sich im Freien aufhalten, kann es durchaus sein, daß sie sich an Bäumen oder Zaunpfählen austoben.

Ein Holzklotz ist die perfekte Alternative für die Wohnung. Kaufen Sie keinen mit Teppich überzogenen Kratzbaum oder ähnliches, sonst betrachtet Ihre Katze womöglich den restlichen Teppichboden als Teil davon.

Katzentür

Wenn Sie das Kätzchen nach den ersten Impfungen ins Freie lassen möchten, müssen Sie eine geeignete Katzentür einbauen (siehe Seiten 86–87).

Erziehung

Um Ihrer Katze beizubringen, welches Verhalten verboten ist, brauchen Sie einen Wasserzerstäuber und eine Metallrassel (siehe Seiten 78–79).

Gesundheitsvorsorge

Sie benötigen eine Waage – eine normale Personenwaage reicht völlig aus. Für die Fellpflege braucht man einige besondere Artikel (siehe Seiten 108–111). Außerdem benötigen Sie das entsprechende Zubehör für die Zahnpflege (siehe Seiten 112–113) und Produkte zur Parasitenbekämpfung (siehe Seiten 114–117). Ein Erste-Hilfe-Kasten ist nur dann sinnvoll, wenn Sie auch damit umgehen können.

Hygiene

Sie brauchen bestimmte chemische Reinigungsmittel, um ,kleine Unfälle' zu beseitigen, sowie ein katzengerechtes Desinfektionsmittel (siehe Seite 77).

Ernährung

Im Idealfall sollten Sie die Ernährung des Katzenkindes zusammenstellen, bevor Sie es zu sich holen. Wenn kein Kätzchen um Sie herumstreicht, das miauend nach seinem Abendessen verlangt, treffen Sie sehr wahrscheinlich vernünftigere Entscheidungen.

Gute Ernährung

Eine Katze benötigt eine andere Ernährung als der Mensch, und ein junges Kätzchen hat wiederum ganz besondere Bedürfnisse. Ihr Katzenkind ist, was es ißt: seine Mahlzeiten werden buchstäblich in Blutzellen, Nerven und Muskeln, Fell, Knochen und Zähne umgewandelt.

Ganz gleich, für welche Nahrung Sie sich entscheiden – sie muß das Katzenkind in jedem Fall mit der nötigen Energie versorgen. Die Nahrung ist dafür verantwortlich, daß die Körperfunktionen des Kätzchens einwandfrei funktionieren und daß sein Körper in der Lage ist, sich selbst zu helfen und zu wachsen.

Es ist eine sehr komplizierte Angelegenheit, eine ausgewogene und nährstoffreiche Ernährung für ein Kätzchen zusammenzustellen, und diese Aufgabe sollte Experten überlassen werden. Sie können durch die Auswahl der richtigen Produkte dafür sorgen , daß das Kätzchen von dem Wissen dieser Experten profitiert. Sie sollten also Ihr Augenmerk darauf richten, die ausgewählte Nahrung richtig zu verfüttern.

Auf den folgenden Seiten finden Sie wichtige Hintergrundinformationen über die Nahrung selbst, über die Verdauung und über verschiedene Fertignahrung. Außerdem unterbreiten wir Ihnen einige Vorschläge für die Zusammenstellung einer gesunden und nährstoffreichen Ernährung für Katzenkinder.

Was ist Nahrung?

Flüssige oder feste Nahrung kann den Körper mit folgenden Substanzen versorgen:
• Energie, die der Körper zum Erzeugen von Wärme oder zum Bewegen verwenden kann.
• Energie für das Wachstum und die Zellbildung.
• Substanzen, die zur Steuerung der oben genannten Vorgänge benötigt werden.

Nährstoffe

Alle Nahrungsmittel und Nahrungsbestandteile bestehen aus Wasser, kombiniert mit einem oder mehreren der folgenden fünf Nährstoffe:

Kohlenhydrate: Kohlenhydrate sind die Energielieferanten des Körpers; sie könen unter bestimmten Umständen in Fett umgewandelt werden. Kohlenhydrate beeinflussen auch das Verdauungssystem (siehe Seite 56).

Fett: Fett versorgt den Körper in einer sehr konzentrierten Form mit Energie. Es unterstützt die Aufnahme bestimmter Vitamine (siehe nächste Seite, unten) und liefert die essentiellen Fettsäuren, die für einige Körperfunktionen lebensnotwendig sind. Außerdem verbessert Fett den Geschmack der Speisen.

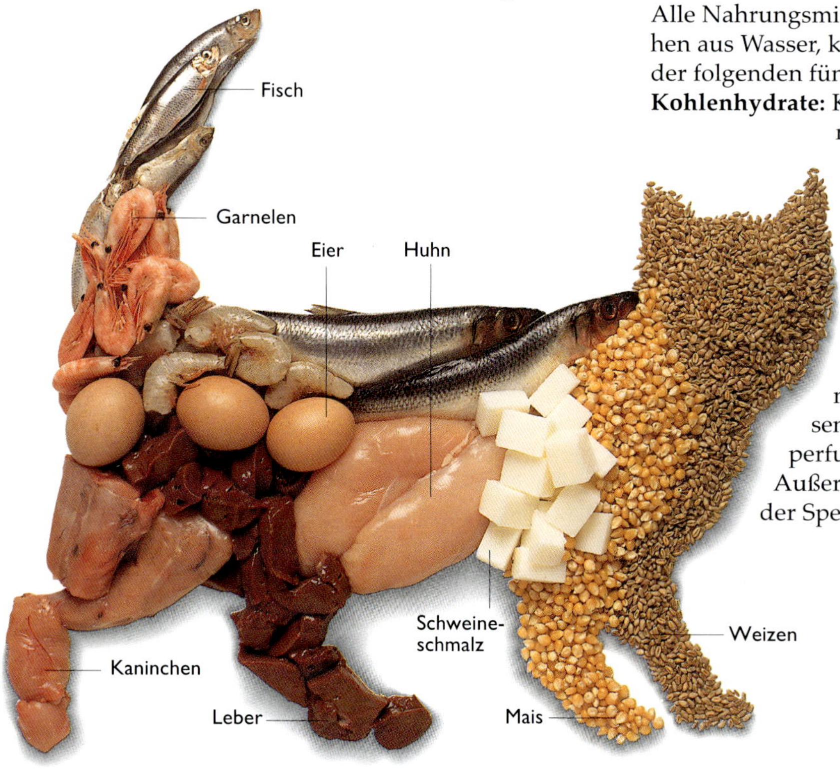

Fisch

Garnelen

Eier   Huhn

Schweineschmalz

Weizen

Kaninchen

Leber

Mais

Katzen sind Fleischfresser, deshalb sollte ihre Ernährung auf Bestandteilen tierischer Herkunft aufbauen; als Vegetarier können sie nicht überleben. Die Abbildung zeigt die typischen Grundzutaten von Fertigfutter für Katzen (siehe Seiten 58–60).

Ernährung in der Wildnis

Wildkatzen müssen ihre Ernährung ohne wissenschaftliche Beratung zusammenstellen. Sie verlassen sich auf ihren Instinkt und ihren ausgeprägten Geruchs- und Geschmackssinn, und sie wissen, zu welcher Jahreszeit welche Nahrungsmittel vorhanden sind.

Wildkatzen werden hungrig, wenn sie Energie tanken müssen. Darin besteht ihr oberstes Ziel, wenn sie auf Beutejagd gehen. Auf lange Sicht bleiben die Katzen aber nur gesund, wenn ihre Nahrung nicht nur genügend Kalorien enthält, sondern auch alle notwendigen Nährstoffe, Mineralien und Vitamine liefert, die ihr Körper braucht. Solange die Wildkatze alle wichtigen Nährstoffe mit der Nahrung aufnimmt, bleibt sie gesund. Wahrscheinlich spielt es bei diesen Tieren mit einer relativ kurzen Lebenszeit keine Rolle, wenn sie von bestimmten Nährstoffen mehr zu sich nehmen als sie eigentlich benötigen – bei Hauskatzen versuchen wir, das langfristig zu vermeiden.

Hauskatzen sind, ebenso wie ihre wildlebenden Verwandten, hauptsächlich Fleischfresser. Als Vegetarier können sie nicht überleben; ihre Ernährung muß zumindest einige Fleischbestandteile enthalten, damit sie fit und gesund bleiben.

Eiweiß: Proteine versorgen den Körper mit Aminosäuren, die für das Wachstum benötigt werden und ein guter Schutz gegen Krankheiten sind. Aminosäuren werden vom Körper auch zur Bildung von Hormonen verwendet und können bei Bedarf als Brennstoff dienen.

Mineralstoffe: Mineralstoffe sind in relativ kleinen Mengen in der Nahrung enthalten, sind aber für viele der wichtigsten Körperfunktionen, wie beispielsweise das Nervensystem, von großer Bedeutung. Kalzium und Phosphor sind die Hauptbestandteile von Knochen und Zähnen; andere wichtige Mineralstoffe sind Natrium, Magnesium und Kalium.

Vitamine: Auch Vitamine treten in verschiedenen Nahrungsmitteln in kleinen Mengen auf – der Körper braucht davon auch nur geringe Mengen. Die Vitamine sind verantwortlich dafür, elementar wichtige chemische Reaktionen und Vorgänge im Körper zu steuern.

Futterverwertung

Das aufgenommene Futter durchläuft verschiedene Stationen im Verdauungssystem der Katze.

Maul: Im Maul wird die aufgenommene Nahrung mit Speichel vermischt. Die Zähne eignen sich gut zum Zerkleinern der Nahrung, doch Fertignahrung (siehe Seiten 58–60) muß oft kaum gekaut werden.

Speiseröhre: Die Nahrung wird über die Speiseröhre in den Magen befördert.

Magen: Hier wird die Nahrung mit Verdauungssäften vermengt, und die Zersetzung der Proteine beginnt. Der Magen sorgt außerdem für einen gleichmäßigen Weitertransport halbverdauter Nahrung in den Darm.

Dünndarm: Der Dünndarm ist der vordere und längere Teil des Gedärms. Hier findet der größte Teil der eigentlichen Verdauung statt. Der Darm und die Bauchspeicheldrüse erzeugen Flüssigkeiten mit Verdauungsenzymen. Diese Enzyme sorgen für die vollständige Aufspaltung der Proteine, Kohlenhydrate und Fette in Einheiten, die klein genug sind, um während der sogenannten Absorption (siehe rechts oben) durch die Darmwand in den Körper zu gelangen.

Dickdarm: Wenn die Nahrung im Dickdarm angelangt ist, ist sie schon so gut wie wertlos. Bakterien verdauen einige der übrig gebliebenen Proteine und Fasern und produzieren auf diese Art bestimmte Substanzen, die den Kot der Katze in Farbe und Geruch so einzigartig machen.

Mastdarm: Alle unverdauten Substanzen werden – gemeinsam mit etwas Wasser, Mineralstoffen und toten Bakterien – so lange in dieser letzten Station des Darmtrakts gespeichert, bis die Katze das nächste Mal Kot absetzt.

Das Verdauungssystem der Katze

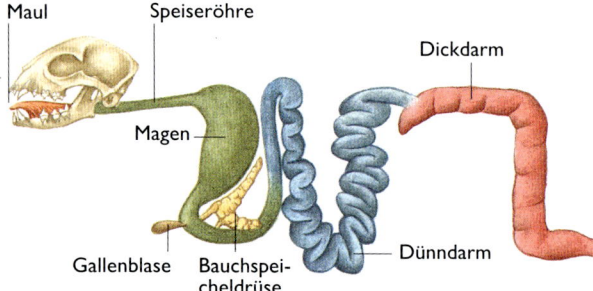

Maul   Speiseröhre   Dickdarm   Magen   Gallenblase   Bauchspeicheldrüse   Dünndarm

Das Verdauungssystem der Katze wird über Nervensystem und Hormone gesteuert. Es besteht aus mehreren miteinander verbundenen Teilen, von denen jeder eine bestimmte Funktion hat.

Aufgaben des Dünndarms

Während der Verdauung zieht sich die Wand des Dünndarms zusammen und unterstützt so die Vermischung des Darminhalts. Die Gallenblase liefert Gallenflüssigkeit zur Fettverdauung.

Der Hauptanteil der verdauten Nährstoffe (einschließlich der Mineralstoffe und Vitamine) und Wasser gelangen über den Dünndarm in den Körper. Die Darmwand ist stark gefältelt und mit kleinen, fingerähnlichen Ausstülpungen (Darmzotten) versehen. Dadurch wird die Oberfläche des Dünndarms vergrößert und die Aufnahme der Stoffe ins Blut erleichtert.

Gesunde Ernährung

Im ersten Schritt müssen Sie feststellen, welche Nährstoffe Ihr Katzenkind in welcher Menge benötigt. Daraus ergibt sich die optimale Futterzusammensetzung, die von vielen verschiedenen Faktoren, wie beispielsweise Lebensalter und Lebensweise, abhängt.

Wissenschaftler haben im Auftrag von Katzenfutterherstellern nach jahrelanger Forschung Listen mit den nach gegenwärtiger Auffassung gültigen Mindestbedürfnissen von Jungkatzen und ausgewachsenen Katzen aufgestellt. Diese Listen sind für die Mehrheit der Katzenhalter von geringem oder gar keinem Nutzen. Für die Menschen, die über die Zusammensetzung von Fertigfutter entscheiden, für Tierärzte und Ernährungsberater sind diese Listen jedoch von unschätzbarem Wert.

Als Katzenbesitzer in spe haben Sie die folgenden Möglichkeiten, das Ernährungsbedürfnis Ihres Katzenkindes zu stillen.

Natürliche Ernährung

Wenn Sie der Meinung sind, daß eine völlig natürliche Ernährung das Beste für Ihr Kätzchen ist, könnten Sie es einfach auf die Jagd gehen lassen. Da das Katzenkind aber noch keine Jagdausbildung erhalten hat, müßte es wahrscheinlich Hunger leiden.

Natürlich könnten Sie dem Katzenkind diese Aufgabe abnehmen und selbst auf die Jagd gehen, aber wie stehen Ihre Chancen, Kaninchen und Hasen zu fangen? Und wenn Sie tatsächlich einen Hasen erwischen sollten – zeigen Sie dann Ihrem Kätzchen auch, wie es die Beute fressen soll?

Vorteil: Sehr natürliche Ernährung.

Nachteile: Die Suche nach den richtigen ‚Zutaten' ist umständlich, die Zubereitung ist zeitaufwendig!

Sobald die Katze zu fressen beginnt, nimmt auch das Verdauungssystem seine Arbeit auf und zerlegt die Nahrung in ihre Bestandteile, die Nährstoffe.

Frische Nahrungsmittel

Sie können das Kätzchen ausschließlich mit frischem Fleisch und anderen Nahrungsmitteln füttern, die eigentlich zum Verzehr durch den Menschen bestimmt sind. Zur Auswahl der richtigen Nahrungsmittel müssen Sie allerdings ganz genau wissen, welche Nährstoffe darin enthalten sind, damit Sie eine optimale, ausgewogene Ernährung zusammenstellen können.

Wenn Sie sich für diese Möglichkeit entscheiden, müssen Sie in jedem Fall Experten hinzuziehen. Man kann eine Katze auf diese Weise zwar auch richtig ernähren, aber ich möchte Ihnen davon abraten.

Vorteile: Hochwertige Zutaten mit ‚viel Geschmack'.

Nachteile: Kostenintensiv und zeitaufwendig; Ausgewogenheit ist nicht immer gewährleistet.

Fertigfutter

Sie können das Katzenkind ausschließlich mit Fertigfutter ernähren (siehe Seiten 58–60). Sie haben die Wahl aus einer vielfältigen Produktpalette.

Vorteile: Praktisch; schmackhaft; ausgewogene Zusammensetzung; verhindert die Zweckentfremdung von für den Menschen bestimmten Nahrungsmitteln.

Nachteile: Auswahl qualitativ hochwertiger Produkte ist nicht immer einfach; der Katzenbesitzer übernimmt eine passive Rolle und verläßt sich auf das Wissen des Herstellers.

Kombinierte Ernährung

Meiner Ansicht nach stellt eine Kombination aus Fertigfutter und frischen Produkten die ideale Ernährung für eine Katze dar. Der Hauptbestandteil des Speiseplans ist dabei Fertigfutter, das in der Regel alle Bestandteile enthält, die für eine gute Ernährung wichtig sind.

Falls diese Produkte trotz allem leichte Mängel in der Zusammensetzung, Herstellung oder Verwendung aufweisen, können Sie diese ohne Probleme durch Verabreichen kleiner Mengen verschiedener anderer Nahrungsmittel ausgleichen (siehe Seite 65). Außerdem können Sie sich so aktiver an der Zusammenstellung des Ernährungsplans Ihrer Katze beteiligen.

Außerdem befinden Sie sich in bester Gesellschaft: die Mehrheit der Katzenbesitzer verwendet Fertigfutter (allerdings füttern nur wenige ausschließlich Fertigfutter an ihre Heimtiger).

Vorteile: Praktisch; aktive Rolle des Besitzers; schmackhaft; preisgünstig; ausgewogen und gesund.

Nachteile: Keine.

Das Verdauungssystem der Katze funktioniert hervorragend, aber seine Verdauungskraft ist beschränkt. Deshalb gilt: Je hochwertiger das Futter, desto weniger Kot setzt die Katze ab.

Fertigfutter

Wenn man sich die riesige Auswahl an fertiger Katzennahrung in Supermärkten, Tierhandlungen oder Tierkliniken ansieht, kann man kaum glauben, daß die Tiernahrungsindustrie eine relativ junge Branche ist, die sich aber mittlerweile zu einem gewinnbringenden Geschäft entwickelt hat. Der Markt wird mit ständig neuen Produkten geradezu überschwemmt.

Einige Katzenhalter scheinen kein großes Vertrauen in die Qualität von Fertigfutter zu setzen, doch meiner Ansicht nach liegt der Grund dafür im Mißtrauen gegenüber allem Unbekannten. Zweifellos hat die ständige Weiterentwicklung und Verbesserung der Fertignahrung wesentlich dazu beigetragen, daß sich die Katzen immer besserer Gesundheit erfreuen.

Die Qualität der angebotenen Produkte ist jedoch sehr unterschiedlich. Wie können Sie also das richtige Produkt für das Katzenkind finden? Dazu zunächst einmal einige grundlegende Anmerkungen.

Inhaltsstoffe von Tierfutter

In den – von Land zu Land unterschiedlichen – gesetzlichen Verordnungen ist genau festgelegt, aus welchen Bestandteilen Tierfutter zusammengesetzt sein darf. Es gibt auch sehr genaue Vorschriften zur Kennzeichnungspflicht. Üblicherweise müssen die Hauptbestandteile der Futtermittel sowie das Haltbarkeitsdatum bzw. das Herstellungsdatum auf der Futtermittelpackung angegeben sein.

Bestimmte Zusatzstoffe kann der Hersteller freiwillig angeben, obwohl er nicht per Gesetz dazu verpflichtet ist. Wenn Sie Genaueres wissen wollen, fragen Sie nach!

Die Auswahl an fertigem Katzenfutter in Supermärkten, Zoohandlungen und beim Tierarzt ist mittlerweile sehr groß. Holen Sie vor der Auswahl des Futters für das Katzenkind am besten Rat von neutralen Fachleuten oder vom Tierarzt ein.

Fertignahrung für Katzen sind solche Nahrungsmittel, die zum Verzehr durch die Katze bestimmt sind und von Handelsunternehmen entwickelt und hergestellt werden. Im Hinblick auf die enthaltenen Nährstoffe gibt es zwei verschiedene Arten der Fertignahrung, die im folgenden beschrieben werden.

Vollnahrung

Vollnahrung muß die empfohlenen Mindestmengen aller Nährstoffe enthalten, die von der Katzenart benötigt werden, für die das Produkt bestimmt ist. Vollnahrung wird aus verschiedenen Zutaten zusammengesetzt und ist als Alleinnahrung gedacht, eine Ergänzung durch andere Nahrungsmittel ist nicht nötig. Jedoch wird es die Ernährung einer Katze wohl kaum negativ beeinflussen, wenn kleinere Mengen bestimmter Nahrungsmittel zugefüttert werden (siehe Seite 65). Einige Alleinfuttermittel eignen sich für Katzen aller Altersklassen, während andere auf spezielle Bedürfnisse abgestimmt sind. So gibt es beispielsweise Spezialprodukte für Katzenkinder.

Vorteile: Praktisch; der Hersteller übernimmt die Zusammensetzung der Nährstoffe; trotz manchmal verwirrender Packungsaufschrift (siehe Seiten 61–62) einfach anzuwenden.

Nachteil: Die Zusammenstellung der Nahrung wird völlig dem Hersteller überlassen. Dies ist eine wichtige Überlegung, da ein bestimmtes Produkt möglicherweise über ein ganzes Katzenleben gefüttert wird. Selbst kleinere Mängel in der Nährstoffzusammensetzung können langfristige Auswirkungen haben.

Ergänzungsnahrung

Diese Produkte sind nicht als Alleinnahrung gedacht. Sie können nur einen Bestandteil enthalten oder eine Kombination aus verschiedenen Zutaten umfassen. Zur Ergänzungsnahrung gehören beispielsweise ‚Feinschmeckerprodukte' mit nur einem Bestandteil.

Vorteil: Der Besitzer ist stärker an der Erstellung des Ernährungsplans beteiligt.

Nachteile: Der Besitzer muß wichtige Entscheidungen über die Zusammensetzung der Nahrung und die zu fütternde Menge alleine treffen; es kommt leicht zur Überfütterung.

Testverfahren für Katzenfutter

Bei einem Alleinfuttermittel ist es von Bedeutung zu wissen, worauf sich der Anspruch gründet, daß es sich um ein Alleinfutter handelt. Schließlich ist dieses Futter unter Umständen über Jahre hinweg die einzige Nährstoffquelle für eine Katze. Selbst kleine Fehler in der Zusammensetzung können dann auf Dauer die Gesundheit beeinträchtigen. Gute Produkte werden mit beiden der nachfolgend genannten Methoden getestet, auch wenn die Testverfahren oft nicht in der Packungsaufschrift angegeben sind. Wenn Sie weitere Informationen einholen möchten, müssen Sie sich also direkt an den Hersteller wenden.

LABORANALYSE
Die einfachste Methode besteht darin, ein Produkt im Labor zu analysieren. Wenn das Futter die Mindestmenge aller Nährstoffe enthält, die das Ernährungsbedürfnis einer Katze abdecken, für die das Produkt bestimmt ist, kann es als Alleinfutter bezeichnet werden. Diese Methode testet jedoch nur die Menge der Nährstoffe und nicht die Qualität.

FÜTTERUNGSVERSUCHE
Bei diesem Qualitätstest erhält eine Gruppe geeigneter Katzen das Futter unter Testbedingungen, und Wissenschaftler werten aus, wie die Katze das Futter aufnimmt und verdaut.

Das richtige Fertigfutter

Vollnahrung und Ergänzungsnahrung für Katzen gibt es in drei verschiedenen Formen, die nach dem Wassergehalt definiert werden. Einige Kombinationsprodukte enthalten auch trockene und feuchte Bestandteile. Solange eine Katze mit allen notwendigen Nährstoffen versorgt wird, ist es ihr gleichgültig, in welcher Form sie das Futter zu sich nimmt.

Jede Form birgt eine Reihe potentieller Vor- und Nachteile.

Trockenfutter

Im Normalfall enthält Trockenfutter zwischen 5% und 12% Wasser. Trockenfutter wird aus verschiedenen pflanzlichen und tierischen Zutaten hergestellt, die vor der Verarbeitung getrocknet werden. Abschließend wird das fertige Futter mit Fett eingesprüht.

Vorteile: Kostengünstig durch Großpackungen; im Vergleich zu Futter mit einem höheren Wassergehalt werden relativ kleine Mengen benötigt, um die Katze mit allen notwendigen Nährstoffen zu versorgen; Trockenfutter hält sich länger an der Luft als Futter mit höherem Wassergehalt und kann somit der Katze zur Selbstbedienung gegeben werden; kann Zahnkrankheiten vermeiden (siehe Seiten 112–113); praktisch und hygienisch in der Verwendung; Geruch ist für Menschen kaum wahrnehmbar; mühelos zu lagern.

Nachteile: Viele Katzenbesitzer halten Trockenfutter für ‚langweilig‘ und ‚unnatürlich‘ (die meisten Katzen sind anderer Meinung); weniger bekömmlich und schmackhaft als Naßfutter; kürzere Haltbarkeit als andere Formen.

Halbtrockenfutter

Hier enthalten die meisten Produkte zwischen 15% und 50% Wasser. Produkte mit einem sehr niedrigen Wassergehalt ähneln im Aussehen dem Trockenfutter, während Produkte mit einem sehr hohen Wassergehalt eher wie Hackfleisch aussehen.

Normalerweise wird solches Futter portionsweise in Plastik abgepackt; eine Packung enthält mehrere Portionen. Halbtrockenfutter besteht aus einer Mischung verschiedener Fleisch- und Getreidesorten.

Vorteile: Diese Produkte riechen im Normalfall nur ganz leicht und eignen sich daher besser als Naßfutter zur Fütterung Ihrer Katze auf Selbstbedienungsbasis.

Nachteile: Die Auswahl an Produkten ist relativ gering; teurer als gleichwertige Trockenfutterprodukte.

Katzenfutter ist in diesen drei Formen im Handel erhältlich. Jede Form hat gewisse Vor- und Nachteile.

Feuchtfutter

Der Wassergehalt von Feuchtfutter liegt im Normalfall zwischen 60% und 85%. In der Mehrheit der Fälle handelt es sich um gekochte Nahrung. Feuchtfutter wird meistens in Dosen angeboten. Typische Zutaten sind verschiedene Fleischsorten (einschließlich Fisch), Gemüse und Getreide.

Vorteile: Normalerweise schmackhafter und bekömmlicher als andere Produkte; große Produktpalette zur Auswahl; lange Haltbarkeit.

Nachteile: Kostenintensiver als gleichwertiges Trockenfutter; umständlicher in der Vorbereitung; trocknet an der Luft schnell aus, daher für die Selbstbedienung ungeeignet.

Verwendung von Fertignahrung

Die Packungsaufschrift liefert Ihnen eine ganze Reihe nützlicher Informationen. Sie finden Ratschläge zur Auswahl des am besten geeigneten Produkts sowie Anleitungen zum richtigen Füttern.

Diese Packungsaufschrift ist für die korrekte Verwendung des Futters unerläßlich. Möglicherweise müssen Sie erst einmal nach der Aufschrift suchen, da die Verpackung zu einem großen Teil zu Werbezwecken genutzt wird. Viele Hersteller scheinen – und das vielleicht aus gutem Grund – der Auffassung zu

sein, daß die Besitzer die wichtigen Nährwertinformationen aus Mangel an Interesse oder Wissen sowieso nicht lesen. Nun ist es an uns, das Gegenteil zu beweisen.

Glücklicherweise gibt es in jedem Land gesetzliche Vorschriften darüber, welche Angaben auf der Verpackung von Katzenfutter in jedem Fall enthalten sein müssen. Im Idealfall finden Sie auf der Verpackung die Antworten auf die folgenden Fragen.

Für wen ist das Futter bestimmt?

Es müssen Angaben auf der Verpackung enthalten sein, für welche Tiere das Futter bestimmt ist. Ist nur von Katzen die Rede, so muß das Futter für Katzen aller Altersklassen geeignet sein. Einige Produkte sind beispielsweise nur für Katzenkinder bestimmt, wobei ein guter Hersteller auch diesen Begriff weiter einschränkt (beispielsweise mit der Angabe, daß das Futter für Katzenkinder bis 12 Monate bestimmt ist).

Kaufen Sie Ihrem Katzenkind in keinem Fall Fertignahrung für Hunde. Katzen haben andere Ernährungsbedürfnisse und können ernsthaft erkranken, wenn sie langfristig mit Hundefutter gefüttert werden.

Um welche Art von Futter handelt es sich?

Handelt es sich um Allein- oder Ergänzungsnahrung? Das müssen Sie in jedem Fall herausfinden, da die restliche Ernährung davon abhängt (siehe Seiten 58–59).

Woraus besteht das Futter?

Die Liste der Zutaten ist unter Umständen weniger aufschlußreich als Sie gehofft haben. Die Hersteller können die Inhaltsstoffe einzeln oder auch in Gruppen angeben (Fleisch und tierische Nebenprodukte, Getreide

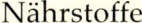

usw.). Die Angabe von Gruppen wird – vor allem aus Platzgründen – meist bevorzugt.

Wie steht es um die Nährstoffe?

Normalerweise wird der Gehalt an Eiweiß, Fett und Mineralstoffen aufgeführt, und zwar entweder als Prozentsatz nach Gewicht oder pro 100 g des Produkts. Aus der Analyse kann man auch den Gehalt an Rohfaser und unter Umständen den Wassergehalt (in Prozent) ersehen.

Je nach den gesetzlichen Vorschriften müssen nur bestimmte Vitamine auf der Verpackung von Tierfutter angegeben werden. Die Angabe ist auch nur dann erforderlich, wenn die Vitamine dem Futter separat hinzugefügt wurden. Der Gehalt an Kohlenhydraten wird wahrscheinlich nicht angegeben, kann aber aus den anderen Werten errechnet werden.

Enthält das Futter Zusätze?

In bestimmten Katzenfuttern sind Zusätze enthalten. Dazu gehören zugesetzte Vitamine, Aromen, Konservierungs- und Farbstoffe. Zusätze haben einen schlechten Ruf, doch viele von ihnen haben wichtige Funktionen. Die meisten in Tierfutter enthaltenen Zusätze sind auch in für den Menschen bestimmten Nahrungsmitteln enthalten und werden in den geringstmöglichen Mengen eingesetzt. Konservierungs- oder Farbstoffe sollten auf der Verpackung angegeben sein, wobei die genauen chemischen Bezeichnungen wahrscheinlich nicht genannt werden.

Ist das Futter frisch?

Das Mindesthaltbarkeitsdatum sollte in jedem Fall auf der Verpackung angegeben sein.

Das Ernährungsbedürfnis einer Katze ändert sich mit dem Alter. Dieses Katzenkind und die ausgewachsene Katze sollten unterschiedliches Futter erhalten, dessen Zusammensetzung jeweils auf ihre individuellen Bedürfnisse abgestimmt ist.

Wenn Sie sich für Trockenfutter entscheiden, brauchen Sie einen luftdichten Behälter, damit das Futter frisch und die Nährstoffe erhalten bleiben.

Wer stellt das Futter her?

Wenn Sie detaillierte Informationen über ein bestimmtes Produkt einholen möchten, müssen Sie sich mit dem Hersteller in Verbindung setzen. Zu diesem Zweck sollte die entsprechende Anschrift auf dem Etikett enthalten sein.

Wie soll das Futter verwendet werden?

Auf dem Etikett finden Sie Anweisungen zur richtigen Verwendung des Futters. Da jede Katze individuelle Bedürfnisse hat, kann ein Hersteller in keinem Fall genaue Anweisungen für alle Katzen geben, für die ein bestimmtes Produkt bestimmt ist. Es sollten vielmehr Vorschläge und Anregungen gegeben werden.

Leider sind diese Angaben in vielen Fällen unklar und manchmal sogar irreführend. Wenn Sie aus den Angaben auf der Verpackung nicht schlau werden, entscheiden Sie sich für ein anderes Produkt. Meiner Meinung nach besteht die einzige Möglichkeit, die Packungsaufschrift zu verbessern, in der Entscheidung des Käufers, wem er sein Geld zukommen läßt. Bei Ergänzungsnahrung (siehe Seite 59) sollte das Etikett Angaben darüber enthalten, was Sie zufüttern sollten.

Aber auch wenn die Packungsaufschrift eindeutige Angaben für den Speiseplan gibt, dürfen Sie nicht vergessen, daß es sich nur um Anregungen handelt. Sie müssen die Futtermenge auf Gewicht und Gesundheitszustand Ihres Katzenkindes abstimmen (siehe Seite 65). Achten Sie auf besondere Hinweise zur Vorbereitung oder Verwendung des Futters.

Auswahl eines Fertigfutters

Letztendlich liegt die Entscheidung, welches Produkt Sie verwenden, ganz allein bei Ihnen. Wenn es sich um Ihr erstes Katzenkind handelt, sollten Sie den Rat von Fachleuten einholen. Dadurch sparen Sie Zeit und Mühe und eine Menge Sorgen.

Die Experten

Wenn Sie Rat suchen, müssen Sie sichergehen, daß Sie jemanden fragen, der sich mit der Ernährung von Katzen auskennt. Jeder, der schon einmal eine Katze gefüttert hat, versorgt Sie wahrscheinlich mit unterschiedlichen Ansichten. Einige davon – insbesondere praktische Tips und Ratschläge – können durchaus nützlich sein, aber Sie sollten sich hüten vor den Ansichten selbsternannter ‚Ernährungsexperten' ohne wissenschaftliche Ausbildung.

Eine Möglichkeit besteht darin, daß Sie Ihren Tierarzt oder eine Tierarzthelferin um Rat bitten, der bzw. die sich mit dem Thema ‚Ernährung' beschäftigt. Wenn Sie die endgültige Entscheidung lieber selbst treffen möchten, können Sie um eine Liste geeigneter Produkte bitten, aus der Sie dann ein Produkt auswählen. Wer genügend Zeit hat, kann auch mehrere erfahrene Katzenhalter nach ihren Empfehlungen fragen und jede davon einer sorgfältigen Bewertung unterziehen, bevor man sich an Fachleute wendet. Informieren Sie Ihren Ansprechpartner immer auch darüber, für welche Katzenrasse Sie sich entschieden haben.

Tips zur Auswahl eines Produkts

In meiner Praxis erhalten Katzenbesitzer die folgenden Tips und Ratschläge:
• Versuchen Sie, sich zunächst für Vollnahrung einer Marke zu entscheiden. Dieses Produkt sollte mindestens 90% der Ernährung Ihres Kätzchens bestreiten.
• Wählen Sie ein Produkt, das auf die Bedürfnisse heranwachsender Katzen abgestimmt ist. Vermeiden Sie Produkte, die angeblich für Katzen jeder Altersklasse geeignet sind.
• Wählen Sie Produkte von renommierten Herstellern, und informieren Sie sich über die Testmethoden. Wählen Sie ausschließlich Futter aus, das durch Laboranalysen und Fütterversuche (siehe Seite 59) getestet wurde.
• Achten Sie beim Preisvergleich nicht nur auf den absoluten Preis. Errechnen Sie die Kosten aus der Menge, die das Kätzchen jeden Tag benötigt. Normalerweise stehen der Preis und die zu fütternde Menge nämlich in einem umgekehrten Verhältnis – je höher der Preis, desto weniger Futter benötigt Ihre Katze, um gesund zu bleiben.
• Achten Sie beim Kauf des Katzenfutters nicht auf jeden Pfennig. Preisgünstigere Produkte enthalten oft

minderwertige Zutaten. Etwas teurere Produkte dagegen enthalten hochwertigere Zutaten und werden von Unternehmen hergestellt, die auch Geld in die wissenschaftliche Forschung investiert haben.

• Wählen Sie Produkte mit einer übersichtlichen Aufschrift aus, die verständliche Anweisungen zum Füttern enthält. Beachten Sie diese Anweisungen in jedem Fall.

• Bedenken Sie, daß Sie sich zu einem späteren Zeitpunkt jederzeit anders entscheiden können. Selbst das allerbeste Katzenfutter hat keinerlei Nährwert für das Katzenkind, wenn es das Futter aus irgendeinem Grund nicht anrührt.

So füttern Sie das Katzenkind

Wenn das Kätzchen bei Ihnen einzieht, können Sie Ihr theoretisches Wissen endlich im die Tat umsetzen. Erkundigen Sie sich beim Züchter, welche Nahrung das Kätzchen seit der Entwöhnung erhalten hat. Kaufen Sie, wenn möglich, eine kleine Menge desselben Futters für die ersten Tage im neuen Zuhause.

Professionelle Züchter haben oft ganz ausgeprägte Meinungen zur Ernährung von Kätzchen. Dabei sind moderne Auffassungen ebenso wie traditionelle Ansichten vertreten. Lassen Sie sich nicht von Ihrer Entscheidung abbringen. Wenn Sie sich vorher eingehend informiert haben, kann gar nichts schiefgehen!

Geben Sie Ihrem Katzenkind am ersten Tag das gewohnte Futter. Mischen Sie am zweiten Tag etwas von dem Futter unter, das Sie in Zukunft verwenden möchten. Unter Umständen rümpft das Kätzchen erst einmal die Nase. Falls es sich um Trockenfutter handelt, lassen Sie etwas stehen, damit sich das Kätzchen jederzeit selbst be-

Die Futtermenge, die ein Katzenkind benötigt, hängt von seinen persönlichen Bedürfnissen und der Qualität des Futters ab. Jede dieser Schüsseln enthält eine Tagesration eines Alleinfutters für ein zwölf Monate altes Mischlingskätzchen.

dienen kann (siehe unten). Feuchtfutter können Sie leicht erwärmen. Sie müssen Geduld haben. Wenn das Kätzchen weiterhin nicht frißt, fragen Sie Ihren Tierarzt um Rat. Wenn alles normal verläuft, sollte sich das Kätzchen am Ende der ersten Woche völlig an das neue Futter gewöhnt haben.

Wieviele Mahlzeiten pro Tag?

Junge Kätzchen haben nur einen kleinen Magen. Daher müssen sie mehrere kleine Mahlzeiten am Tag zu sich nehmen, damit ihr Verdauungssystem nicht überfordert wird. Auch manche ausgewachsenen Katzen ziehen es vor, zehn oder mehr Mahlzeiten am Tag zu sich zu nehmen. Trockenfutter (siehe Seite 60) können Sie Ihrem Kätzchen problemlos zur Selbstbedienung anbieten. In diesem Fall müssen Sie das Kätzchen allerdings regelmäßig wiegen, um sicherzustellen, daß es nicht zuviel Gewicht zulegt. Wenn dies der Fall ist, sollten Sie Ihrem Kätzchen eine festgelegte Anzahl an Mahlzeiten anbieten. Feuchtfutter hält sich höchstens 20 Minuten an der Luft, danach trocknet es aus und wird unbekömmlich.

Wieviel Futter?

Die Gesamtmenge an Futter, die ein Katzenkind jeden Tag benötigt, hängt nicht nur von der Art des Futters ab, sondern auch von Alter und Gewicht des Kätzchens, davon, wie aktiv es ist und wie sein Körper – auch im Schlaf – Kalorien verbrennt. Jedes Kätzchen ist anders, und sogar zwei gleichaltrige Kätzchen desselben Geschlechts und derselben Rasse benötigen unterschiedliche Mengen desselben Futters, um groß und stark zu werden (siehe auch Seite 65).

Der richtige Futterplatz

Die Entscheidung bleibt Ihnen überlassen, doch empfehlenswert ist ein Platz, der etwas abseits vom Trubel des Familienlebens liegt, damit das Katzenkind in Ruhe und Frieden fressen kann.

Durchschnittliches Trockenfutter

Hochwertiges Trockenfutter

Durchschnittliches Dosenfutter

Hochwertiges Dosenfutter

Wenn Sie auch eine ältere Katze haben, müssen Sie verhindern, daß sich diese über das Futter des Kätzchens hermacht. Stellen Sie einen umgedrehten Karton über den Futterplatz, in den Sie dann eine kleine Öffnung schneiden, durch die nur das kleine Kätzchen paßt.

Wer sollte füttern?

Das Kätzchen respektiert die Hand, die es füttert. Daher sollten alle Familienmitglieder diese Aufgabe abwechselnd übernehmen.

Die richtigen Gefäße

Ein Futternapf besteht idealerweise aus Edelstahl oder Kunststoff

Alle Familienmitglieder sollten an der Fütterung des Kätzchens beteiligt werden. Katzen vertrauen ihrem Ernährer, also kann die Vertrauensbasis zwischen Mensch und Tier bei dieser Gelegenheit gefestigt werden.

und ist unten breiter als oben. Solche Schüsseln sind pflegeleicht und stabil.

Achten Sie auf eine gut haftende Unterseite, damit das Kätzchen nicht herausfindet, wie gut sich der Napf als Eishockeypuck eignet. Der Napf sollte breit genug sein, um den Schnurrhaaren genügend Platz zu bieten. Verwenden Sie lieber getrennte Gefäße für Futter und Wasser, da bei kombinierten Gefäßen das Wasser schnell unappetitlich aussieht.

Ist Abwechslung nötig?

Viele Katzen scheinen sehr zufrieden damit zu sein, auch über einen längeren Zeitraum täglich dasselbe Futter zu fressen. Besonders am Anfang sollten Sie lieber ein hochwertiges Alleinfuttermittel füttern anstatt zu versuchen, aus verschiedenen Produkten selbst eine ausgewogene Ernährung zusammenzumischen.

Wenn das Kätzchen allerdings nach einiger Zeit das Futter nicht mehr anrührt, das es bislang bereitwillig gefressen hat, kann dies durchaus eine Forderung nach etwas Abwechslung sein. Einige Markenprodukte gibt es in unterschiedlichen Geschmacksrichtungen. Unter der Voraussetzung, daß die jeweilige Geschmacksrichtung den Nährstoffbedarf ebenso gut decken kann, können Sie Ihrer Marke treu bleiben und Ihrem Kätzchen etwas Neues anbieten.

Geschmack contra Qualität

Gewöhnen Sie es sich nicht an, den individuellen Geschmack Ihres Kätzchens als einzigen Entscheidungsfaktor anzunehmen. Was dem Kätzchen besonders gut schmeckt, muß noch lange nicht das Beste sein!

Wählerische Esser

Hier kann ich nur warnen! Wenn Sie Ihrem Kätzchen zuviel Abwechslung bieten und ihm ein anderes Futter geben, sobald Sie glauben, daß es ein bestimmtes Futter nicht mag, wird das Katzenkind unter Umständen sehr wählerisch. Irgendwann gehen Ihnen die hochwertigen Produkte aus, und Sie müssen auf sehr bekömmliches, aber unausgewogenes Futter zurückgreifen, um das Kätzchen bei Laune zu halten. Ein großer Fehler!

Ist zusätzliches Futter nötig?

Wie bereits erwähnt, ist Vollnahrung als ausschließliche Nahrung gedacht (siehe Seiten 58–59). Trotzdem kann man den Speiseplan des Kätzchens auch einmal mit kleinen Mengen anderer Nahrungsmittel anreichern (siehe Seite 57 und unten).

Wenn man diese zusätzlichen Nahrungsmittel sorgfältig auswählt und nicht mehr als 10% der täglichen Nahrungsmenge damit bestreitet, hat das normalerweise keine negativen Auswirkungen. Verzichten sollte man allerdings auf fetthaltige Nahrungsmittel, die viele Kalorien haben.

Frisches Fleisch: Das Fleisch sollte gekocht werden und von solcher Qualität sein, daß Sie es auch auf Ihren Tisch bringen würden. Fleisch enthält viel Eiweiß sowie einige Mineralstoffe und Vitamine.

Fisch: Fisch ist ein guter Eiweißlieferant, er enthält allerdings nur wenige wichtige Mineralstoffe und Vitamine. Achtung, Erstickungsgefahr! Entfernen Sie in jedem Fall alle Gräten! Sie sollten Ihrem Kätzchen nur gekochten Fisch geben.

Eier: Füttern Sie Eiweiß und Eigelb nach Möglichkeit zusammen. Wird Eiweiß allein gefüttert, sollten Sie es kochen, da rohes Eiweiß eine Substanz enthält, die ein wichtiges Vitamin B zerstören kann.

Käse: Käse ist ein guter Eiweiß- und Fettlieferant, doch denken Sie an die zusätzlichen Kalorien!

Leber: Rohe Leber enthält viele Nährstoffe, kann aber Durchfall verursachen. Zuviel Leber kann zu ernsthaften Erkrankungen führen.

Speisereste: Geben Sie Ihrem Kätzchen keinerlei Soßen oder Dressings. Dadurch kann seine Verdauung durcheinander gebracht werden.

Ist spezielle Nahrungsergänzung nötig?

Vielleicht spielen Sie mit dem Gedanken, Ihrem Kätzchen einige der umseitig aufgeführten Substanzen als Ergänzung der Fertignahrung zu geben? Bitte lassen Sie sich vom Tierarzt beraten, denn manche Zusatzprodukte bergen potentielle Nachteile und können dem Kätzchen sogar schaden.

Fette und Öle: Einige Katzenhalter sind der Meinung, daß Fette und Öle ein wichtiger Beitrag zur ‚Fellpflege von innen' sind, doch ist dies bei der

Entwicklungskontrolle

Wenn Sie die Futtermenge für Ihr Katzenkind berechnen, müssen Sie es zunächst wiegen und dann die Angaben auf der Verpackung befolgen (siehe Seite 62). Wenn das Alter oder das Gewicht Ihres Kätzchens zwischen zwei angegebenen Werten liegt, können Sie die richtige Futtermenge nur durch Schätzen herausfinden. Messen Sie die Portionen immer sorgfältig ab.

GEWICHT

Wenn Sie das Kätzchen regelmäßig wiegen und die Werte mit einem durchschnittlichen Wachstumsdiagramm vergleichen, können Sie die Futtermenge dem zunehmenden Gewicht entsprechend anpassen. Nur wenige Kätzchen fressen mehr als sie brauchen, also können Sie Ihrem Kätzchen das Futter beruhigt auf Selbstbedienungsbasis anbieten.

Tip: Wenn Sie zum Wiegen eine herkömmliche Küchenwaage verwenden, müssen Sie aus Hygienegründen die Waagschale anschließend gründlich mit Spülmittel und heißem Wasser reinigen, bevor sie wieder zum Wiegen von Lebensmitteln benutzt wird.

CHECK-UPS

Wachstum und Entwicklung Ihres Katzenkindes werden vom Tierarzt regelmäßig überprüft. Bei dieser Gelegenheit können Sie auch Fragen zur Ernährung klären.

Ernährung mit einer hochwertigen Vollnahrung überflüssig. Die zusätzlichen Kalorien, die das Kätzchen in dieser hochkonzentrierten Form aufnimmt, verringern nicht nur die benötigte Menge an Fertignahrung, sondern können auch in kleinen Mengen die Ausgewogenheit der Ernährung durcheinanderbringen.

Vitamine und Mineralstoffe: Bei selbst zubereiteter Nahrung (siehe Seite 57) sind Vitamine und Mineralstoffe unerläßlich, bei hochwertigen Fertigfuttern sind sie jedoch völlig überflüssig, unter Umständen sogar schädlich.

Pflanzliche Zusätze: Wenn überhaupt, konnten für derartige Zusätze nur wenige gesundheitliche Vorteile wissenschaftlich erwiesen werden. Sie sollten äußerst vorsichtig vorgehen, wenn Sie Ihrem Kätzchen solche Zusätze füttern, da viele Kräuter und Pflanzen für Katzen giftig sind, wenn sie in den falschen Mengen gefüttert werden.

Schokolade: Schokolade enthält eine Substanz, die für Katzen giftig ist. Verzichten Sie also ganz auf derartige, vermeintliche ‚Leckerbissen'!

Regelmäßige Kontrollen sind wichtig

Viele unerfahrene Katzenbesitzer machen sich große Sorgen darüber, ob sie auch die richtige Entscheidung in bezug auf die Ernährung ihres Kätzchens getroffen haben. Das läßt sich allerdings für jedermann leicht überprüfen, wenn man sich das Kätzchen und seine Ausscheidungen genau anschaut (siehe oben rechts). Zusätzlich sind regelmäßige Gesundheitschecks beim Tierarzt sehr wichtig.

Im Idealfall sollten Sie das Kätzchen im ersten Jahr einmal im Monat einem Check-Up beim Tierarzt oder einer Tierarzthelferin unterziehen. Dort wird das Gewicht festgestellt, anhand dessen ein individuelles Wachstumsdiagramm für Ihr Kätzchen erstellt wird. Durch den Vergleich mit normalen Wachstumsdiagrammen für Kätzchen seiner Art (siehe Seite 36) kann festgestellt werden, ob Ihr Kätzchen zu schnell oder zu langsam wächst oder Übergewicht hat.

Wichtiger Hinweis

Wenn Sie die Ernährung Ihres Katzenkindes umstellen möchten, mischen Sie das neue Futter nach und nach in immer größerem Anteil unter das bisherige Futter. Eine plötzliche Nahrungsumstellung kann Durchfall verursachen.

Je nach Art des Futters nimmt die Katze unterschiedlich viel Wasser über das Futter auf. Dosenfutter enthält bis zu 85% Wasser – das entspricht der Menge in den beiden Plastikbechern.

Zuhause müssen Sie sich die Ausscheidungen des Kätzchens ansehen. Setzt das Kätzchen ungewöhnlich große Mengen Kot ab, so weist das auf ein Futter schlechterer Qualität hin.

Übergang zur Erwachsenennahrung

Wenn Sie sich nach den Empfehlungen auf Seite 57 für ein speziell auf Katzenkinder abgestimmtes Fertigfutter entschieden haben, sollten Sie auf Fertignahrung für ausgewachsene Katzen umstellen, sobald die Katze oder der Kater sein Endgewicht erreicht hat

Wasser

Eine Katze kann mehrere Wochen ohne Futter auskommen, aber höchstens einige Tage ohne Wasser. Der Körper einer ausgewachsenen Katze enthält durchschnittlich drei Liter Wasser, die 60% seines Körpergewichts ausmachen.

Wasser ermöglicht den Ablauf der chemischen Reaktionen im Körper und ist der Hauptbestandteil des Blutes. Es spielt eine wichtige Rolle bei der Steuerung der Körpertemperatur und bei der Verdauung.

Aufnahme und Ausscheidung

Wie alle Katzen, verliert auch der Körper Ihres Kätzchens ständig Wasser über Kot und Urin, über die ausgeatmete Luft, über den wenigen Schweiß, den es durch Pfoten und Nase produziert, sowie über die anderen Ausscheidungen seines Körpers.

Der Körper des Kätzchens produziert durch die Verbrennung der Nahrung zwar auch Wasser, doch der Großteil der benötigten Flüssigkeit wird über die Nahrung oder frisches Wasser aufgenommen.

chen pro Tag verliert, sollten Sie ihm immer frisches Wasser zur Verfügung stellen. Dann kann das Kätzchen die Wasseraufnahme an seine Bedürfnisse anpassen.

Andere Getränke

Normalerweise brauchen Katzen nur frisches, reines Leitungswasser.

Milch – gut oder schlecht?

Viele Katzenbesitzer geben ihren Kätzchen außer Wasser auch Milch. Milch ist sehr nahrhaft, bei einer ausgewogenen, qualitativ hochwertigen Ernährung jedoch überflüssig. Mit der Entwöhnung geht die Fähigkeit der Kätzchen zum Verdauen von Laktose (Milchzucker) verloren; deshalb kann Milch dazu führen, daß das Kätzchen Durchfall bekommt.

Laktosereduzierte Getränke

Bedenken Sie, daß solche Getränke das Gleichgewicht der Nährstoffe im Ernährungsplan beeinflussen können.

Trockenfutter enthält im Durchschnitt nur 5 bis 12% Wasser. Daher muß bei Trockenfutter sehr viel mehr Wasser zusätzlich bereitgestellt werden als bei Feuchtfutter mit einem ähnlichen Nährstoffgehalt.

Wieviel Wasser braucht eine Katze?

Eine durchschnittliche ausgewachsene Katze benötigt mindestens 150 ml Wasser pro Tag, das sie über Futter und Trinken aufnimmt.

Wieviel Ihr Kätzchen trinkt, hängt davon ab, wieviel Wasser das Futter enthält. Feuchtfutter kann einen Wassergehalt von bis zu 85% haben, Trockenfutter dagegen enthält unter Umständen nur 5%. Da Sie nicht genau wissen können, wieviel Wasser das Kätz-

Wasser spielt eine wichtige Rolle für die Gesundheit der Katze. Die pro Tag benötigte Wassermenge hängt von verschiedenen Faktoren, unter anderem vom Körpergewicht, ab. Dieses schon etwas ältere Kätzchen benötigt insgesamt etwa 200 ml Wasser pro Tag.

Auswahl des Katzenkindes

Wenn Sie ein junges Kätzchen aus einem Wurf aus- suchen, vergessen Sie nicht, daß es das ‚perfekte' Kätzchen nicht gibt; alle haben ihre guten und schlech- ten Seiten. Wenn möglich, sollten Sie sich den Wurf mehrmals ansehen, bevor Sie eine endgültige Entschei- dung treffen. So können Sie die einzelnen Kätzchen und ihre Charaktereigenschaften besser einschätzen.

Seien Sie sich der Bedeutung Ihrer Entscheidung be- wußt. Beobachten Sie die Kätzchen bei jedem Besuch zunächst aus der Entfernung, bevor Sie sich mit ihnen beschäftigen. Reagieren Sie nicht impulsiv, sondern halten Sie sich an die im folgenden aufgeführten Schritte. Das erhöht die Wahrscheinlichkeit, daß Sie das richtige Kätzchen für Ihre Familie aussuchen, um ein Vielfaches.

1 Statten Sie dem Wurf den letzten Besuch ab, wenn die Kätzchen sechs bis acht Wochen alt sind. Wenn das Kätzchen alt genug ist (acht Wochen), um noch am selben Tag bei Ihnen einzuziehen, sollten Sie den Be- such so einrichten, daß Sie sich Ihrem neuen Mitbe- wohner in den folgenden beiden Tagen voll und ganz widmen können, am besten also am Wochenende. Die Vorbereitungen in Ihrem Haus sollten vollständig abge- schlossen sein. Sie sollten eine geeignete Transportgele- genheit haben (siehe Seite 52) und für denselben Tag ei- nen Termin bei Ihrem Tierarzt vereinbart haben.

Nach Möglichkeit sollten alle Familienmitglieder da- bei sein, doch Kinder müssen die Tragweite der anste- henden Entscheidung begreifen und sich angemessen verhalten können.

2 Wenn Sie beim Züchter ankom- men, beobachten Sie den Wurf einige Minuten beim Spiel, beim Umgang mit der Mutter und das Verhalten gegenüber dem Züchter. Versuchen Sie, etwas über das Tem- perament der einzelnen Kätzchen herauszufinden: Einige Kätzchen sind deutlich ruhiger als ihre Ge- schwister, andere sind offensichtlich schüchtern, und wieder andere strotzen nur so vor Selbstbewußt- sein. Fragen Sie auch den Züchter nach seinem Eindruck, er sieht die Kätzchen schließlich jeden Tag.

3 Bitten Sie darum, einen näheren Blick auf die Kätzchen werfen zu dürfen, die das gewünschte Ge- schlecht haben und noch zu haben sind. Sie sollten die Katzenmutter bereits bei früheren Besuchen ken- nengelernt haben, so daß Mutter und Geschwister ruhig von dem oder den Kätzchen getrennt werden können, mit dem Sie liebäugeln.

Verbringen Sie beim ersten Besuch von Züchter einige Zeit mit der Katzenmut- ter in spe. Wenn Sie nicht Ihren Vorstel- lungen entspricht, suchen Sie weiter.

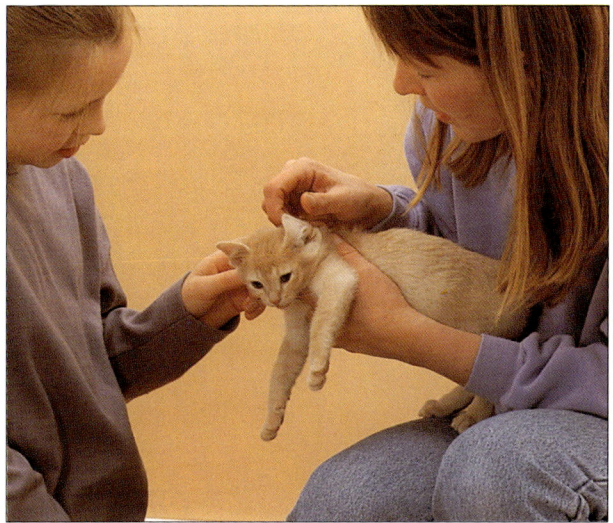

Unterziehen Sie Ihren vierbeinigen Favoriten einem einfachen Gesundheitstest (siehe Seiten 106–107). Sie erkennen dabei offensichtliche Probleme und stellen fest, wie das Kätzchen auf Ihre Hände reagiert.

Setzen Sie sich zunächst einfach auf den Boden, und warten Sie ab, wie die Kätzchen auf Sie reagieren und mit Ihnen umgehen. Spielen Sie ein wenig mit den Kätzchen, wenn sie sich an Sie gewöhnt haben. Betrachten Sie jedes einzelne Kätzchen genauer, wenn einige Zeit vergangen ist.

4 Wer die Wahl hat, hat die Qual. Wahrscheinlich würden Sie am liebsten alle Kätzchen mitnehmen, doch sollten Sie an Ihren Entscheidungen in bezug auf Anzahl und Geschlecht festhalten (siehe Seiten 46–47).

Teilen Sie dem Züchter Ihre Entscheidung unter dem Vorbehalt mit, daß der Tierarzt einverstanden ist. Haben Sie alle Unterlagen bei sich?
• Quittung über den bezahlten Geldbetrag.
• Zuchtpapiere (falls vorhanden).
• Versicherungsunterlagen (falls vorhanden).
• Impfpaß (falls vorhanden).
• Aufzeichnungen über durchgeführte Wurmkuren, einschließlich Zeitpunkt und verwendete Produkte.
• Medizinische Aufzeichnungen, einschließlich aller durchgeführter Behandlungen.
• Fütterungshinweise, einschließlich Einzelheiten über das gegenwärtig verwendete Futter. Nehmen Sie etwas von dem bisherigen Futter mit, um das Kätzchen ganz allmählich auf neue Nahrung umzustellen.
• Informationen über die Katzenstreu, die das Kätz-

Auswahl aus einem Wurf

• Wenn in dem Wurf nur ein oder zwei Kätzchen des gewünschten Geschlechts vorhanden sind, die Ihnen aber in bezug auf Temperament oder Aussehen nicht zusagen, müssen Sie dies sagen. Sie sind nicht zur Abnahme eines Kätzchens verpflichtet, und wahrscheinlich ist es das Beste, den Kauf einer Katze zu verschieben.

• Meiner Meinung sollten Sie nach einem neugierigen und tatendurstigen Kätzchen Ausschau halten, das Ihnen gegenüber keine Angst zeigt. Nehmen Sie kein Kätzchen das gegenüber seinen Geschwistern, seiner Mutter, dem Züchter oder Ihnen aggressives Verhalten zeigt.

• Wenn Sie zwei Kätzchen haben möchten, suchen Sie sich ein Geschwisterpaar aus, das sich gut zu verstehen scheint (siehe Seiten 46–47).

---

chen gewohnt ist.
• Wenn möglich, eine Decke o.ä. vom Schlafplatz des Kätzchens, damit es in seinem neuen Zuhause einen vertrauten Geruch um sich hat.

Ein Katzenkind aus dem Tierheim
Wenn Sie in der Katzenhaltung noch unerfahren sind und gerne ein Kätzchen aus einem Tierheim zu sich nehmen möchten, dessen Mutter Sie nicht kennenlernen können, sollten Sie in jedem Fall den Rat von Experten einholen, bevor Sie eine endgültige Entscheidung treffen (siehe unten).

Ein älteres Kätzchen
Verbringen Sie Zeit mit einem älteren Kätzchen, an dem Sie interessiert sind. Beschäftigen Sie sich mit ihm, und spielen Sie mit ihm, um seine Reaktion auf Sie zu testen. Wenn Sie unsicher bezüglich Gesundheit oder Charakter sind, fragen Sie den Tierarzt um Rat.

Tip

Versuchen Sie in jedem Fall, etwas über den Hintergrund Ihres zukünftigen Katzenkindes in Erfahrung zu bringen. Lernen Sie die Mutter kennen (im Idealfall auch den Vater), um Eindrücke über ihr Temperament und Aussehen zu sammeln. Nehmen Sie niemals ein Kätzchen aus Mitleid zu sich; Sie sind unter Umständen nicht erfahren genug, um es richtig zu versorgen.

Ankunft des neuen Mitbewohners

Nach all den Vorbereitungen sind Sie nun stolzer Katzenbesitzer. Es bleibt trotzdem noch genug zu tun: Sie müssen das Katzenkind an die neue Umgebung gewöhnen, es mit der Hausordnung vertraut machen, es den anderen Haustieren vorstellen und ihm helfen, sich an die neuen Lebensumstände zu gewöhnen.

Der große Tag

Der Tag, an dem Sie das Katzenkind zu sich holen, wird für alle Beteiligten ein aufregendes und anstrengendes Ereignis. Wenn Sie zu Hause ankommen, müssen Sie bedenken, daß Ihr Haus – einschließlich der Menschen und Tiere, die dort bereits leben – eine fremde Umgebung für das Kätzchen ist. Lassen Sie ihm Zeit zum Eingewöhnen: Das Katzenkind muß sein neues Heim auf eigene Faust in aller Ruhe erkunden können.

Transportieren Sie das Katzenkind in einem geeigneten Transportkäfig oder einem Katzenkorb. Am besten eignet sich ein plastiküberzogener Drahtkorb.

Die Fahrt

Sie sollten das Katzenkind in einem geeigneten und stabilen Katzenkorb transportieren, der mit einer weichen Decke ausgelegt ist (siehe Seite 52). Legen Sie ein Stück Zeitungspapier unter die Decke, das den Urin aufsaugen kann, falls ein kleines Malheur passiert.

Wo soll das Kätzchen sitzen?

Wenn Sie mit dem Auto fahren, muß der Tragekorb sicher stehen. Stellen Sie ihn entweder in den Fußraum – so ist das Kätzchen gut geschützt, falls Sie plötzlich bremsen müssen – oder schnallen Sie ihn auf dem Rücksitz an. In einem Kombi können Sie den Korb nach hinten stellen, Sie müssen sich aber vergewissern, daß er nicht umherrutschen kann.

Sichere Fahrweise

Wahrscheinlich ist dies die erste Autofahrt im Leben des Katzenkindes. Fahren Sie ihm zuliebe dementsprechend vorsichtig. Legen Sie ein Handtuch über den Transportkorb, falls das Kätzchen Angst zu haben scheint. Öffnen Sie nicht den Korb, um das Kätzchen zu streicheln; denn es könnte Ihnen entwischen. Ein nicht gesichertes Kätzchen im Auto ist sehr gefährlich!

Der erste Tierarztbesuch

Wenn das Kätzchen noch nicht geimpft ist, warten Sie im Auto, bis Sie an der Reihe sind. So kann sich das Katzenkind auf keinen Fall bei anderen Tieren anstecken. Wenn dies nicht möglich ist, nehmen Sie im Wartezimmer in einigem Abstand von anderen Katzen Platz und halten Sie den Katzenkorb auf dem Schoß.

Der Tierarzt wird das Kätzchen gründlich untersuchen, um sicherzustellen, daß es gesund ist und nicht an Entwicklungsproblemen leidet. Wenn ein Problem auftaucht, können Sie gemeinsam über das weitere Vorgehen entscheiden.

Der Tierarzt sollte das Kätzchen wiegen und das Gewicht in der Patientenkartei eintragen. Er wird sie auch nach den Papieren fragen, die Sie vom Züchter bekommen haben, um sich über frühere tierärztliche Behandlungen zu informieren. Je nach Alter wird das Kätzchen unter Umständen geimpft (siehe Seiten 120–121), eventuell wird auch eine Wurmkur verordnet (siehe Seiten 114–116). Wenn Sie das Kätzchen mit einem Mikrochip zur Identifizierung versehen lassen möchten (siehe Seite 99), kann dies an Ort und Stelle geschehen.

Abschließende Fragen

Jetzt haben Sie Gelegenheit, Fragen zu allen Themen zu stellen, bei denen Unsicherheiten bestehen. Der Tierarzt oder eine Tierarzthelferin wird sich gerne die Zeit nehmen, mit Ihnen nochmals alle Themen durchzugehen, die Sie während der Vorbereitungsphase vielleicht schon ein-

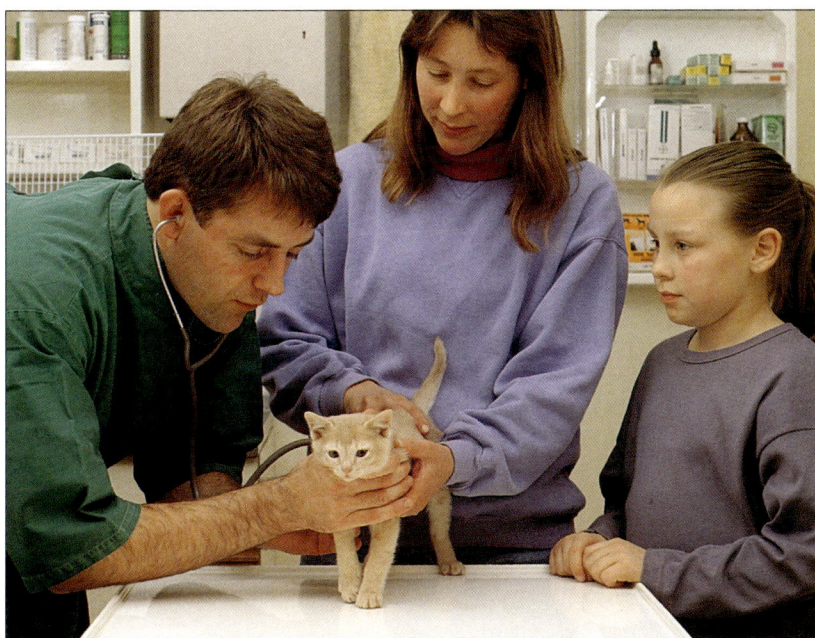

Während der ersten Untersuchung überprüft der Tierarzt das Kätzchen genau, um sicherzustellen, daß es gesund ist und keine anatomischen Abnormitäten oder irgendwelche Krankheiten hat.

mal besprochen haben. Erkundigen Sie sich genau, wann und wie Sie das Kätzchen entwurmen müssen (siehe Seiten 114–116), wann die nächsten Impfungen und der nächste Gesundheitscheck anstehen.

Anlegen des Halsbandes

Wenn das Katzenkind ein Halsband mit Name und Adresse des Besitzers tragen soll, sollten Sie es ihm sobald wie möglich umlegen (siehe Seiten 98–99). Schließen Sie das Halsband so, daß noch mühelos zwei Finger zwischen Halsband und Katze passen. Zunächst wird das Halsband für das Kätzchen eine ungewohnte Sache sein, und es wird versuchen, sich davon zu befreien, was ihm aber kaum gelingen dürfte. Im übrigen wird es sich sehr schnell an das Halsband gewöhnen.

Gespräche mit dem Katzenkind

Sprechen Sie von Anfang an mit dem Kätzchen! Es muß sich an Ihre normale Stimmlage gewöhnen, verfallen Sie also nicht in die Babysprache. Reden Sie das Kätzchen immer mit seinem Namen an: je eher es darauf reagiert, desto leichter können Sie später seine Aufmerksamkeit auf sich ziehen.

Richtiger Umgang mit dem Kätzchen

Ihr Kätzchen muß immer wissen, wo Sie sich befinden und was vorgeht. Sie würden es sicherlich auch nicht als angenehm empfinden, wenn Sie ohne Vorwarnung von hinten umfaßt werden. Beugen Sie sich zu Ihrem Kätzchen hinunter; Sie wirken dann weniger einschüchternd.

Wenden Sie beim Hochheben des Kätzchens immer den richtigen Griff an: Fassen Sie mit einer Hand unter die Brust, und stützen Sie mit der anderen Hand das Hinterteil. Bei starker Gegenwehr können Sie auch mit beiden Händen den Brustkorb umfassen. Halten Sie das Kätzchen beim Hochheben nahe an Ihren Körper. Der Griff darf weder zu stark noch zu schwach sein. Setzen Sie das Kätzchen dann wieder sanft auf den Boden – lassen Sie es nicht einfach herunterspringen!

Wenn das Kätzchen größer ist, müssen Sie unter Umständen den Brustkorb mit beiden Händen umfassen und das Hinterteil mit Ihrem Unterarm unterstützen.

Tragen Sie das Kätzchen nur ins Freie, wenn es ohnehin schon Auslauf im Freien hat. Ansonsten entwischt es Ihnen möglicherweise, wenn es erschreckt wird.

Willkommen daheim

Treffen Sie die letzten Vorbereitungen im Spielzimmer des Kätzchens, sobald Sie zu Hause angekommen sind. Füllen Sie die Katzentoilette mit der Streu, die das Kätzchen schon vom Züchter her kennt. Füllen Sie den Futternapf mit Trockenfutter, falls das Kätzchen es bisher gewohnt war, sich selbst zu bedienen. Legen Sie die Decke, die Sie mitgebracht haben, in die Nähe des Futternapfes.

Sobald sich das Katzenkind eingelebt hat, sollten sich alle Familienmitglieder häufig mit ihm beschäftigen, um sein Vertrauen zu gewinnen.

Schließen Sie alle Türen und Fenster, und bringen Sie das Kätzchen dann hinein. Lassen Sie das Kätzchen den Raum in seiner eigenen Geschwindigkeit erforschen. Reden Sie ruhig auf es ein, aber heben Sie es nicht hoch. Verlassen Sie den Raum, wenn das Kätzchen den Futternapf, die altbekannte Decke und die Katzentoilette entdeckt hat. Schauen Sie ab und zu nach Ihrem neuen Mitbewohner, aber versuchen Sie, ihn nicht allzusehr zu stören.

Die Familie kennenlernen

Die übrigen Familienmitglieder haben den neuen Mitbewohner sicherlich schon begrüßt, doch hatte das Kätzchen vermutlich noch keine Gelegenheit, jeden einzelnen kennenzulernen. Stürmen Sie nicht alle auf einmal in sein Spielzimmer, und achten Sie darauf, daß sich alle ruhig verhalten! Niemand sollte das Kätzchen gegen seinen Willen auf den Arm nehmen. Überlassen Sie dem Kätzchen ein getragenes Kleidungsstück von jedem Familienmitglied. Es kann daran schnüffeln und sich so mit den individuellen Duftnoten vertraut machen.

Katzenkind und Menschenkinder

Es ist von grundlegender Bedeutung, daß das Katzenkind lernt, allen Kindern zu vertrauen, die in Ihrem Haushalt leben. Die Kinder müssen sich ruhig verhalten, wenn Sie mit dem Kätzchen zusammen sind; kleinere Kinder sollten beaufsichtigt werden. Ältere Kinder sollten sobald wie möglich in die Versorgung des Kätzchens eingebunden werden. Kinder ab einem gewissen Alter sind manchmal gewissenhaftere Katzenhalter sind als ihre Eltern! Die jüngeren Mitglieder der neuen Familie des Katzenkindes können sein Vertrauen gewinnen, indem sie es füttern – ruhig auch einmal aus der Hand.

Außerhalb des Spielzimmers

Wenn sich das Katzenkind in seinem Spielzimmer gut auskennt, lassen Sie es andere Bereiche der Wohnung erforschen, zu denen es unter Aufsicht Zutritt haben soll. Lassen Sie es Raum für Raum kennenlernen, und stellen Sie sicher, daß es im Notfall jederzeit in das sichere und vertraute Spielzimmer zurückkehren kann. Diese schrittweise Eingewöhnung kann mehrere Tage dauern.

Die erste Begegnung Ihres Kätzchens mit einem anderen Haustier sollte unter Aufsicht stattfinden. Sie müssen die Situation jederzeit beherrschen, damit keines der Tiere überfordert oder gar verletzt wird.

Bekanntschaft mit einer Katze

Wenn Sie das Kätzchen einer bereits ansässigen Katze vorstellen möchten, müssen Sie sehr vorsichtig ans Werk gehen. Die Impfungen der älteren Katze müssen auf dem neuesten Stand sein.

Das erste Zusammentreffen sollte in einem für beide Katzen vertrauten Revier stattfinden. Geben Sie dem Katzenkind für den Fall der Fälle eine Fluchtmöglichkeit, beispielsweise einen umgedrehten Karton mit einer kleinen Öffnung (dazu muß das Kätzchen aber auch wissen, was es damit anfangen soll!).

Im Idealfall sind bei der ersten Begegnung zwei Aufsichtspersonen anwesend, doch Sie sollten die beiden Katzen weitgehend sich selbst überlassen. Greifen Sie nur ein, wenn sie sich gegenseitig bedrohen. Ein Besen und ein Handtuch sind nützliche Utensilien, um die beiden Streithähne auseinanderzubringen! Holen Sie in diesem Fall zunächst den Rat des Tierarztes ein, bevor Sie das nächste Treffen arrangieren.

Die erste Begegnung ist auch für Sie leichter, wenn Sie wissen, was auf Sie zukommt. Zwei Katzen, die sich in einer vertrauten Umgebung zum ersten Mal begegnen, ignorieren ihre Umwelt wahrscheinlich völlig und konzentrieren sich aufeinander. Die ersten Annäherungsversuche erfolgen meist Nase an Nase. Je nach

Temperament Ihres Kätzchens ist es vielleicht ängstlich oder verwirrt, vielleicht macht es auch ganz tapfer einen Buckel und sträubt das Fell, vielleicht faucht es sogar (siehe Seiten 38–40).

Die ältere Katze ignoriert das Kätzchen womöglich völlig, oder sie beschnüffelt es vom Hals bis hin zur Analregion. Beide können jederzeit einen Angriff starten, doch normalerweise erlahmt das gegenseitige Interesse sehr schnell. Wiederholen Sie die Begegnung zu einem späteren Zeitpunkt an einem anderen Ort. Beaufsichtigen Sie diese Treffen solange, bis Sie sicher sind, daß keine Fellfetzen fliegen, sobald Sie dem Geschehen den Rücken kehren.

Bekanntschaft mit einem Hund

Ein Hund, der einfach nur mit Ihrem Kätzchen spielen will, kann ihm großen physischen und psychischen Schaden zufügen. Genauso kann das Katzenkind aber auch böse Kratzwunden im Gesicht Ihres Hundes zurücklassen. Machen Sie beide vor der ersten Begegnung mit dem Geruch des anderen vertraut (siehe links).

Lassen Sie das Kätzchen bei der ersten Begegnung in seinem Korb, und halten Sie den Hund an der Leine. Katzen und Hunde, die bereits von klein auf Angehörige der anderen Spezies kennengelernt haben, zeigen normalerweise keine Angst. Katzenunerfahrene Hunde dagegen können sehr nervös sein.

Lassen Sie Begegnungen zwischen Ihrem Hund und Ihrem Kätzchen nur dann zu, wenn sich beide in der Gesellschaft des anderen wohl fühlen. Nehmen Sie das Kätzchen aus dem Korb, und lassen Sie es den Hund untersuchen, der immer noch an der Leine gehalten werden sollte (andernfalls beginnt unter Umständen eine wilde Verfolgungsjagd durch das Wohnzimmer). Selbst wenn sich Hund und Katze gut verstehen, sollte eine Fluchtmöglichkeit für das Kätzchen gewährleistet sein, wenn sie sich ohne Aufsicht begegnen.

Probleme lösen

Es gibt keine festen Regeln zum Eingewöhnen eines Kätzchens im neuen Zuhause. Ihr Katzenkind kann dieses Buch nicht lesen und verhält sich vielleicht anders als hier beschrieben. Wenn bei der Eingewöhnung oder der Begegnung mit anderen Haustieren Probleme auftreten, suchen Sie Hilfe. Ihr Tierarzt kann Ihnen sicherlich eine Lösung des Problems nennen oder Sie an einen Tierpsychologen verweisen.

Kleine und große Geschäfte

Glücklicherweise sind Haustiere von Natur aus reinlich, so daß die Stubenreinheit kein Problem darstellt. Ein Kätzchen kann Darm und Blase bereits im Alter von wenigen Wochen kontrollieren und verläßt instinktiv das Nest, um seine Geschäfte zu verrichten. In der Wildnis dient dieses Verhalten der Vorbeugung gegen Krankheiten und Parasiten (siehe Seiten 114–116) und natürlich auch dazu, das Nest sauber zu halten.

Der Gang zur Toilette

Das Verdauungssystem des Kätzchens produziert ständig Abfall, und mehrmals am Tag sendet das Nervensystem Signale an das Gehirn, die ein bestimmtes Ver-haltensmuster auslösen. Das Kätzchen sucht nach einem geeigneten Platz, nimmt die entsprechende Körperhaltung ein und verrichtet sein Geschäft. Doch was sieht das Kätzchen als geeigneten Platz an?

Die meisten Kätzchen, die in einer häuslichen Umgebung zur Welt kommen, haben die Wahl zwischen dem Fußboden und einer lockeren Substanz, wie beispielsweise Katzenstreu (siehe Seiten 76–77). Üblicherweise bevorzugen sie die Katzenstreu, da sie ihre Ausscheidungen darin verscharren können.

Bei sehr jungen Kätzchen übernimmt die Mutter die Hygiene, durch Lecken in der Analgegend regt sie die Verdauung an.

Außerhalb ihres Reviers verscharren viele Katzen ihre Ausscheidungen nicht – wahrscheinlich, um Duftmarken zu hinterlassen. In Nestnähe ist das nicht erforderlich; hier bedecken sie Kot und Urin gerne. Die meisten Kätzchen lernen von ganz alleine, wie die Katzentoilette benutzt wird, indem sie ihre Mutter beobachten und imitieren (siehe Seiten 30–31).

Damit der Gang zur Toilette für das Kätzchen nicht zu einem Problem wird, sollten Sie sich eingehend mit den entsprechenden Produkten und deren Verwendung auseinandersetzen.

Das richtige Toiletten-Modell

Obwohl sich eine Menge Leute eingehend mit dem Thema ‚Katzenklo' beschäftigt haben, ist es im Grunde genommen doch nur ein Behälter, der verhindern soll, daß die Katzenstreu auf dem ganzen Boden verteilt wird.

Die einfachsten Modelle sind Kunststoffbehälter ohne Abdeckung, die es in verschiedenen Größen gibt. Achten Sie darauf, daß das Kätzchen problemlos in seine Toilette klettern kann – sie darf nicht zu tief sein. Meiner Meinung nach sind Katzentoiletten mit Kunststoffeinlagen gut geeignet; die Reinigung ist einfach und hygienisch (siehe Seite 77).

Für Kätzchen, die lieber ungestört sein möchten, gibt es Katzentoiletten mit Abdeckung, die man fertig kaufen oder auch mit Hilfe eines Kartons selber machen kann.

Wieviele Katzentoiletten sind nötig?

Katzen sind sehr eigen, wenn es darum geht, ihr Geschäft zu verrichten; sie fühlen sich in diesem Moment verwundbar und sträuben sich verständlicherweise dagegen, ihr Geschäft vor aller Augen zu erledigen. Da Sie keine Katze sind, können Sie unmöglich über den

besten Standort für die Katzentoilette entscheiden. Stellen Sie deshalb zunächst an verschiedenen Stellen im Spielzimmer Toiletten auf. Am Anfang brauchen Sie mindestens zwei Katzentoiletten. Sobald das Kätzchen die Grenzen des Spielzimmers überschreitet, braucht man noch mehr Toiletten für den Rest des Hauses. Am besten kaufen Sie gleich zu Beginn mehrere Katzentoiletten. Wenn Sie herausgefunden haben, welche Katzentoilette (und welche Katzenstreu) Ihr Kätzchen bevorzugt, können Sie die Anzahl reduzieren. Heben Sie die nun nicht mehr benötigten Katzentoiletten als Reserve auf.

Der richtige Platz

Anfangs sollten Sie dem Kätzchen, wie oben beschrieben, mehrere Möglichkeiten anbieten. Beachten Sie dabei die folgenden Richtlinien:
• Stellen Sie die Katzentoilette nicht in der Nähe von Futter- und Wassernapf auf; die meisten Katzen mögen das nicht.
• Vermeiden Sie Plätze mit viel ‚Durchgangsverkehr', wie beispielsweise Türen.
• Vermeiden Sie offene, ungeschützte Plätze, die wenig oder gar keine Privatsphäre bieten.
• Stellen Sie keine Katzentoilette in der Nähe von Lieblingsruheplätzen Ihres Kätzchens auf; es könnte auf die Idee kommen, in der Toilette zu übernachten!

Die einfachsten Katzentoiletten sind offen (unten), aber viele Kätzchen sind von Natur aus schüchtern, wenn sie ihr Geschäft verrichten, und bevorzugen ein geschlossenes Modell (rechts).

• Vermeiden Sie Standorte, die auf den ersten Blick geschützt erscheinen, an denen das Kätzchen aber plötzlich gestört werden kann (z.B. hinter Türen).
• Alle aufgestellten Katzentoiletten müssen rund um die Uhr für das Kätzchen zugänglich sein.
• Wenn alle in Frage kommenden Plätze im Spielzimmer nicht geschützt genug sind, stellen Sie ihm eine Katzentoilette mit Abdeckung zur Verfügung (siehe Seite 75). Manche Katzen mögen die völlige Abgeschlossenheit nicht; setzen Sie in diesem Fall drei Seitenwände aus Karton ein, aber verzichten Sie auf das Dach.

Katzenstreu

Auch hier gibt es eine große Auswahl, die von Fertigprodukten bis zu ‚Naturstreu‘ aus Sand oder Erde reicht. Füllen Sie zunächst alle aufgestellten Katzentoiletten mit der Streu, die das Kätzchen aus seinem früheren Zuhause kennt. So können Sie sicher sein, daß es sich nur aufgrund des Standorts – nicht aufgrund des Inhalts – für eine bestimmte Katzentoilette entscheidet.

Stellen Sie später am Lieblingsort des Kätzchens mehrere Katzentoiletten mit verschiedener Streu nebeneinander auf. Die meisten Katzenbesitzer bevorzugen fertige Katzenstreu. Mittlerweile gibt es sogar umweltfreundliche Katzenstreu, die aus wiederverwertetem Altpapier besteht.

Besuchen Sie eine Tierhandlung in Ihrer Nähe, um nähere Informationen über die dort erhältlichen Produkte einzuholen.

Tips zur Auswahl der Katzenstreu

Die folgende Aufzählung verrät Ihnen einige Tips und Tricks, die Sie bei der Auswahl der richtigen Katzenstreu beachten sollten:
• Einige Katzen mögen Katzenstreu, die aus Kügelchen besteht, nicht, da sie nicht bequem darauf stehen können.
• Katzenstreu mit Chlorophyll wird von einigen Katzen verschmäht.
• Manche Produkte können zu Verfärbungen von weißem Fell führen.

fein gemahlene Streu
(Tonerde)

körnige Streu
(Holzfasern)

traditionelle Streu
(Tonerde)

• Bestimmte Produkte – besonders auf der Grundlage von Holz hergestellte – bleiben unter Umständen in einem langen Fell hängen.
• Katzenstreu gibt es in den verschiedensten Preisklassen; das kann sehr teuer werden.
• Einige Produkte sind in wasserdichten Kartons oder Beuteln verpackt, die besonders gut zu lagern und mühelos zu verwenden sind.
• Einige Produkte beseitigen unangenehme Gerüche und verbreiten einen frischen Duft in der Katzentoilette. Bedenken Sie aber, daß unangenehme Gerüche nur bei unzureichender Reinigung entstehen. Manche Katzen mögen die Duftstoffe der Katzenstreu nicht.
• Einige Produkte bilden ‚Klumpen‘, sobald sie mit Feuchtigkeit in Berührung kommen. Wird die Flüssigkeit gut aufgesaugt, brauchen Sie nur die Klumpen zu entfernen und nicht die gesamte Streu zu erneuern. Dadurch können Sie auf Dauer Ihren Geldbeutel schonen.

Entsorgung der Katzenstreu

Beachten Sie bei der Entsorgung der Katzenstreu in jedem Fall die entsprechenden Vorschriften in bezug auf Gesundheit und Umwelt.

Unter Umständen zählt Katzenstreu zu den Sonderabfällen und muß dementsprechend entsorgt werden. Sie sollten die Katzenstreu auf keinen Fall im Garten vergraben oder über das Abwassersystem entsorgen. Tragen Sie beim Reinigen der Katzentoilette immer Handschuhe.

Wenn Sie schwanger sind, sollte ein anderes Familienmitglied die Reinigung der Katzentoilette für Sie übernehmen, da es bestimmte Erreger im Katzenkot gibt, die das Ungeborene schädigen können.

Reinigung der Katzentoilette

Wenn Sie die Katzentoilette zu häufig reinigen, gehen die typischen Gerüche von Kot und Urin verloren, die das Kätzchen praktisch dazu ‚auffordern‘, die Toilette immer wieder zu benutzen. Andererseits

Entfernen Sie bei Bedarf ‚Streuklumpen' aus der Katzentoilette. Tragen Sie dabei Gummihandschuhe, und verwenden Sie eine spezielle Schaufel, die anschließend desinfiziert werden muß.

Einmal pro Woche muß die Katzentoilette gründlich gereinigt werden – bei Bedarf auch häufiger. Spezielle Kunststoffeinlagen erleichtern die Arbeit und sind hygienisch.

weigern sich die meisten Katzen aber auch, eine Katzentoilette mit schmutziger Streu zu benutzen.

Sie müssen also den goldenen Mittelweg finden; dies hängt sicherlich auch davon ab, wie oft das Kätzchen die Katzentoilette benutzt und welche Streu Sie verwenden. Sie sollten jedoch einmal in der Woche eine Komplettreinigung mit heißem Wasser und Desinfektionsmittel durchführen. Spülen Sie die Katzentoilette anschließend sorgfältig ab, um den Geruch der Reinigungsmittel zu vertreiben. Entfernen Sie ansonsten die Klumpen verschmutzter Streu einfach bei Bedarf mit einer speziellen Schaufel.

Kleine und große Geschäfte im Freien

Wenn das Kätzchen alle Impfungen überstanden hat (siehe Seiten 120–121), möchten Sie es möglicherweise

Ein kleines Malheur

Auch wenn Sie das Kätzchen dabei erwischen, wie es sein Geschäft außerhalb der Katzentoilette verrichtet, ist eine Bestrafung sinnlos. Im Gegenteil, es kann gut und gerne passieren, daß das Katzenkind die Katzentoilette beim nächsten Mal wieder verschmäht, wenn Sie es erschrecken. Tragen Sie das Kätzchen einfach zu seiner Katzentoilette, und beseitigen Sie das Malheur.

Gehen Sie dabei sehr sorgfältig vor, denn der Geruch von Urin und Kot regt zu Wiederholungstaten an. Vergessen Sie nicht, daß die Nase Ihres Katzenkindes viel besser ist als Ihre! Einzig und allein seine Katzentoilette sollte den Geruch von Urin und Kot ausströmen.

Verwenden Sie bei der Beseitigung des kleinen Ausrutschers zunächst ein tierärztlich geprüftes Desinfektionsmittel und anschließend ein Reinigungsmittel, das alle unangenehmen Gerüche beseitigt. Zur Not tut es auch biologisch abbaubares Waschpulver und medizinischer Alkokol oder etwas Wodka.

gerne nach draußen lassen. Es kann sein, daß die Katze ihre Geschäfte im Freien verrichtet und die Katzentoilette im Haus nur noch im Notfall benutzt. Die Mehrheit der Katzenbesitzer ermutigt ihre Katzen sogar zu diesem Verhalten. Stellen Sie der Katze im Haus nur noch eine Katzentoilette zur Verfügung, plazieren Sie diese schrittweise zunächst immer näher an der Katzentür, dann auf der anderen Seite der Katzentür im Freien, und stellen Sie die Katzentoilette schließlich an einem ausgewählten Platz im Garten auf.

Leider gibt es keine Garantie, daß das Kätzchen die Katzentoilette auch im Freien benutzt. Möglicherweise verrichtet es seine Geschäfte, wo immer sich ihm die Gelegenheit bietet. Ist das wirklich fair Ihren Nachbarn gegenüber?

Öffentliches Bewußtsein

Die Meinungen über Katzen, die ihre Geschäfte im Freien nach Belieben verrichten, gehen auseinander. Sie können unmöglich kontrollieren, wo das Kätzchen sein Geschäft verrichtet, also werden einige Leute Sie vielleicht dazu auffordern, dafür zu sorgen, daß das Kätzchen auch weiterhin auf die Katzentoilette geht. Noch liegt die Entscheidung bei Ihnen, aber vielleicht gibt es schon bald öffentliche Katzentoiletten – denken Sie daran, welche Diskussionen in der Öffentlichkeit die Hunde hervorgerufen haben!

Eine gute Kinderstube

Sie mögen es vielleicht nicht glauben, aber auch Katzen können erzogen werden! Sie reagieren – ebenso wie Hunde – positiv auf Erziehungsversuche, wenn eine Belohnung im Spiel ist. Die Auswahl einer geeigneten Belohnung kann sich allerdings recht schwierig gestalten. Zudem ist es zwar theoretisch möglich, daß Sie Ihrer Katze beibringen, Ihre Pantoffeln und die Zeitung zu bringen, aber eigentlich paßt das doch gar nicht zu Katzen. Und überhaupt, sind dafür nicht schon die Hunde zuständig?

Erziehung – wozu?

Vielleicht möchten Sie, daß das Kätzchen auf Zuruf zu Ihnen kommt, oder Sie möchten ihm gewisse Unarten abgewöhnen, z.B. Schranktüren zu öffnen oder auf den Tisch zu springen. Dazu müssen Sie sich damit vertraut machen, wie ein Kätzchen Dinge lernen kann.

Zweckgerichtetes Lernen

Das Prinzip dieser Methode besteht darin, daß die Katze mit einem bestimmten Verhalten auf eine Situation oder einen Anreiz reagiert und sofort dafür belohnt wird. Diese Belohnung trägt dazu bei, daß die Katze dasselbe Verhalten an den Tag legt, wenn die gleiche Situation wieder eintritt.

Wenn das Kätzchen zum Beispiel in die Küche spaziert, auf den Tisch springt und sich einem leckeren Stück Thunfisch gegenüber sieht, ist die Wahrscheinlichkeit hoch, daß es bei der nächsten Gelegenheit wieder auf den Küchentisch springt. Die Geräusche und Gerüche in der Küche sind der ‚Anreiz‘, der Sprung auf den Tisch ist das ‚Verhalten‘, und der Thunfisch ist die ‚Belohnung‘.

Natürliches Verhalten nachahmen

Sie werden feststellen, daß es sehr viel einfacher ist, dem Kätzchen Dinge beizubringen, die seinem natürlichen, instinktiven Verhalten nahekommen. So lernt eine Katze oft von ganz allein, Türen mit der Vorderpfote zu öffnen, da es diese Bewegung schon im Spiel mit Gegenständen kennengelernt hat (siehe Seite 83). Dagegen wird sie wohl nie lernen, eine Tür mit dem Maul zu öffnen.

Wenn Sie eine zweite, ältere Katze besitzen, lernt das Kätzchen bestimmte Dinge auch ohne Belohnung. Sieht es beispielsweise die andere Katze durch die Katzentür ins Freie verschwinden sieht, so folgt es ihr einfach, ohne darüber nachzudenken. Ihre ‚Erziehung‘ beschränkt sich dann darauf , das Katzenkind zurückzuhalten, falls die Impfungen noch nicht abgeschlossen sind.

Das Kätzchen kommt auf Zuruf

Wenn Sie dem Katzenkind etwas Bestimmtes beibringen möchten – beispielsweise, daß es auf Zuruf zu Ihnen kommt –, müssen Sie dafür sorgen, daß der Anreiz (Sie sagen ‚KOMM‘), das Verhalten (das Kätzchen kommt) und die Belohnung (ein kleiner Leckerbissen) zur richtigen Zeit und auf die richtige Art eintreten, damit der Lernprozeß Erfolg hat.

Ersparen Sie dem Katzenkind dabei traumatische Erlebnisse; ziehen Sie es nicht an einer Leine zu sich, wenn Sie rufen. Warten Sie statt dessen, bis das Kätzchen von selbst zu Ihnen kommt. Sagen Sie immer wieder ‚KOMM‘, während sich das Kätzchen Ihnen nähert, und belohnen Sie es, wenn es bei Ihnen angekommen ist. Später können Sie dann zu schwierigeren Aufgaben übergehen, wie beispielsweise der richtigen Benutzung der Katzentür (siehe Seiten 86–87).

Weitere Erziehung

Wenn Sie geduldig genug sind und immer nach demselben Prinzip vorgehen, können Sie dem Kätzchen viele verschiedene Dinge beibringen. Wohldurchdachte Erziehungsübungen halten auch den Geist des Kätzchens in Form; vor allem Wohnungskatzen profitieren davon.

Die richtige Belohnung

Die beste Belohnung für das Katzenkind sind Dinge, auf die es sehr erpicht ist oder die nur schwer erreichbar sind. Vielleicht kommt es gut an, wenn Sie auch bei den Belohnungen Abwechslung ins Spiel bringen. Hier einige Vorschläge:

• Kleine bekömmliche Leckerbissen (bitte darauf achten, daß die Ausgewogenheit der Ernährung nicht gestört wird).

• Geben Sie dem Kätzchen die Gelegenheit, einen unbekannten Gegenstand zu erforschen.

• Ihre Aufmerksamkeit.

• Ein spannendes Spiel (siehe Seiten 83–85).

• Zugang zu einem Lieblingsruheplätzchen.

Belohnungen

Wenn das Kätzchen das gewünschte Verhalten zeigt, müssen Sie es sofort belohnen; schon nach einer Sekunde ist der Effekt geringer. Belohnen Sie das Kätzchen anfangs nach jeder gelösten Aufgabe. Wenn es eine Übung beherrscht, reicht eine gelegentliche Belohnung aus.

Bestrafung

Wenn das Katzenkind durch angenehme Belohnungen lernt, welches Verhalten gern gesehen wird, kann es dann nicht genauso durch Bestrafung lernen, welches Verhalten unerwünscht ist? Diese Auffassung ist falsch: das Gegenteil der Belohnung ist nicht Bestrafung, sondern keine Belohnung.

Wenn das Kätzchen seine Krallen voller Begeisterung in Ihrem neuen Sofa vergräbt, können Sie es zwar durch lautes Rufen oder Schläge im Moment davon abhalten. Was ist aber, wenn Sie den Raum verlassen? Alles, was Sie durch derartige Strafen erreichen, ist ein gestörtes Verhältnis zwischen Ihnen und Ihrer Katze.

Andererseits müssen Sie in manchen Fällen den Tatendrang Ihres Kätzchens einfach bremsen. Behalten Sie dabei die folgenden Punkte im Hinterkopf.

Das Geräusch dieser Metallrassel lenkt die Aufmerksamkeit des kleinen Übeltäters schnell ab. Verwenden Sie eine Rassel oder auch einen klappernden Schlüsselbund nur, wenn es unbedingt nötig ist.

• Verbote müssen der Situation angepaßt sein. Ein striktes ‚NEIN' ist nicht immer angebracht.
• Verbote müssen – ebenso wie Belohnungen – sofort erfolgen, wenn Sie das Kätzchen auf frischer Tat ertappt haben.
• Sanfte Verbote versetzen die Katze oft in Erstaunen und versprechen daher den größten Erfolg. Wenn Sie einen zischenden Laut von sich geben, sind die meisten Übeltäter schnell abgelenkt.
• Denken Sie sich – wo und wann immer möglich – geeignete Ablenkungsmanöver aus, die von der Katze als unmittelbares Ergebnis ihres Verhaltens aufgefaßt werden, ohne daß Sie wieder einmal als ‚Spielverderber' angesehen werden. Geben Sie aus einem Wasserzerstäuber schnelle und unvermutete Wasserspritzer ab, bleiben Sie aber in sicherer Entfernung – das ist sehr wirkungsvoll! Es gehört aber viel Phantasie dazu, ein Kätzchen erfolgreich an der Nase herumzuführen.

Wenn Sie einen Wasserzerstäuber einsetzen, um unerwünschtes Verhalten zu unterbinden, stellen Sie sich soweit wie möglich von Ihrem Kätzchen weg, damit es die Wasserladung nicht mit Ihnen in Verbindung bringt.

Lebensweise des Kätzchens

Wenn Katzen sich selbst überlassen werden, entscheiden sie selbst, was, wann und wo sie etwas tun. Glücklicherweise scheinen sie sich gut an die verschiedenen Umgebungen und Lebensweisen anpassen zu können, denen sie im Lauf ihres Lebens ausgesetzt werden. Vielleicht ist das einer der Gründe, warum Katzen so gute Heimtiere für so viele verschiedene Menschen abgeben. Sie sollten diese flexible Einstellung ihres Kätzchens jedoch niemals als gegeben ansehen.

Das Leben nehmen, wie es ist

Die Qualität des Lebens ist für das Kätzchen wichtiger als die Quantität. Es denkt nicht an morgen, sondern lebt – wie alle Katzen – in der Gegenwart; es erlebt sein Leben Tag für Tag neu.

In den nächsten Wochen und Monaten entwickelt sich das Kätzchen zu einem heiß geliebten Familienmitglied, und es wird körperlich und geistig allmählich

Im Gegensatz zu den meisten Hauskatzen führt die Afrikanische Wildkatze ein unbeständiges Leben. Vielleicht lebt sie nicht so lange wie eine Hauskatze, dafür ist ihr Leben aber mit Sicherheit aufregender!

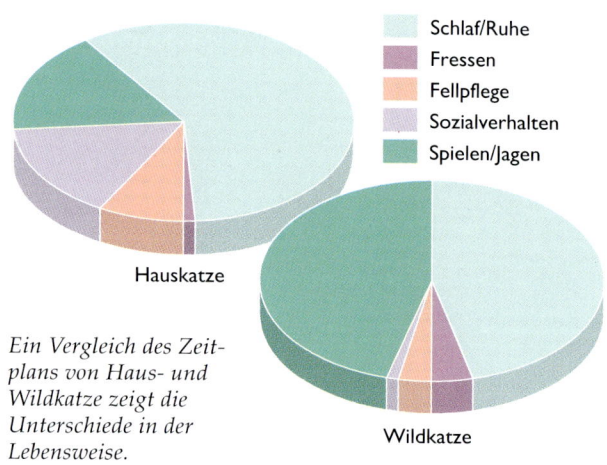

- Schlaf/Ruhe
- Fressen
- Fellpflege
- Sozialverhalten
- Spielen/Jagen

Hauskatze

Ein Vergleich des Zeitplans von Haus- und Wildkatze zeigt die Unterschiede in der Lebensweise.

Wildkatze

erwachsen. Das Kätzchen muß lernen, mit Menschen zu leben, sollte aber auch Spaß dabei haben.

Wildkatzen

Der Urahne Ihres Kätzchens, die Afrikanische Wildkatze (siehe Seiten 8–9), führt ein unbeständiges Leben voller Überraschungen. Niemand gibt ihr einen warmen Schlafplatz und regelmäßige Mahlzeiten, und ständig nimmt sie neue Reize aus der Umwelt auf. Ein plötzlicher Wetterumschwung, Kämpfe mit anderen Tieren – mit diesen Widrigkeiten muß eine Wildkatze unter anderem fertig werden. Ihr Körper und ihr Geist sind aber auch für eine solche Lebensweise geeignet.

Hauskatzen

Im Leben der Hauskatzen dagegen gibt es kaum Überraschungen. Wir glauben auch dann noch, unsere Katze wie ein kleines, hilfloses Baby beschützen zu müssen, wenn sie längst ausgewachsen ist. Einige Hauskatzen müssen in der Tat gehörig verhätschelt werden, da sie mit ihrem Fell oder ihrem Körperbau in der Wildnis gar nicht überleben könnten. Und wer weiß schon, was Domestizierung und Züchtung wirklich mit ihren Gehirnen angestellt haben?

Wie auch immer, auch wenn Sie ein elegantes Perserkätzchen besitzen, glauben Sie bloß nicht, daß es nur mit Samthandschuhen angefaßt werden muß – oder sogar will! Sorgen Sie lieber dafür, daß ihr Kätzchen immer wieder neuen und anregenden Erfahrungen ausgesetzt ist, die seinen Horizont erweitern.

Katzen im Freien

Im Vergleich zu anderen Heimtieren, die ihr Leben im Käfig oder Aquarium verbringen müssen, sind Katzenkinder und ausgewachsene Katzen, die ungehindert im Freien umherstreifen dürfen, um ihre Freiheit zu beneiden. Wenn ich ein Haustier wäre, wäre ich am liebsten eine solche Katze, denn dann könnte ich mein Leben selbst gestalten. Manche Katzen verbringen den größten Teil der Zeit im Haus, obwohl ihre Katzentür offen ist; andere dagegen genießen die Herausforderungen der großen weiten Welt.

Katzen in der Wohnung

Vielleicht möchten Sie die Freiheit des Kätzchens aber auch einschränken, etwa aus Sorge um seine Gesundheit oder Sicherheit. Sie können das Kätzchen nur zu bestimmten Zeiten hinauslassen oder seinen Auslauf auf einen eingezäunten Bereich beschränken (siehe Seiten 88–89). Wenn Sie keine Möglichkeit haben, das Kätzchen in ein sicheres Gebiet ins Freie zu lassen, bleibt es vielleicht ganz und gar in Haus oder Wohnung.

Wenn Sie sich für eine dieser Möglichkeiten entscheiden, müssen Sie sich aber auch der Verantwortung und Herausforderung bewußt sein: Sie müssen Ihrem Katzenkind die Möglichkeit geben, sich in der Wohnung entsprechend auszutoben und müssen es mit körperlichen und geistigen Herausforderungen konfrontieren.

Sie müssen etwa Spiele erfinden, die den Jagdinstinkt erwachen lassen. Kletterübungen und andere

Je mehr Sie die geistigen und körperlichen Bedürfnisse Ihres Kätzchens fördern, desto mehr Freude hat es am Leben. Alle möglichen Dinge erregen seine Neugier und trainieren seine Geschicklichkeit.

sportliche Aktivitäten müssen auch auf dem Programm stehen, damit der Körper ausreichend trainiert wird. Wohnungskatzen leiden sehr viel öfter an Übergewicht als ihre Artgenossen, die ihre Energie im Freien verbrauchen.

Ein abwechslungsreiches Umfeld

Wenn Sie das Kätzchen ausschließlich in der Wohnung halten, müssen Sie sein Leben zumindest durch abwechslungsreiche Spiele und verschiedenes Spielzeug etwas aufregender gestalten und durch Überraschungen anreichern. Natürlich hat auch das Katzenkind seine Launen: Sie bieten ihm das beste Klettergerüst aller Zeiten an, aber es will einfach nicht klettern.

Nun gut: die Katze hatte die Wahl und hat sich gegen das Klettern entschieden. Es wird Ihnen nichts anderes übrig bleiben, als ihr ein anderes Spielzeug zu besorgen und zu hoffen, daß Sie damit den Geschmack Ihrer Katze getroffen haben.

Ihre Rolle als Katzenbesitzer

Wenn Sie das Kätzchen ausgewogen ernähren, ihm Ruheplätze anbieten, sein Fell pflegen und auf die medizinischen Bedürfnisse achten, leisten Sie einen wichtigen Beitrag, damit Ihre Katze solange wie möglich lebt. Aber ist die Katze damit zufrieden?

Brechen Sie mit der Tradition, und wagen Sie sich an eine neue Auffassung der Katzenhaltung heran. Bieten Sie Ihrem Katzenkind ein ausgefülltes, abwechslungsreiches und lustiges Leben. Machen Sie Experimente, probieren Sie immer wieder etwas Neues aus. Geben Sie Ihrem Kätzchen so oft wie möglich die Freiheit, einige Entscheidungen selbst zu treffen.

Die meisten Katzenhalter sind sich darin einig, daß der relativ frühe Tod der Katzen der traurigste Aspekt der Katzenhaltung ist. Es liegt an Ihnen, dafür zu sorgen, daß Ihre Katze das Leben in vollen Zügen genießen kann.

Die Katze in der Wohnung

Sie sollten die Entscheidung, ob Sie Ihre Katze ausschließlich in der Wohnung halten, bereits treffen, bevor die Katze zu Ihnen kommt. Natürlich können Sie Ihre Meinung später ändern, aber versetzen Sie sich in die Lage Ihres Kätzchens, wenn es nach den letzten Impfungen (siehe Seiten 120–121) ins Freie darf, dann aber plötzlich in der Wohnung bleiben muß. Für ältere Kätzchen, die das Paradies jenseits der Katzentür bereits kennengelernt haben, ist es noch schwieriger, wenn sie nicht mehr nach draußen dürfen als für junge, unerfahrene Kätzchen.

Wichtige Überlegungen

Machen Sie sich vor Ihrer Entscheidung Gedanken um die folgenden Punkte.
• Alle Katzen brauchen die körperlichen und geistigen Anreize, die sie nur im Freien sammeln können.
• Sie als Katzenhalter haben die Verantwortung, Ihrem Kätzchen so viele verschiedene Lebensweisen wie möglich anzubieten. Vielleicht ist ein eingegrenzter Auslauf die beste Lösung (siehe Seiten 88–89)?
• Machen Sie sich Gedanken über die Eignung Ihres Kätzchens als reine Wohnungskatze. Bestimmte Langhaarkatzen, z.B. Perser, sind optimale Wohnungskatzen, während einige robuste, aktive und unabhängige Rassen bei einem Leben, das sich auf die Wohnung beschränkt, regelrecht in Depressionen verfallen können (siehe Seiten 44–46).

Das Leben in der Wohnung

Auch ältere Kätzchen, die ganz ungehindert umherstreifen dürfen, sollten zum Schlafen, Fressen oder Spielen in die Wohnung zurückkehren. Manche kommen sogar ins Haus, um die Katzentoilette zu benutzen (siehe Seite 77).

Auch Wohnungskatzen müssen Körper und Geist ständig trainieren. Damit Sie Ihrem Kätzchen die entsprechenden Anregungen geben können, müssen Sie zunächst über seine wichtigsten natürlichen Bedürfnisse Bescheid wissen.

Schlafen

Katzen sind wahre Langschläfer! Der Durchschnitt liegt zwischen acht und zwölf Stunden pro Tag, aber ältere Herrschaften bringen es auch schon einmal auf ganze 16 Stunden pro Tag. Das heißt aber noch lange nicht,

Kratzen und Krallenschärfen

Das Katzenkind verspürt den Drang, seine Krallen an bestimmten Gegenständen auszuprobieren (siehe Seite 39). Sie sollten ihm Objekte zum Krallenschärfen zur Verfügung stellen, um Ihre Polstergarnitur zu schonen. Es gibt sogar Klettergerüste mit eingebauten Kratzpfosten!

Die folgenden Tips und Tricks helfen Ihnen bei der Auswahl des richtigen Modells und der Gewöhnung des Kätzchens an seinen neuen Spielplatz.

• Bieten Sie Ihrem Katzenkind mehrere Objekte zum Krallenwetzen in verschiedenen Größen, Farben und Materialien. Sie werden schnell herausfinden, welchen Kratzbaum Ihr Kätzchen bevorzugt.

• Sie können die Objekte auch selbst herstellen. Wickeln Sie ein Seil um einen abgesägten Zaunpfosten, und schrauben Sie den Pfosten auf eine stabilen Holzunterlage, oder stellen Sie einfach einen Baumstumpf auf.

• Achten Sie darauf, daß die Kratzgelegenheit nicht mit Materialien überzogen ist, die das Katzenkind auch anderswo in Ihrer Wohnung vorfindet (Teppich o.ä.).

• Achten Sie darauf, daß mindestens ein Kratzbaum höher ist als das Katzenkind, wenn es sich in voller Länge genüßlich daran emporreckt.

• Unter Umständen schärft das Katzenkind trotz des vielfältigen Angebots seine Krallen immer noch bevorzugt an Ihren Möbeln. Wenn Sie es auf frischer Tat ertappen, lenken Sie es ab, und tragen Sie es zu einem erlaubten Kratzobjekt. Befestigen Sie eines seiner Lieblingsspielzeuge – etwa einen Kunststoffball – an dem Kratzpfosten, so daß er verlockend von oben herabbaumelt. Vielleicht ist der Kratzpfosten dann interessanter.

daß Katzen faul sind: sie halten sich einfach nur an die goldene Regel der Natur, daß Fleischfresser sich nach jeder Mahlzeit außerhalb der Sichtweite potentieller Feinde – aber auch potentieller Beute – niederlassen sollten. Die meisten Hauskatzen werden regelmäßig mit üppigen Mahlzeiten versorgt, kein Wunder, wenn ihnen nahezu rund um die Uhr die Augen zufallen.

Im Gegensatz zum Menschen decken Katzen ihr Schlafbedürfnis nicht am Stück; sie halten vielmehr mehrere Schläfchen über den Tag verteilt. Sie entwickeln im Morgengrauen und am Abend die größte Aktivität.

In einer Hinsicht ähnelt der Schlaf der Katze dem des Menschen: leichte, ruhige Schlafphasen wechseln sich mit tiefem Schlaf ab. Dieser Tiefschlaf wird auch als ‚paradoxer‘ Schlaf bezeichnet, da Schnurrhaare, Pfoten oder Schwanz gelegentlich zucken, obwohl die Katze meist völlig entspannt daliegt.

Für einen erholsamen Schlaf des Kätzchens müssen die folgenden Voraussetzungen erfüllt sein:
• Das Kätzchen muß zwischen verschiedenen Schlafplätzen wählen können. Einige sollten an warmen Plätzen sein, andere etwas erhöht über dem Boden.
• Unterschiedliche Ausstattung der Schlafplätze.
• Das Kätzchen muß seine Schlafplätze rund um die Uhr erreichen können, damit es ein Nickerchen halten kann, wann immer es möchte.

Fressen

Wildkatzen jagen und fressen mehrmals am Tag, da ihre Mahlzeiten recht klein sind und ihr Verdauungssystem schnell arbeitet. Hauskatzen scheinen ebenfalls ein Jagdbedürfnis zu haben, auch wenn sie gar nicht hungrig sind. Viele Katzen verzehren eine bereitgestellte Mahlzeit und begeben sich direkt im Anschluß daran auf die Jagd. Es kann gut sein, daß eine wohlgenährte Hauskatze ein Viertel des Tages der Jagd widmet. Eine aktive Katze mit einem Gewicht von 3,5 kg benötigt etwa 300 Kalorien pro Tag, eine durchschnittliche Maus enthält aber nur etwa 30 Kalorien. Also

Dieses Kätzchen genießt das Spiel mit seiner Spielzeugmaus, aber auch ein zusammengeknülltes Stück Papier bereitet ihm Spaß. Bieten Sie Ihrem Katzenkind Abwechslung, aber geben Sie ihm nur ein oder zwei Spielsachen auf einmal.

müßte eine Katze, die sich ausschließlich von Mäusen ernährt, zehn Mahlzeiten pro Tag zu sich nehmen. Die meisten Hauskatzen, die mit Fertigfutter ernährt werden (siehe Seiten 58–60) bevorzugen mehrere Mahlzeiten am Tag. Besonders für kleine Kätzchen ist es schwierig, bei nur einer oder zwei Mahlzeiten am Tag genug zu fressen. In Sachen Futter müssen folgende Voraussetzungen erfüllt sein:
• Das Kätzchen braucht ein oder mehrere Produkte, die seinen Bedarf an Nährstoffen abdecken.
• Verteilen Sie das Futter auf mehrere Mahlzeiten am Tag.
• Das Kätzchen muß die Möglichkeit haben, seinen Jagdinstinkt an echten oder imaginären Beutetieren auszuleben.

Spiel

Kätzchen begeistern sich für drei Spielarten:
Spiel mit Gegenständen: Konfrontiert man ein Kätzchen mit einem unbekannten Gegenstand, erforscht es ihn zunächst mit Augen, Nase, Zunge und Pfoten. Dann stürzt es sich auf den Gegenstand und bearbeitet ihn nach Herzenslust. Beim Spiel konnten bislang zehn verschiedene Verhaltensmuster identifiziert werden. Neue Forschungsergebnisse zeigen, daß das Spiel mit Gegenständen eine Katze ähnlich stimuliert wie ihre natürlichen Jagdaktivitäten und so den Beutetrieb des Kätzchens unter Umständen verringern kann. Im Alter von 16 Wochen verbringen Kätzchen die meiste Zeit beim Spiel mit Gegenständen. Später hängt es dann vom Charakter eines Kätzchens ab, inwieweit es sich für diese Variante des Spiels begeistert.

Bewegungsspiele: Dazu gehören Aktivitäten wie Laufen, Rollen, Springen und Klettern. Im ersten Lebensjahr sind Katzenkinder sehr verspielt. Ein junges Kätzchen wird sich etwa wesentlich länger an einem Klettergerüst (siehe Seite 84) aufhalten als eine ausgewachsene Katze.

Soziale Spiele: Hierzu bedarf es mindestens eines weiteren Kätzchens als Mitspieler. Für Außenstehende scheinen diese Spiele manchmal in Kämpfe auszuarten; meistens enden sie aber freundschaftlich. Im Alter zwischen neun und 14 Wochen sind Kätzchen besonders für diese Spielform zu begeistern.

Spielzeug

Sie sollten für das Katzenkind eine ganze Reihe Spielzeug kaufen oder selber machen. Dazu müssen Sie keinesfalls alle Neuheiten der letzten Spielwarenmesse erwerben: das beste, erfolgreichste und einfachste Spielzeug aller Zeiten ist ein zusammengeknülltes Stück Papier!

Sicherheit wird großgeschrieben

Es versteht sich fast von selbst, daß alle Spielsachen, die Sie anfertigen, stabil und sicher sein sollten, damit Sie den begeisterten Pfotenhieben und Bissen Ihres Kätzchens standhalten können. Testen Sie Spielzeug immer erst selbst, bevor Sie es ihm in die Pfoten geben.

So halten Sie das Kätzchen bei Laune

Glauben Sie bloß nicht, daß es damit getan ist, daß Sie Ihrem Katzenkind drei oder vier verschiedene Spielsachen vorsetzen und es dann sich selbst überlassen. Da kommt sehr schnell Langeweile bei Ihrem Kätzchen auf!

Man hat immer noch nicht herausfinden können, warum echte (tote) Mäuse eine scheinbar endlose Faszination auf junge und alte Katzen ausüben, während Sie von Spielzeugmäusen schnell genug haben. Jedenfalls braucht die Katze Ihre Hilfe, damit sie alle Vorteile der Spielsachen auch nutzen kann. Sie werden sehr bald auch die Lieblingsspiele Ihres Kätzchens kennen.

Seien Sie nicht enttäuscht, wenn das Kätzchen von einigen Spielsachen nicht allzu beeindruckt ist. Dieses ältere Kätzchen interessiert sich nur für den kleinen Ball, der von der oberen Plattform herabbaumelt, der Rest des Luxusspielplatzes ist uninteressant.

Abenteuerspielplatz

Wenn das Kätzchen eine reine Wohnungskatze ist, sollten Sie es immer wieder zu Bewegungsspielen motivieren (siehe Seite 83). Hier einige Vorschläge:

• Legen Sie Kartons verschiedener Größe auf den Boden zum Hindurchklettern, Hineinkrabbeln und Drüberspringen.

• Legen Sie Kissen auf den Boden, hinter denen das Kätzchen Verstecken spielen kann.

• Öffnen Sie stabile Papiertüten an beiden Enden – schon haben Sie einen wunderbaren Tunnel!

• Das ultimative Spielzeug für eine Wohnungskatze ist ein Klettergerüst oder ein 'Abenteuerspielplatz' (siehe links). Die größten dieser Spielplätze reichen bis an die Decke und haben mehrere Stockwerke mit Schlafbereich und Futterplatz.

Wichtiger Hinweis

Achten Sie unbedingt darauf, daß das Katzenkind niemals unbeaufsichtigt mit Wolle oder Bindfäden spielt. Die Zunge des Kätzchens ist mit nach hinten gerichteten Häkchen besetzt, in denen Bindfaden oder Wolle sehr schnell hängenbleibt und nicht mehr ausgespuckt werden kann. Nähgarn mit eingefädelter Nadel daran ist besonders gefährlich!

Tips und Tricks

Mit zunehmendem Alter läßt die Spielfreude Ihres Kätzchens immer mehr nach. Es spielt weniger allein und wartet darauf, daß Sie ein Spiel beginnen. Sie müssen also darauf vorbereitet sein, noch mehr Zeit und Mühe zu investieren, um Ihre Katze geistig beweglich und bei Laune zu halten.

Mit folgenden Tricks können Sie die Aufmerksamkeit Ihres Kätzchens auf seine Spielsachen lenken.

• Bieten Sie ihm Spielsachen an, die sein Spielverhalten anregen (siehe unten und rechts).

• Geben Sie dem Kätzchen immer nur ein oder zwei Spielsachen, bewahren Sie die anderen auf. So bringen Sie mehr Abwechslung ins Spiel.

• Kaufen Sie Spielzeug in verschiedenen Formen, Farben und Materialien.

• Gehen Sie bei den ersten Anzeichen von Verwirrung oder Aufregung zu einem anderen Spiel über.

• Regen Sie das natürliche Verhalten des Kätzchens an. Eine echte Maus flieht vor der Katze und versteckt sich. Versuchen Sie also, beim Spiel mit einem Bindfaden die imaginären Bewegungen einer Maus auf der Flucht nachzuahmen, lassen Sie den Faden nicht einfach vor der Nase des Kätzchens herabbaumeln.

• Spielen Sie mit alltäglichen Gegenständen. Auf einige Katzen übt z.B. der Schraubverschluß einer Milchflasche eine ungeheure Anziehungskraft aus. Je abwechslungsreicher Ihr Angebot ausfällt, desto besser!

Verhalten beim Spiel mit Gegenständen

Die Verfolgung: Ein Kätzchen rennt hinter einem Gegenstand her, der sich schnell bewegt. Spielzeug, das über den Boden gerollt oder gezogen werden kann, begünstigt diese Reaktion. Mein Kater Gorbatschow liebt es über alles, den Bestandteilen seines Abendessens (Trockenfutter!) nachzujagen, die ich für ihn quer durch den Raum schieße. Manchmal benutzt er seine Vorderpfoten sogar als Baseballhandschuhe und fängt das Futter auf.

Der Sprung: Das Kätzchen kauert sich auf den Boden, ,knetet' den Boden mit den Hinterbeinen und macht plötzlich einen Satz nach vorne. Möglicherweise stürzt sich das Kätzchen auf ein Blatt, das es auf dem Boden entdeckt hat, manche Katzen stürzen sich auch auf scheinbar unsichtbare Gegenstände. Wenn Sie ein Spielzeug ruckartig über den Boden ziehen und immer wieder anhalten, wird das Kätzchen oft zu diesem Verhalten inspiriert.

Der Schlag: Das Kätzchen schlägt mit einer Vorderpfote nach einem herabbaumelnden oder auf dem Boden liegenden Gegenstand. Tischtennisbälle, zusammengeknülltes Papier und Spielzeugmäuse sind geeignete Auslöser für dieses Verhalten.

Der Griff: Das Kätzchen hält einen Gegenstand mit den Vorderpfoten oder im Maul fest. Wenn es ihn mit dem Maul festhält, kann es ihn durch Kopfschütteln hochschleudern und erneut fallen lassen.

Die Schaufel: Das Kätzchen hebt einen Gegenstand mit einer seiner Vorderpfoten auf. Dazu schiebt es die Pfote unter den Gegenstand, krümmt sie zusammen und ergreift den Gegenstand mit den Krallen.

Wenn Sie dem Katzenkind die richtigen Spielsachen anbieten, wird sein natürliches Spielverhalten stimuliert und gefördert. Dieses Kätzchen übt das Hochschaufeln an seiner Spielzeugmaus; bei echten Mäusen wird durch diesen Griff die Flucht verhindert.

Die Katze im Freien

Die ,große weite Welt' bietet dem Kätzchen eine Fülle von geistigen und körperlichen Anreizen, die im Haus kaum geboten werden können. Sie sollten das Kätzchen, wenn irgend möglich, nach dem ersten Impfdurchgang (siehe Seiten 120–121) ins Freie lassen.

Die Katzentür

Katzentüren bieten den großen Vorteil, daß das Kätzchen ungehindert ein- und ausgehen kann, ohne daß Sie immer ein Fenster oder eine Tür öffnen müssen. Es gibt eine Vielzahl verschiedener Katzentüren bis hin zu wahren Luxusmodellen.

Mit ein wenig Ermutigung und Unterstützung Ihrerseits wird das Kätzchen schnell lernen, seinen eigenen Eingang zu benutzen. Lassen Sie nach dem Einbau der Katzentür die Klappe offen stehen und sichern Sie sie mit einem stabilen Gegenstand, der nicht umfällt, wenn das Kätzchen dagegen rennt. Wenn es schlechte Erfahrungen mit der Katzentür macht – die Klappe knallt hinter ihm zu oder fällt ihm auf den Kopf –, meidet es die Klappe unter Umständen für einige Zeit.

Lassen Sie Ihrem Katzenkind genügend Zeit, dieses unbekannte Ding zu erforschen. Anfangs steckt es vielleicht nur den Kopf durch die Tür, um die Welt da draußen einmal zu untersuchen. Später wird es dann mutiger, kehrt aber beim ersten plötzlichen Geräusch in das sichere Haus zurück.

Verschiedene Modelle

In der einfachsten Ausführung besteht die Katzentür einfach aus einer Klappe an einem Scharnier, die sich in beide Richtungen öffnen läßt. Es empfiehlt sich, auf beiden Seiten Schließvorrichtungen anzubringen. So können Sie beispielsweise das Kätzchen nachts einsperren, aber auch andere Katzen aussperren.

Aufwendigere Modelle können ausschließlich von Ihrem Kätzchen geöffnet werden. Das Kätzchen trägt einen ,Schlüssel' am Halsband, und wenn es sich der Klappe nähert, wird ein automatischer Öffnungsmechanismus ausgelöst. Diese Art Katzentür empfiehlt sich ganz besonders, wenn die Katzen in der Nachbarschaft dem neuen Kätzchen gerne gelegentlich einen Besuch abstatten.

Auswahl der Katzentür

• Wählen Sie eine Katzentür mit einer dicht schließenden Klappe, die nicht durch jeden Windstoß geöffnet wird.

• Achten Sie darauf, daß die Klappe durchsichtig ist. Das Kätzchen muß erstmal prüfen, ob die Luft rein ist, bevor es sein Köpfchen durch die Tür steckt.

• Wenn Sie sich für ein Modell mit ,Schlüssel' entscheiden, achten Sie darauf, daß ein Ersatzschlüssel mitgeliefert wird.

• Es lohnt sich, für eine stabile Katzentür etwas mehr Geld auszugeben. Schließlich möchten Sie und Ihre Katze lange Freude daran haben.

Der Einbau

Zuallererst bietet sich natürlich eine Außentür an. Manche Katzentüren sind aber auch mit einem kleinen Tunnel ausgestattet und können in Außenwände eingebaut werden. Die Katzentür für meinen Kater habe ich in ein Fenster eingebaut; ich habe die Fensterscheibe durch ein Stück Plexiglas ersetzt und die Katzentür in das Plexiglas eingesetzt.

Beachten Sie beim Einbau folgende Punkte:

• Suchen Sie mit den Augen Ihres Kätzchens nach dem besten Ort für die Katzentür. Hat es einen guten Überblick über die Außenwelt, kann es also potentielle Gefahren ausmachen? Meinem Kater beispielsweise steht auf der anderen Seite der Katzentür ein großes Fensterbrett zur Verfügung, auf dem er erst einmal

Bei den ersten Versuchen zur Benutzung der Katzentür können Sie das Kätzchen ermutigen, indem Sie seinen gefüllten Futternapf auf der anderen Seite der Katzentür aufstellen.

Eine Katzentür kann in eine Außentür eingebaut werden, aber auch Wände oder Fenster sind gute Möglichkeiten. Beim Einbau in ein Fenster wird eine Glasscheibe durch Plexiglas ersetzt.

Stellung beziehen und die Lage peilen kann. In jedem Fall sollte die Katzentür ein sicherer Schlupfwinkel für das Kätzchen sein, den es im Notfall schnell und mühelos erreichen kann.

• Vielleicht mögen Sie es nicht, wenn das Kätzchen nach einem Ausflug in den Wintermonaten geradewegs mit schmutzigen Pfoten in das Wohnzimmer spaziert. Häufig reiben sie sich auch an der Wand und den Möbeln, um Duftmarken zu hinterlassen.

• Die Katzentür sollte sich in dem Teil des Hauses befinden, in dem das Kätzchen sich ohne Aufsicht aufhalten darf.

• Wenn Sie auch einen Hund haben, müssen Sie sicherstellen, daß der Hund dem Kätzchen den Weg ins Haus nicht versperren kann. Mein Hund Jessie vergöttert meinen Kater, begrüßt ihn aber zuweilen so überschwenglich, wenn sein Kopf in der Katzentür auftaucht, daß der Kater auf dem Absatz kehrtmacht.

• Die Katzentür sollte, falls möglich, nicht geradewegs auf eine vielbefahrene Straße führen.

• Achten Sie darauf, daß Sie die Katzentür in der richtigen Höhe einbauen. Die untere Kante der Katzentür sollte höchstens 6 cm vom Boden entfernt sein.

• Bauen Sie die Katzentür nicht in eine Tür zwischen Haus und einer angebauten Garage. Dies ist eine Feuerschutztür, deren Funktion durch den Einbau beeinträchtigt würde.

• Ganz gleich, wo Sie die Katzentür einbauen, stellen Sie in jedem Fall sicher, daß Sie nicht von einem Einbrecher geöffnet werden kann.

Nachteile einer Katzentür

• Andere Katzen aus der Nachbarschaft können durch die Katzentür in Ihr Haus – und damit in das Revier Ihres Kätzchens – eindringen. Unangemeldeter Besuch kann eine traumatische Erfahrung für das Kätzchen sein und bei manchen sogar zu Verhaltensstörungen, wie z.B. dem Verspritzen von Urin in der Wohnung, führen. In Gegenden mit einer großen Katzenbevölkerung empfehlen sich daher Katzentüren mit einem Öffnungsmechanismus, den nur Ihre Katze selbst auslösen kann.

• Einige Katzen entwickeln eine gewisse Unsicherheit, da sie das Gefühl zu haben scheinen, daß eine ständig offenstehende Katzentür eine Bedrohung ihres Reviers darstellt. Das ist durchaus verständlich – Sie würden vermutlich auch kein Auge zumachen, wenn die Haustür sperrangelweit geöffnet wäre!

• Durch die Ungebundenheit, die ihm die Katzentür eröffnet, bleibt das Kätzchen unter Umständen länger von zu Hause weg und entfernt sich weiter vom Haus. Dies kann besonders dann der Fall sein, wenn Sie der Katze Trockenfutter zur Selbstbedienung anbieten, da sie sich dann nicht an bestimmte Essenszeiten halten muß und kommen und gehen kann, wann sie möchte.

Spaziergänge

Wenn Sie Ihrem Katzenkind keinen Auslauf im Freien bieten können, aber trotzdem möchten, daß es an die frische Luft kommt, können Sie ein Katzengeschirr anschaffen und die Katze an der Leine spazierenführen. In der Theorie ist das eine hervorragende Idee, aber die Praxis sieht leider oft anders aus. Viele Katzen wehren sich gegen das Geschirr. Einige Katzen – insbesondere Siam- und Burmakatzen – lassen sich jedoch so bereitwillig wie Hunde an die Leine nehmen.

Wenn Sie sich für diese Möglichkeit entscheiden, achten Sie darauf, daß das Ausgehgeschirr gut sitzt, und gewöhnen Sie das Kätzchen daran, bevor Sie den ersten Spaziergang unternehmen. Ich rate Ihnen aber, bei solchen Spaziergängen belebte Plätze zu vermeiden. Wenn sich das Kätzchen erschreckt und sich losreißen will, können Sie böse Kratzer davontragen, und wenn Sie in dem Tumult die Leine loslassen, verschwindet das Katzenkind unter Umständen auf Nimmerwiedersehen.

Ein Gehege im Freien

Sie können solche Gehege als Bausatz erwerben. Wenn Sie aber ein begeisterter Hobbyhandwerker sind, möchten Sie vielleicht lieber selbst eines bauen. Mit etwas Kreativität und sorgfältiger Planung kann ein solches Gehege Ihren Garten sogar verschönern.

Bau eines Geheges

Wenn Sie selbst ein Gehege bauen möchten, sollten Sie Kontakt zu Katzenbesitzern aufnehmen, die bereits ein Gehege gebaut haben; dort können Sie wertvolle Tips und Anregungen erhalten. Versuchen Sie, solche Katzenhalter über Ihren Tierarzt oder Ihre Tierklinik ausfindig zu machen, oder fragen Sie bei Katzenzeitschriften an. Diese überdimensionalen Laufställe für Katzen werden immer beliebter, da viele Katzenhalter Angst vor Verkehrsunfällen, ansteckenden Krankheiten oder Diebstahl haben.

Der Boden des Geheges kann aus Beton (mit eingebauten Wasserrinnen), Gras, einer Mischung aus beidem oder auch aus weichem Kies bestehen. Erkundigen Sie sich, ob Sie eine Baugenehmigung einholen müssen, und klären Sie Ihre Pläne mit Ihrem Vermieter ab.

Ausstattung des Geheges

Das Gehege sollte Ihrem Kätzchen die Möglichkeit bieten, Körper und Geist zu trainieren. Sie müssen nicht nur genügend Platz zur Verfügung stellen, sondern auch auf die richtige Ausstattung achten. Das Gehege sollte an einem wettergeschützten Ort aufgestellt werden. Die Sonne sollte einen Teil des Geheges erreichen können – Katzen lieben es, sich in der Sonne zu räkeln.

Die Mindestausstattung des Geheges sollte folgende Gegenstände beinhalten:

Wichtiger Hinweis

Vergiftungen treten bei Katzen relativ selten auf, aber fordern Sie das Schicksal nicht heraus. Katzen können daran sehr schwer erkranken oder sogar eingehen. In manchen Fällen kann der beste Tierarzt keine Rettung bieten. Deshalb sollten Sie Ihr Möglichstes tun und Folgendes beachten: In einem Gehege will das Kätzchen natürlich jeden Grashalm erforschen und gerät möglicherweise in Versuchung, unbekannte Dinge zu kauen, zu belecken oder gar zu fressen. Verwenden Sie also keine chemischen Holzschutzmittel (Kreosot o.ä.).

Erkundigen Sie sich beim Tierarzt, welche Pflanzen für Katzen giftig sind, bevor Sie das Gehege bepflanzen.

- Eine warme, wettergeschützte Hütte oder Höhle.
- Einen überdachten Bereich mit der Katzentoilette.
- Ein Schattenplätzchen.
- Plattformen auf verschiedener Höhe zum Lauern und Schlafen.
- Einen Baumstumpf zum Klettern und Krallenwetzen sowie Spielzeug.

Ändern Sie die Ausstattung des Geheges von Zeit zu Zeit, damit es Ihrer Katze niemals langweilig wird.

Sonderausstattung

- Ein oder zwei Exemplare der Echten Katzenminze; viele Katzen lieben den Geruch dieser Pflanze.
- Andere Pflanzen und Sträucher, die für Katzen ungiftig sind.
- Gras; einige Katzen fressen sehr gerne Gras – vielleicht zur Förderung der Verdauung, was allerdings nicht einwandfrei erwiesen ist.

So wird der Garten katzensicher

Katzen sind bemerkenswerte Fluchtkünstler. Wenn Sie Ihren Garten wirklich katzensicher machen wollen, sollten Sie die folgenden Punkte beachten:

- Eine durchschnittliche ausgewachsene Katze kann sich durch ein Loch im Zaun zwängen, das nur 10 cm groß ist! Prüfen Sie die Umzäunung des Gartens sorgfältig.

- Glatte Mauern sind wirkungsvoller als Zäune, da sie nicht so gut erklettert werden können. Die Gartenmauer sollte mindestens 3 m hoch sein und mit einem nach innen gerichteten Maschendrahtzaun abschließen.

- Gartentore sind optimale Fluchtwege. Drahttore sind besser geeignet, da jeder den Aufenthaltsort der Katze ausfindig machen kann, bevor er den Garten betritt. Am besten ist natürlich ein Doppeltor, das keinerlei Fluchtmöglichkeit bietet.

- Achten Sie darauf, daß die Äste von Bäumen nicht bis in Nachbars Garten reichen. Das Katzenkind entdeckt schnell, daß man solche weitreichenden Äste als Leiter oder Brücke benutzen kann.

Immer mehr Katzenhalter entscheiden sich aus verschiedenen Gründen dafür, den Freilauf Ihrer Katzen zu begrenzen. Wenn Sie sich dem anschließen, sollten Sie Größe, Bauweise und Aufmachung des Geheges sorgfältig planen. Das Gehege muß so groß wie möglich und völlig sicher sein (versehen Sie alle Eingänge mit Doppeltüren) und aus ungefährlichen Materialien bestehen. Die Innenausstattung sollte den Katzen genügend Möglichkeiten zur körperlichen Betätigung bieten und auf ihre Bedürfnisse abgestimmt sein. Das Gehege muß geschützte und offene Bereiche sowie Versteckmöglichkeiten auf Bodenhöhe sowie erhöhte Plattformen enthalten. Dann wird sich Ihre Katze garantiert wohlfühlen.

Die große Freiheit

Wenn eine Katze das Haus durch die Katzentür verläßt, hat sie im allgemeinen zwei Dinge im Kopf: andere Katzen und Jagen. Die meisten Katzen, denen Auslauf gewährt wird, haben zwei Gesichter. In der Wohnung treten sie als liebevolles, kontaktfreudiges Haustier auf – jenseits der Katzentür aber werden sie zu einsamen Jägern, die keinerlei Gesellschaft brauchen.

Sicher wird es Sie interessieren und vielleicht sogar mit Sorge erfüllen, was das Kätzchen draußen alles erlebt. Wenn Sie aber nicht gerade einen Sender an seinem Halsband befestigen, werden Sie niemals mit Sicherheit erfahren, wo es sich mit wem und wie lange aufhält. Natürlich hat das Kätzchen seine Lieblingsplätze und -wege, die auch Sie kennenlernen werden, aber zum größten Teil bleibt sein Leben jenseits der Katzentür ein wohlgehütetes Geheimnis.

Um Ihnen einen Eindruck vom Leben einer Katze im Freien zu vermitteln, haben wir Kater Moritz auf einem ganz normalen Ausflug begleitet. Moritz ist ein Jahr alt und kastriert und lebt in einer Nachbarschaft mit vielen Katzen und Katern.

Ein Tag im Leben von Kater Moritz

Bevor es losgeht, beschnüffelt Moritz erst einmal das Mauerwerk um seine Katzentür herum. Er weiß, daß hier manchmal ein Kater vorbeikommt. Vielleicht ist er vor kurzem hiergewesen und hat sogar versucht, durch die Katzentür in die Wohnung zu gelangen und sich über Moritzs Futter herzumachen! Nicht kastrierte Kater durchstreifen oft große Gebiete auf der Suche nach Gefährten, sogar in Städten entfernen sie sich 1 km oder mehr von ihrem Zuhause (siehe nächste Seite). Solche Kater durchsuchen ihr Revier nach verräterischen Zeichen potentieller Rivalen und hinterlassen ihre Duftmarke im Revier anderer Katzen. Moritz entdeckt sehr schnell, daß der andere Kater seine Visitenkarte genau an der Tür hinterlassen hat.

Seine Besitzer hat Moritz schon ganz vergessen – aus den Augen, aus dem Sinn. Auf seinem Weg durch den Garten hält er besorgt Ausschau nach dem älteren, kastrierten Kater, der im Haus nebenan wohnt. Wie alle jungen Katzen respektiert Moritz das Revier des älteren, stärkeren und erfahrenen Nachbarn.

Duftmarken

Während Moritz auf einen Baum klettert, um auf die Gartenmauer springen zu können, entdeckt er zwei Duftmarken, die eindeutig von zwei Nachbarn stammen. Beim Beschnüffeln der Duftmarken beginnt Moritz zu flehmen (siehe Seite 33).

Eine Duftmarke stammt von dem Kater nebenan, ist aber bereits einige Stunden alt. Wahrscheinlich ist der Kater auf dem Weg zu seinem Lieblingsjagdrevier hier vorbeigekommen. Die andere Duftmarke stammt von einer weiblichen Katze – ebenfalls kastriert und ein Jahr alt – die auf einem Garagendach gerade ein Sonnenbad nimmt. Die beiden sind keine Feinde, Moritz kann sie ungestört passieren.

Moritz weiß, daß er jetzt bald feindliches Gebiet durchqueren muß. Er folgt einem versteckten Weg zwischen einer Wand und einer Hecke, um so unauffällig wie nur möglich zu seinem Ziel zu gelangen. Er achtet darauf, keinerlei Duftmarken zu hinterlassen, die seine Anwesenheit verraten würden.

Moritz ist ein einjähriger, kastrierter Kater. Er ist ein typisches Mischlingskätzchen, und seine Lebensweise ähnelt der der meisten Hauskatzen, die ungehindert im Freien umherstreifen dürfen.

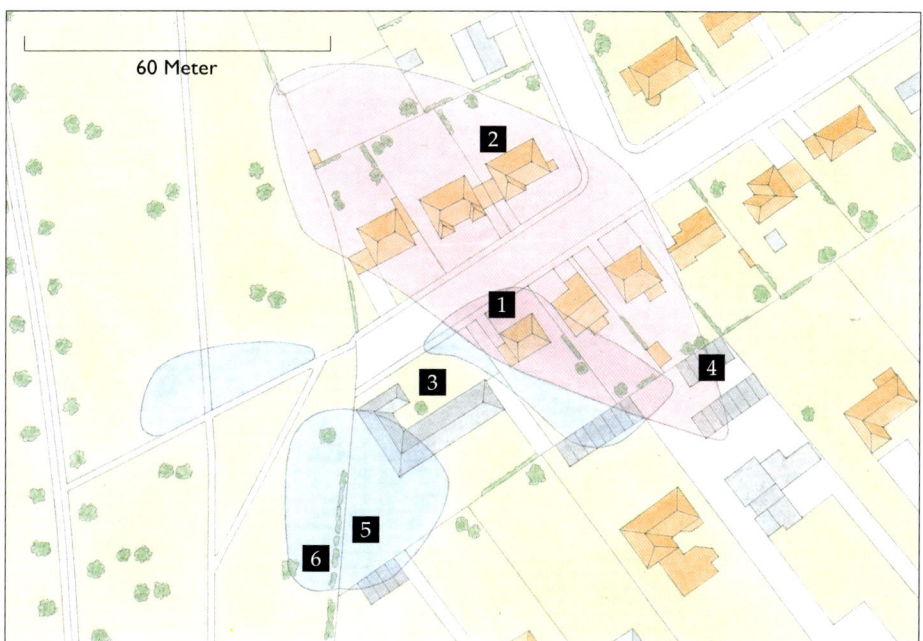

Moritz' Revier

☐ Revier von Kater Moritz

☐ Revier der weiblichen Katze

1 Zuhause von Kater Moritz

2 Zuhause der weiblichen Katze

3 Zuhause des älteren Katers

4 Sonnenbadende Katze auf dem Garagendach

5 Mauer

6 Ausgetrockneter Graben

Diese Karte zeigt das Revier von Kater Moritz und die Überschneidungen mit dem Revier der weiblichen Katze, die auf der anderen Straßenseite zu Hause ist. Die faszinierenden Aktivitäten von Katzen bei ihren Ausflügen bleiben für die meisten Besitzer ein Geheimnis.

Auf der Jagd

Moritzs Ziel ist ein Park, der nicht allzuweit von seinem Zuhause entfernt ist. Er bezieht seinen Posten auf einer niedrigen Mauer; von hier aus hat er den besten Überblick über einen ausgetrockneten Bachlauf und ein Gebiet mit vielen Sträuchern, wo sich oft Vögel und Mäuse aufhalten. Eine Katze, der nur begrenzte Jagdgebiete zur Verfügung stehen, jagt normalerweise auf diese Art. Sie verharrt stundenlang in einer Position und wartet auf Beute.

Moritz wird von seinen Besitzer gut ernährt und hat es eigentlich nicht nötig, sein eigenes Fressen zu fangen, aber er liebt die geistigen und körperlichen Anreize der Jagd. Leider ist er ein unerfahrener Jäger und kehrt ohne Beute nach Hause zurück.

Die Beute

Hätte Moritz etwas gefangen, so hätte er die Beute wahrscheinlich mit nach Hause gebracht. Die Besitzer sind oft der Meinung, daß ihre Katze glaubt, ihrer hungrigen Menschenfamilie Futter bringen zu müssen. Dem ist jedoch nicht so. Die einfachste Erklärung ist jedoch, daß Katzen ihre Beute lieber in Ruhe und Sicherheit verzehren. Die meisten Katzen ziehen das Fertigfutter einer erlegten Maus sowieso vor, und das Interesse an der Beute erlahmt, sobald sie sie nach Hause gebracht haben.

Sechs Jahre später

Für einen Kater ist Moritz jetzt in den besten Jahren; er hat entsprechend mehr Bewegungsfreiheit als damals, als er erst ein Jahr alt war. Der Kater von nebenan ist zwei Jahre zuvor gestorben, und Moritz hat sein Revier Schritt für Schritt übernommen. Zunächst hat Moritz viel Zeit darauf verwendet, sich am Lieblingsplatz des früheren Rivalen in der Nähe der Haustür zu sonnen, als wolle er seinen Gebietsanspruch kundtun. Es gehört für ihn zur täglichen Routine, Duftmarken in sein Jagdgebiet zu setzen, doch sein Urin hinterläßt schwächere Marken als der Urin nicht kastrierter Kater.

Ein kleiner Kater, der 14 Wochen alt ist und in das Haus gegenüber eingezogen ist, geht Moritz stets respektvoll aus dem Weg.

Neue Mitbewohner

Moritz teilt sein Zuhause jetzt mit zwei Weibchen: einer fünfjährigen Katze und deren zweijähriger Tochter. Die beiden verbringen viel Zeit zusammen, was völlig normal ist, da die Katzengesellschaft auf den Bindungen zwischen nah verwandten, weiblichen Katzen aufzubauen scheint.

Moritz hält sich fern, obwohl er ihr Großonkel bzw. Urgroßonkel ist. Katzen wissen nicht instinktiv, mit wem sie verwandt sind, sie lernen es nur in den ersten acht Lebenswochen.

Die meisten jungen Hauskatzen sind athletisch und agil. Sie bringen die besten Voraussetzungen für plötzliche Attacken auf ihre Beute mit.

Die jagende Katze

Der nachteilige Effekt einer jagenden Katze auf die Natur wird gegenwärtig in der Öffentlichkeit viel diskutiert. Fachleute vertreten häufig die Meinung, daß Katzen aller Art den wildlebenden Tieren durch ihre Jagdaktivitäten Schaden zufügen, folglich wird dieses Thema gegenwärtig eingehend untersucht.

Bis heute wissen wir sehr viel über die Beutetiere der Katze, die sie auch tatsächlich verzehrt. Wir wissen sehr viel weniger über die Beutetiere, die zwar von der Katze gefangen, aber nicht gefressen werden.

Auswirkungen auf die Natur

Bislang können folgende Tatsachen als erwiesen angesehen werden:
• Säugetiere fallen der Katze häufiger zum Opfer als Vögel. Das bestätigt die Auffassung, daß die Katze ein auf kleine Säugetiere spezialisierter Jäger ist.
• In Nordamerika und Europa sind Wühl- und Feldmäuse die beliebtesten Opfer der Katze; aber auch auf junge Kaninchen und Hasen wird gerne Jagd gemacht.
• Hausmäuse und Ratten werden weniger oft gefressen, vielleicht sind sie nicht so bekömmlich wie Wühl- oder Feldmäuse. Hauskatzen bringen jedoch häufig Mäuse und Ratten mit nach Hause, ohne sie aufzufressen.
• Spitzmäuse scheinen den Katzen überhaupt nicht zu bekommen.

• In Nordamerika gehören auch Streifenhörnchen zum Nahrungsspektrum der Katzen, und in Australien verzehren sie kleine Beuteltiere.
• Vögel, insbesondere Seevögel, sind wichtige Beutetiere für Katzen, die auf Inseln leben.
• Auch Insekten, Spinnen oder Krustentiere werden von Katzen gefressen.

Verminderung des Jagdinstinkts

Durch entsprechende Spiele in der Wohnung kann der Jagdtrieb Ihres Kätzchens im Freien durchaus verringert werden (siehe Seite 85). Außerdem fördern solche ‚Trockenübungen‘ die Schnelligkeit und Reaktionsfähigkeit des Katzenkindes!

Die jagende Katze

Die tatsächlichen Auswirkungen, die eine jagende Katze auf wildlebende Tiere hat, sind nur schwer zu bestimmen, da über die Freßgewohnheiten anderer Beutejäger und andere Todesursachen der Beutetiere der Katze nur wenig bekannt ist.

Die Jagd auf Singvögel wird häufig beobachtet, da sie am Tag stattfindet, während die Jagd auf Säugetiere nachts erfolgt. Außerdem ist es auch so, daß Singvögel einfach mehr Tierschützer auf den Plan rufen als kleine Säugetiere. Nach Auffassung einiger Experten haben Katzen wahrscheinlich keine größeren Auswirkungen auf die Populationen kleiner Vögel, als es bei anderen Räubern der Fall wäre, wenn deren Anzahl nicht künstlich gesteuert würde.

Katzenkämpfe

Katzen sind Reviertiere. Sie markieren die Grenzen ih-res Reviers mit einer Mischung aus Urin, Kot, Körper-düften und Kratzspuren und versuchen, ihr Revier auf verschiedene Art und Weise gegen Eindringlinge zu verteidigen.

Es läßt sich natürlich nicht vermeiden, daß sich die Reviere einiger Katzen überschneiden. In diesem Fall kommt es unter Umständen zu Kämpfen, obwohl die meisten Katzen solchen Auseinandersetzungen lieber aus dem Weg gehen, da auch der Sieger immer Blessu-ren davonträgt.

Hierarchie

Glücklicherweise scheinen Katzen oft in der Lage zu sein, für die gemeinsam beanspruchten Gebiete eine Art Zeitplan aufzustellen. Dabei sichern sich die domi-nantesten Katzen natürlich die Jagdrechte an den be-sten Orten und zu den besten Zeiten.

Andere Katzen mit einem niedrigeren sozialen Sta-tus müssen sich danach richten und übernehmen die Herrschaft über das betreffende Gebiet erst dann, wenn die andere Katze ihren Jagdtrieb befriedigt hat. Natür-

Katzen sind Reviertiere, und einige verteidigen ihr Land sehr aggressiv. Die meisten Katzen ziehen es jedoch vor, solche terri-torialen Auseinandersetzungen friedlich zu regeln.

lich finden auch Kämpfe statt, in die eine Katze im Lauf ihres Lebens mehr oder weniger oft verwickelt ist. Viele Kämpfe gehen ohne größere Blessuren ab, man-che jedoch können die folgenden ernstzunehmenden Konsequenzen nach sich ziehen.

Verletzungen: Bißwunden entzünden sich fast immer und führen oft zu schmerzhaften Abszessen, die un-bedingt tierärztlich behandelt werden müssen.

Übertragung ansteckender Krankheiten: Durch den engen Kontakt zwischen Katzen werden oft auch Krankheiten übertragen (siehe Seiten 118–120). Die Katze kann durch Impfungen vor den meisten In-fektionskrankheiten geschützt werden, jedoch nicht vor der durch einen Virus ausgelösten Immun-schwäche (FIV). Dieser Virus ähnelt dem Virus, der beim Menschen AIDS verursacht, und wird beim Biß über den Speichel von einem infizierten Tier auf die gesunde Katze übertragen.

Wichtiger Hinweis

Wenn Sie in einer katzenreichen Gegend leben, in der Katzenkämpfe und Infektionskrankheiten (Katzenleu-kose, Feline Immunschwäche) häufig sind, sollten Sie das Kätzchen unter Umständen nach Anbruch der Dämme-rung bis zum nächsten Morgen nicht ins Freie lassen. Fragen Sie Ihren Tierarzt nach weiteren Informationen.

Das Kätzchen allein zu Haus

Manchmal müssen Sie das Kätzchen sicherlich alleine lassen. Dabei kann es sich um einige Stunden drehen, vielleicht müssen Sie sich aber auch einmal kurzfristig für einen längeren Zeitraum von Ihrem Katzenkind trennen.

Ganz gleich, ob Sie für einen oder zwei Tage oder mehrere Wochen unterwegs sein werden – Sie müssen sich um eine angemessene Versorgung des Kätzchens während Ihrer Abwesenheit kümmern. Sie können Freunde oder Verwandte bitten, das Kätzchen zu versorgen, oder Sie können ihm einen Platz in einer guten Katzenpension besorgen.

Kürzere Abwesenheit

Wenn Sie sich nicht sicher sind, ob Sie Ihrem Kätzchen guten Gewissens das ganze Haus überlassen können, sollten Sie es zunächst in seinem Spielzimmer einschließen, wenn Sie aus dem Haus gehen. Wenn es älter ist, können Sie auch die Katzentür offen lassen. Stellen Sie mindestens eine Katzentoilette auf, wenn das Kätzchen nicht ins Freie kann.

Wenn Sie Ihrem Kätzchen Feuchtfutter geben (siehe Seite 60), müssen Sie spätestens zur nächsten Mahlzeit zurück sein; wenn es Trockenfutter zur Selbstbedienung bekommt, können Sie auch länger wegbleiben.

Mit zunehmendem Alter können Sie das Kätzchen auch über einen längeren Zeitraum sich selbst überlassen und ihm Zutritt zu anderen Räumen im Haus gewähren.

Längere Abwesenheit

Wenn Sie das Kätzchen über Nacht oder sogar für mehrere Wochen alleine lassen müssen, muß sich während Ihrer Abwesenheit jemand um das Tier kümmern. Es bietet sich an, das Kätzchen in einer guten Katzenpension unterzubringen.

Auswahl einer Katzenpension

Auch wenn Sie fest entschlossen sind, Ihr Kätzchen niemals in ein Katzenheim zu geben, so wissen Sie doch nie, wie das Leben spielt. Unter Umständen müssen Sie aufgrund beruflicher Verpflichtungen oder Krankheit kurzfristig einen geeigneten Pflegeplatz für das Kätzchen finden. Wählen Sie also rechtzeitig eine Katzenpension aus, und melden Sie das Katzenkind so früh wie möglich an – die besten Häuser sind oft ausgebucht. Natürlich müssen die Impfungen des Kätzchens auf dem neuesten Stand sein (siehe Seiten 118–121).

Das Kätzchen wird Ihnen die Zeit und Mühe danken, die Sie für die Auswahl des richtigen Pflegeplatzes aufwenden, und Sie können sicher sein, daß sich das Kätzchen in guten Händen befindet.

Erste Schritte

• Suchen Sie im Telefonbuch oder in regionalen Zeitungen nach entsprechenden Anzeigen. Setzen Sie sich mit entsprechenden Organisationen in Verbindung, die Ihnen gute Katzenpensionen empfehlen können. Stellen Sie eine Liste mit allen Pensionen auf, die sich in der Nähe Ihres Wohnorts befinden. Manchmal zahlt sich aber auch eine längere Anfahrt aus.
• Wählen Sie nun aus dieser Liste einige Einrichtungen aus, wenn möglich, aufgrund persönlicher Empfehlungen Ihrer Tierklinik oder anderer Katzenhalter.

Die nächsten Schritte

• Im Idealfall statten Sie allen Katzenpensionen auf Ihrer Liste einen Besuch ab. Falls die Besitzer solche Besuche nicht zulassen, streichen Sie die Einrichtung sofort von Ihrer Liste.
• Die Betreiber einer guten Katzenpension stellen Ihnen Fragen über Ihr Kätzchen, seine Vorlieben und Abneigungen, seine Ernährung, ob es sein erster Aufenthalt in einer Katzenpension ist und vieles andere mehr.
• Fragen Sie in jeder Katzenpension nach der Lizenz, die gut sichtbar ausgehängt sein sollte. Verschaffen Sie sich einen Eindruck von den Gehegen. Dabei ist eine komfortable Ausstattung weniger wichtig, da Sie die persönlichen Dinge Ihres Kätzchens sowieso mitbringen können sollten. Die Gehege sollten aber Klettermöglichkeiten und geschützte Bereiche bieten.

Trennungsangst vermeiden

Einige Katzen bekommen Angst, wenn ihre Besitzer sie verlassen. Wenn auch Ihr Katzenkind dazugehört, sollten Sie einige Tage vor Ihrer Abreise die Beziehung etwas abkühlen lassen. Geben Sie ihm weniger Streicheleinheiten als sonst.

Die meisten Katzen leben sich in Katzenpensionen sehr schnell ein. Wenn Sie das Katzenkind schon früh für einige Kurzbesuche in das Katzenheim Ihrer Wahl geben, können Sie feststellen, wie es damit zurechtkommt. Außerdem erfahren Sie aus erster Hand, wie die Mitarbeiter das Kätzchen versorgen.

• Prüfen Sie, ob zwischen den einzelnen Gehegen Abstände von 50 cm eingehalten werden. So wird verhindert, daß Infektionen über die Luft übertragen werden; außerdem fühlt sich das Kätzchen dann durch seine Nachbarn nicht bedroht. Fragen Sie, ob es Isolationsgehege für kranke Katzen gibt und was mit Ihrem Kätzchen im Falle einer Krankheit geschieht.
• Welche Maßnahmen ergreift die Katzenpension, falls sich Ihre Rückkehr verzögert?
• Wenn Sie in einem Katzenheim aufeinandergestapelte Käfige entdecken, gehen Sie sofort wieder.
• Das Gelände sollte umzäunt sein, die Brandschutzvorschriften müssen erfüllt sein. Es sollte sich rund um die Uhr eine Aufsichtsperson auf dem Gelände befinden.
• Wie ist Ihr erster Eindruck von der Katzenpension und den Mitarbeitern? Würden Sie Ihr Kätzchen guten Gewissens dort lassen, und würde es Ihrer Meinung nach gerne dort bleiben?

Das müssen Sie mitbringen

• Ausreichend Futter sowie einen übersichtlichen und vollständigen Ernährungsplan, an den sich die Mitarbeiter halten können.
• Impfausweis Ihres Kätzchens (siehe Seite 121); Anschrift und Telefonnummer Ihres Tierarztes.
• Eine Decke vom Schlafplatz Ihres Kätzchens und einige seiner Lieblingsspielsachen.
• Utensilien für die Fellpflege.
• Anweisungen für Notfälle, sowie die Ihre Adresse und die Telefonnummer, unter der Sie während dieser Zeit erreichbar sind.
• Genaue Anweisungen in bezug auf die medizinische oder allgemeine Versorgung Ihres Kätzchens.

Alternativen

Natürlich können Sie Freunde oder Bekannte bitten, sich während Ihrer Abwesenheit um das Katzenkind zu kümmern.

Geben Sie das Kätzchen nur in die Hände erfahrener Katzenhalter, die keine anderen Haustiere besitzen und in einer katzensicheren Wohnung leben. Bringen Sie

Achten Sie darauf, daß Sie nichts vergessen haben (siehe links), wenn Sie das Kätzchen in der Katzenpension abliefern. Machen Sie den Abschied kurz und schmerzlos.

das Kätzchen vorher zum ‚Probewohnen‘ dorthin, um zu sehen, wie es in der fremden Umgebung zurechtkommt. In keinem Fall sollte dem Kätzchen Auslauf gewährt werden, wenn es während Ihrer Abwesenheit woanders wohnt. Ich persönlich wäre äußerst skeptisch, wenn ich ein fremdes Kätzchen in mein Haus aufnehmen sollte, da sehr viel Verantwortung damit verbunden ist.

Katzensitter

Sie können auch einen professionellen Katzensitter engagieren, der während Ihrer Abwesenheit in Ihrem Haus wohnt und das Kätzchen versorgt. Wenn Sie mehrere Haustiere haben, ist dies wahrscheinlich die kostengünstigste Lösung. Stellen Sie sicher, daß sich diese Betreuungsperson gut mit Ihrem Kätzchen versteht und eine gute Ausbildung und Referenzen mitbringt.

Umzug – was nun?

Wahrscheinlich empfinden Sie – wie jeder normale Mensch – Umzüge als mühselige und anstrengende Angelegenheit. Ohne Ihre Hilfe wird auch Ihr Kätzchen kaum Spaß an einem Umzug finden. Schließen Sie das Kätzchen an einem sicheren Ort ein, damit es nicht durch offenstehende Türen verschwindet, während Sie den Möbelwagen beladen. Der Gemütszustand Ihres Katzenkindes hängt von seinem Temperament und Charakter ab, es merkt aber sehr wohl, daß Sie angespannt sind.

Wie wird das Kätzchen reagieren?

In all dem Trubel wird das Kätzchen entweder ganz still und zieht sich zurück, oder es gerät außer Rand und Band. In jedem Fall empfindet es die ungewohnten Aktivitäten, die sich mitten in seinem Revier abspielen, als beunruhigend. Es kann sich überhaupt nicht erklären, warum sein Revier von Fremden Stück für Stück auseinandergenommen und abtransportiert wird.

Außerhalb der Gefahrenzone

Ich kann Ihnen nur raten, das Katzenkind bereits bei Beginn der Umzugsvorbereitungen bei einem geeigneten Freund oder in einem guten Katzenheim (siehe Seiten 94–95) unterzubringen. Am besten holen Sie es erst wieder zu sich, wenn Sie sich in Ihrem neuen Zuhause einigermaßen eingerichtet haben. Katzen hassen Bauarbeiten, beenden Sie also alle Umbau- oder Renovierungsarbeiten, bevor Sie das Kätzchen wieder zu sich holen.

Auf diese Art ersparen Sie sich und dem Kätzchen eine Menge Aufregung. Außerdem können Sie das neue Haus und den Garten für das Kätzchen vorbereiten (siehe Seiten 50–51).

Eine neue Hausordnung

In einem neuen Zuhause müssen Sie erneut bestimmte Vorbereitungen treffen, vielleicht müssen Sie auch einige neue Regeln aufstellen. Wo wird das Katzenkind schlafen? In welchen Teilen des Hauses darf es sich frei bewegen? Wie steht es mit dem Auslauf im Freien? Können Sie sein Gehege wieder aufstellen, müssen Sie den neuen Garten katzengerecht absichern?

Sie müssen Ihrem Kätzchen helfen, sich in der neuen Umgebung einzuleben. Es muß sich in seinem neuen Zuhause auskennen, bevor es sich im Freien ein neues Revier erobern kann.

Ein neuer Tierarzt

Wenn Sie den Tierarzt wechseln müssen, sollten Sie sich rechtzeitig darum kümmern (siehe Seite 105), damit eine lückenlose tierärztliche Versorgung des Kätzchens gewährleistet ist.

Der erste Tag im neuen Heim

Gehen Sie genauso vor wie damals, als Sie das Katzenkind vom Züchter zu sich nach Hause geholt haben. Richten Sie ihm wieder ein Spielzimmer ein, das es zunächst in Ruhe erforschen kann. Sorgen Sie dafür, daß es in diesem Zimmer vertraute Gegenstände vorfindet, wie beispielsweise seine Schlafdecke, Futter- und Wassernapf und die Katzentoilette.

Wenn sich das Kätzchen mit seiner neuen Umgebung angefreundet hat, lassen Sie nacheinander die Zimmer erforschen, zu denen es auch später Zugang haben wird. Lassen Sie dem Kätzchen alle Zeit der Welt, um das Revier eingehend zu untersuchen. Sorgen Sie lediglich dafür, daß es nicht ins Freie kann. Diese Eingewöhnungsphase kann einige Tage dauern, bei sehr sensiblen Katzen allerdings auch mehrere Wochen.

Der erste Ausflug ins Freie

Planen Sie den ersten Ausflug Ihres Katzenkindes in der neuen Umgebung sehr sorgfältig. Geben Sie ihm die letzten zwölf Stunden vor dem geplanten Zeitpunkt kein Futter mehr, damit es hungrig ist. Die erste Exkursion sollte nach Möglichkeit vor Einbruch der Dunkelheit stattfinden, wenn die dominantesten Katzen aus der Nachbarschaft noch nicht unterwegs sind. Gehen Sie mit Ihrem Kätzchen in den Garten, aber lassen Sie es auf eigene Faust ein wenig umherstreifen; bleiben Sie einfach stehen, und beobachten Sie das

Mit der Katze auf Reisen

Grundsätzlich gebe ich den Ratschlag, das Katzenkind NICHT mit in den Urlaub zu nehmen. Sie können einfach nicht vorhersagen, wie das Kätzchen in einer unbekannten Umgebung reagiert. Außerdem könnte es verlorengehen oder ausbüchsen, und damit wäre Ihnen allen der Urlaub gründlich verdorben. Bessere Alternativen sind die Unterbringung in einem guten Katzenheim oder verantwortungsbewußte ‚Pflegeeltern‘, die das Kätzchen versorgen (siehe Seiten 94–95).

Kätzchen. Rufen Sie es nach etwa einer halben Stunde zum Fressen ins Haus. Es ist sehr wichtig, daß das Kätzchen die Rückkehr durch die neue Katzentür mit angenehmen Dingen in Verbindung bringt.

Wiederholen Sie diese kurzen Ausflüge mehrere Male, um den gewünschten Lerneffekt zu erzielen. Allmählich können Sie das Kätzchen dann auch länger ins Freie lassen. Sie sollten dem Kätzchen nächtliche Streifzüge aber erst dann erlauben, wenn es sich wirklich eingelebt hat und sich bestens in Ihrem Garten auskennt. Dann kann es Bekanntschaft mit den Nachbarkatzen schließen und sich mit diesen über den Zeitplan für das gemeinsame Revier einigen (siehe Seite 93).

Ein Umzug innerhalb des Reviers

Wenn Ihr neues Zuhause nicht sehr weit weg ist, liegt es unter Umständen noch innerhalb der Reviergrenzen Ihres Kätzchens (siehe Seiten 90–91). Möglicherweise sucht es dann Wege zu seinem alten Zuhause. Folgendermaßen können Sie vermeiden, daß Ihr Katzenkind zwei Wohnsitze anmeldet:

• Investieren Sie die Mühe, und machen Sie Ihrem Kätzchen klar, daß es nirgendwo anders soviel Liebe und Aufmerksamkeit erhält wie bei Ihnen. Es muß merken, daß es ihm bei Ihnen einfach am besten geht.

• Stellen Sie sicher, daß die neuen Bewohner Ihres alten Hauses das Katzenkind nicht mit offenen Armen empfangen, wenn es plötzlich vor der Tür steht. Die Katzentür sollte nach Möglichkeit verschlossen sein.

• Bitten Sie auch Ihre ehemaligen Nachbarn, das Kätzchen unverrichteter Dinge wegzuschicken, falls es bei ihnen auftaucht.

Bei einem Umzug empfiehlt es sich, das Katzenkind in einer Katzenpension (oder bei einem Freund) unterzubringen. Holen Sie es erst ab, wenn Sie sich im neuen Heim einigermaßen eingerichtet haben.

Verantwortungsbewußte Katzenhaltung

Die Gesetze und Vorschriften zur Katzenhaltung variieren von Land zu Land, aber in jedem Fall müssen Sie als neuer Katzenhalter nationale und unter Umständen auch regionale Gesetze einhalten.

Die Katze und das Gesetz

Diese Gesetze dienen dem Schutz aller Katzen, sorgen aber auch dafür, daß Katzen nicht zu einem öffentlichen Ärgernis werden oder der Umwelt Schaden zufügen. Die gesetzlichen Verpflichtungen gelten nicht nur für den Besitzer, sondern für die jeweils für die Katze verantwortliche Person. Verstöße gegen diese Gesetze werden unter anderem mit Geldstrafen geahndet.

Die Katzenhaltung wird durch das allgemeine Tierschutzgesetz abgedeckt. Darin sind beispielsweise die folgenden Bestimmungen enthalten:
• Es ist verboten, einer Katze Gewalt jeglicher Art anzutun. Der Katze darf weder physisch noch psychisch Schaden zugefügt werden. Die Katze muß so getragen oder transportiert werden, daß sie keine Schmerzen leidet, und sie muß ausreichend mit Futter und Wasser versorgt werden.

Dazu gehört auch, daß alle notwendigen Maßnahmen ergriffen werden müssen, um ein Leiden der Katze zu vermeiden; im Bedarfsfall muß ein Tierarzt konsultiert werden. Dabei spielt es keine Rolle, ob die Grausamkeit vorsätzlich oder fahrlässig ausgeübt wird: Unwissenheit schützt vor Strafe nicht!
• Es ist verboten, eine Katze – vorübergehend oder auf Dauer – auszusetzen oder sie ohne angemessene Versorgung und Aufmerksamkeit einzusperren.
• Der Halter einer Katze haftet für sämtliche Schäden, die anderen Menschen oder deren Eigentum von seiner Katze zugefügt werden.

Katze entlaufen! Gesucht wird ...

Sagen Sie nicht, daß Ihnen das nicht passieren kann. Ich kenne viele Katzenbesitzer, die diese schreckliche Erfahrung machen mußten, obwohl sie genauso gedacht haben. Viele von ihnen haben ihre Katze – früher oder später – wiedergefunden, aber leider nicht alle.

Wenn Sie glauben, daß sich das Kätzchen verirrt hat oder wenn es nicht zur gewohnten Zeit nach Hause zurückkehrt, müssen Sie schnell handeln und möglichst nicht unüberlegt vorgehen.

Katzen sind im allgemeinen erpicht darauf, unbekannte Orte zu erforschen. Vielleicht hat Ihr Kätzchen einfach nur einen geheimen Weg zu einem Ort im Haus

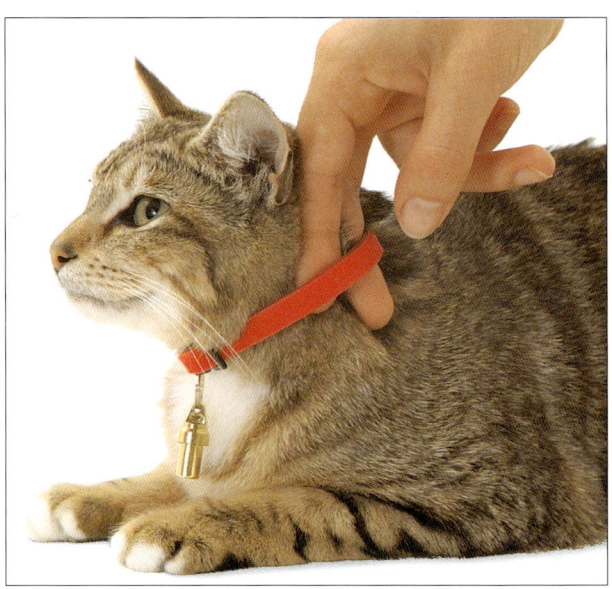

Achten Sie beim Anpassen des Halsbandes darauf, daß Sie noch mühelos zwei Finger unter das Halsband stecken können, ohne daran ziehen zu müssen.

entdeckt, zu dem es normalerweise keinen Zugang hat, oder es versteckt sich an einem Ort, an dem Sie niemals nach ihm suchen würden. Genauso gut kann es sein, daß Ihre Katze sich im Schuppen oder der Garage aufhält oder dem Nachbarhaus oder anderen nahegelegenen Gebäuden einen Besuch abstattet.

Erste Schritte

Wenn das Kätzchen verloren geht oder nicht zur gewohnten Zeit nach Hause kommt, ergreifen Sie zunächst die folgenden Maßnahmen:
• Suchen Sie im ganzen Haus nach dem Kätzchen. Lassen Sie keinen Winkel aus. Rufen Sie den Namen des Kätzchens, und achten Sie darauf, ob Sie es jammern hören, wenn es etwa irgendwo eingeklemmt ist. Klappern Sie mit der Futterschüssel, um seine Aufmerksamkeit zu erregen.
• Wenn das Kätzchen nicht auftaucht und Sie es im Haus nicht finden, gehen Sie nach draußen. Suchen Sie, rufen Sie das Kätzchen und achten Sie darauf, ob es Antwort gibt.
• Bleibt die Suche auch weiterhin erfolglos, fragen Sie in der Nachbarschaft herum, ob jemand das Kätzchen

gesehen hat. Bitten Sie die Nachbarn, auch im Haus oder im Schuppen nachzusehen. Bedenken Sie, daß das Revier Ihres Kätzchen ein Gebiet von einem halben Hektar oder noch mehr umfassen kann. Suchen Sie auch in öffentlichen Gebäuden und Geschäften nach Ihrem Kätzchen.

Weitere Schritte

Wenn Ihre Nachforschungen ergebnislos bleiben und das Kätzchen nach weiteren zwölf Stunden noch nicht zurückgekommen ist, sollten Sie folgendes tun:
• Benachrichtigen Sie alle Polizeistationen, Tierheime, Tierkliniken, Katzenpensionen und Tierhandlungen in der weiteren Umgebung des Ortes, an dem Sie das Kätzchen zuletzt gesehen haben. Nehmen Sie ein Foto und eine genaue Beschreibung Ihrer Katze mit (siehe unten).
• Wenn das Kätzchen registriert ist (siehe rechts), informieren Sie die entsprechende Einrichtung.
• Hängen Sie Plakate auf – in der Tierklinik oder in der Tierhandlung, aber auch an Tankstellen oder in Gaststätten.
• Suchen Sie mehrmals am Tag – besonders früh morgens und mit Einbruch der Dunkelheit – rund um Ihr Haus und in der näheren Umgebung nach Ihrem Kätzchen. Versuchen Sie auf verschiedene Art und Weise, seine Aufmerksamkeit zu erregen.
• Statten Sie den Tierheimen, die Sie bereits kontaktiert haben, regelmäßige Besuche ab.
• Geben Sie nicht auf! Es kann Monate dauern, bis Sie Ihr Kätzchen wieder in die Arme schließen können.

Adreß-anhänger | Elastisches Zwischenstück

Das Halsband sollte mit einem elastischen Zwischenstück versehen sein, damit es sich weiten kann, wenn die Katze irgendwo hängenbleibt. Andernfalls besteht Erstickungsgefahr.

Kennzeichnung und Registrierung

Sie haben verschiedene Möglichkeiten, Ihr Kätzchen zu kennzeichnen. Im Idealfall werden dann alle wichtigen Daten in eine nationale Computerdatenbank aufgenommen. Auch wenn Sie nicht gesetzlich dazu verpflichtet sind, kann ich Ihnen nur empfehlen, das Kätzchen über einen implantierten Mikrochip kennzeichnen zu lassen. Eine Identifikation am Halsband ist weniger gut geeignet, da sie leicht verloren geht. Sie haben auch die Möglichkeit, das Kätzchen tätowieren zu lassen. Erkundigen Sie sich bei Ihrem Tierarzt nach den verschiedenen Möglichkeiten zur Identifikation und Registrierung Ihres Kätzchens.

Implantieren eines Mikrochips: Ein Mikrochip ist ein sehr kleiner Gegenstand, der unter die Haut einer Katze injiziert wird, normalerweise am Hals. Solche Mikrochips senden nicht ständig elektronische Signale aus, sondern die darin enthaltenen Daten können mit einem Scanner gelesen werden. Das funktioniert jedoch nur aus nächster Nähe. Für die Katze ist es kaum unangenehmer als eine normale Impfung, wenn ihr ein Mikrochip implantiert wird. Der Vorteil dieser Methode besteht darin, daß die Kennzeichnung dauerhaft ist und nicht verloren gehen kann. Der Nachteil ist, daß man es einer Katze nicht ansieht, ob ein Mikrochip implantiert wurde, und natürlich gibt es keinerlei Garantie dafür, daß der Finder der Katze auf die Idee kommt, sie scannen zu lassen.

Ein kleiner Mikrochip wird mit eindeutigen Identitätsdaten programmiert, die von einem Scanner gelesen werden können. Der Mikrochip wird mit einer speziellen Nadel unter die Haut der Katze injiziert.

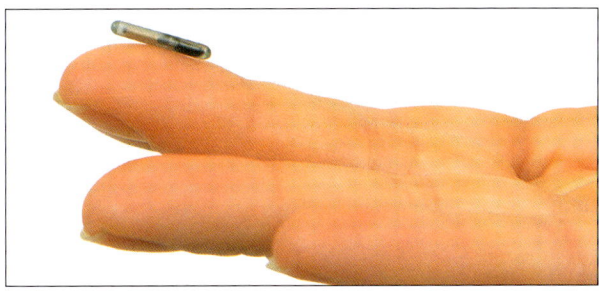

Beschreibung des Kätzchens

Gleichgültig, ob Sie das Kätzchen dauerhaft gekennzeichnet haben oder nicht – Sie sollten seine persönlichen Daten immer parat haben. Fotografieren Sie die Katze bei gutem Licht aus verschiedenen Blickwinkeln. Zeichnen Sie den Körper auf, und markieren Sie besondere Kennzeichen (Narben usw.), die auf der Fotografie nicht erkennbar sind. Notieren Sie auch die Augenfarbe.

Anhand dieser Details können Sie eine genaue Beschreibung Ihres Kätzchens geben, wenn es verlorengehen sollte. Sie können damit auch Suchplakate entwerfen.

Gesundheit und Hygiene

Es ist nicht damit getan, daß Sie das Kätzchen zum Tierarzt bringen, wenn es krank ist. Sie müssen sich auch zu Hause mit dem Thema Gesundheitsvorsorge auseinandersetzen und Routineuntersuchungen, Fellpflege und Parasitenbekämpfung selbst durchführen. Außerdem muß das Kätzchen regelmäßigen Vorsorgeuntersuchungen und Impfungen beim Tierarzt unterzogen werden.

Im Dienste der Gesundheit

Es ist sehr beruhigend zu wissen, daß fast überall rund um die Uhr tierärztliche Notdienste zur Verfügung stehen.

Die Mitarbeiter der Tierklinik

Um Ihnen einen Eindruch zu vermitteln, was in einer Tierklinik oder einer Tierarztpraxis alles geschieht, beschreiben wir im folgenden eine kleine Tierklinik. Die Mitarbeiter der Tierklinik behandeln das Kätzchen nicht nur, wenn es krank ist, sondern geben Ihnen auch Ratschläge und Tips, damit es gesund bleibt. Zu den vorbeugenden Maßnahmen gehören Impfungen, Parasitenbekämpfung, Zahnpflege und Ernährungsberatung.

Am organisatorischen Ablauf und der alltäglichen Arbeit einer ganz normalen Tierklinik sind eine Reihe wichtiger Personen beteiligt. Sicherlich werden Sie nicht alle Mitarbeiter kennenlernen, aber jeder einzelne ist für die Gesundheit des Kätzchens von Bedeutung.

Empfangsdame

Die Empfangsdame vergibt Termine, bearbeitet Anfragen, schreibt Rechnungen und sorgt dafür, daß Zweibeiner und Vierbeiner gut versorgt werden. Im Idealfall ist die Empfangsdame auch in der Lage, allgemeine Ratschläge zur Gesundheitsvorsorge bei Haustieren zu erteilen.

Tierärzte

Obwohl sich viele Tierärzte im Laufe der Zeit auf eine oder zwei Tierarten spezialisieren, kann jeder Tierarzt grundsätzlich alle Tiere, ob groß oder klein, behandeln. Der Tierarzt, dem Sie Ihr Kätzchen anvertrauen, ist wesentlich mehr als sein ‚Hausarzt': er ist Chirurg, Zahnarzt, Anästhesist und sogar Psychiater zugleich.

Tierarzthelferinnen und Tierarzthelfer

Tierarzthelferinnen verfügen über eine spezielle Ausbildung und sind oft die gute Seele der Praxis oder Tierklinik. Zu ihrem Aufgabengebiet gehört es, den OP vorzubereiten, dem Tierarzt zu assistieren, Patienten zu betreuen, Labortests durchzuführen u.v.m. Auch kleinere chirurgische Eingriffe können sie vornehmen.

Gute Tierkliniken beschäftigen qualifizierte Mitarbeiter, die ihren Patienten die bestmögliche Versorgung zukommen lassen.

Tierärztin (Eigentümerin der Klinik)   Tierarzthelferin   Tierarzthelferin   Geschäftsführerin

Tierarztkosten

Bei Tierärzten und Tierkliniken müssen Sie für den Großteil der in Anspruch genommenen Leistungen bezahlen. Eine spezielle Krankenversicherung für Haustiere ist eine gute Möglichkeit für Katzenhalter, die unerwartete Tierarztkosten vermeiden möchten (siehe Seite 105). Vor allem große Operationen können sehr teuer werden – da lohnt sich eine solche Versicherung.

Praktikanten

Einige Tierkliniken oder Tierarztpraxen beschäftigen Praktikanten, die zwar keine Ausbildung haben, sich aber dennoch liebevoll um die Tiere kümmern und den Tierarzthelferinnen die Arbeit erleichtern. Oft handelt es sich um Schulabgänger oder junge Menschen, die vor ihrer Ausbildung zum/zur Tierarzthelfer(in) praktische Erfahrung sammeln möchten.

Weitere Mitarbeiter

Größere Tierkliniken nehmen oft die Hilfe weiterer Mitarbeiter in Anspruch. Dazu gehört ein(e) Geschäftsführer(in) für die Gesamtleitung der Tierklinik und die Regelung der finanziellen Belange. Falls das Kätzchen einmal in der Tierklinik bleiben muß, wird es all diese Menschen kennenlernen.

Empfangsdame   Praktikant   Auszubildende zur Tierarzthelferin   Tierarzt (Teilhaber)

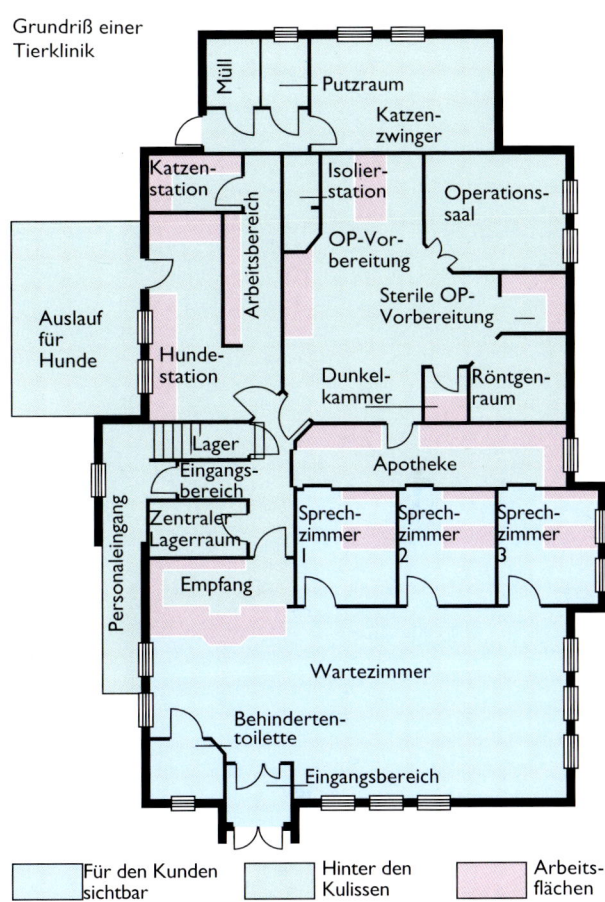

Grundriß einer Tierklinik

Die meisten Einrichtungen einer Tierklinik lernt der Besucher gar nicht kennen, wenn er sie sich nicht extra zeigen läßt.

Verschiedene Tierkliniken

Es gibt viele verschiedene Tierkliniken und Tierarztpraxen. Einige verfügen über die notwendige Ausstattung und entsprechend ausgebildete Mitarbeiter, um Tiere aller Art zu behandeln; andere behandeln nur Kleintiere.

Die größten Praxen mit der besten Ausstattung sind für alle Fälle gerüstet. In kleineren Kliniken dagegen ist oft nur eine ambulante Behandlung möglich. Chirurgische Eingriffe werden nicht durchgeführt.

Immer mehr Tierkliniken veranstalten einen Tag der offenen Tür, damit die vorhandenen und zukünftigen Kunden einen Blick hinter die Kulissen werfen können. Damit auch Sie eine Vorstellung von einer Tierklinik erhalten, sehen Sie oben den Grundriß einer größeren Tierklinik, in der Kleintiere behandelt werden können.

Tierärztliche Dienste

Die von einer Tierklinik angebotenen Dienste hängen vom Interesse und Fachwissen der Mitarbeiter, vor allem natürlich der Tierärzte, ab. Einige Tierkliniken bieten umfassende Behandlungen für Hunde und Katzen, andere haben sich auf ganz bestimmte Behandlungsmethoden spezialisiert. Wenn Sie die geeignete Praxis oder Klinik für Ihr Kätzchen auswählen (siehe Seiten 104–105), sollte es sich im Idealfall um eine Institution handeln, in der die im folgenden beschriebenen Dienste angeboten werden.

Notdienst

Nur wenige Tierärzte sind tatsächlich rund um die Uhr auf unangemeldete Besuche vorbereitet. Die meisten richten gemeinsam mit anderen Tierärzten und Kliniken in der Umgebung einen Notdienst für die Nächte und Wochenenden ein. In der Tagespresse wird darüber informiert, welche Klinik Notdienst hat.

Wenn Sie außerhalb der Sprechzeiten tierärztliche Hilfe benötigen, rufen Sie bei der betreffenden Tierklinik an. Beschreiben Sie die Symptome so genau wie möglich, und hören Sie gut zu, welche Anweisungen Ihnen gegeben werden.

Unter Umständen muß der Tierarzt das Kätzchen persönlich untersuchen. Normalerweise wird er Sie bitten, mit Ihrem Kätzchen in die Tierklinik zu kommen, da ihm dort mehr Geräte und Hilfsmittel für die Untersuchung zur Verfügung stehen, als er je im Kofferraum seines Wagens transportieren könnte. In besonderen Fällen werden aber auch Hausbesuche abgestattet.

Größere Praxen verfügen über hochmoderne Geräte, um eine Vielzahl von Krankheiten zu diagnostizieren und zu behandeln. Diese Katze wurde für eine Röntgenaufnahme betäubt.

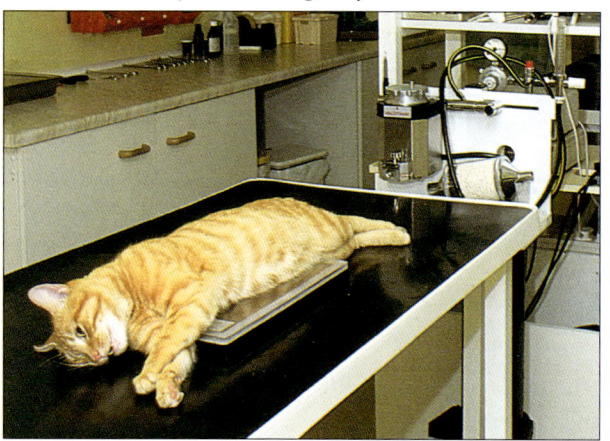

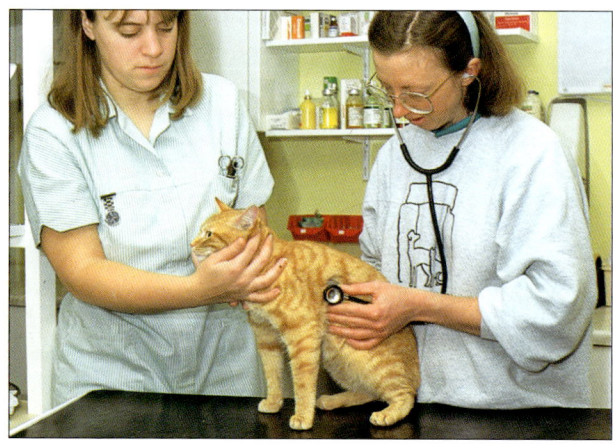

Eine vom Tierarzt durchgeführte normale Untersuchung sollte mindestens 15 Minuten dauern. Unter Umständen werden die Routinechecks von einer Tierarzthelferin übernommen.

Persönliche Gespräche

Während der Sprechzeiten sollten Sie die Möglichkeit haben, Ihren Tierarzt zu konsultieren, um das Kätzchen untersuchen zu lassen oder allgemeine Gesundheitsfragen zu besprechen. In einigen Tierkliniken können Sie sich auch an eine Tierarzthelferin wenden, wenn es um Routineuntersuchungen geht oder Sie Ratschläge zu bestimmten Themen, z.B. der Ernährung, einholen möchten.

Diese Gespräche sind von unterschiedlicher Dauer, sollten aber mindestens eine Viertelstunde dauern, denn es ist fast unmöglich, eine Katze zu untersuchen, dem Besitzer Fragen zu stellen, eine Diagnose abzugeben und einen Behandlungsplan aufzustellen – und das alles in weniger als 15 Minuten. Normalerweise zahlen Sie pro Termin ein festgelegtes Honorar, zuzüglich einer Extrasumme für Tests oder Medikamente. Manche Tierärzte vergeben keine Termine; wer zuerst kommt, wird auch zuerst behandelt.

Diagnose

Wenn sich das Kätzchen unwohl fühlt, möchte der Tierarzt natürlich die Ursache herausfinden. Einfache diagnostische Untersuchungen werden beispielsweise mit einem Stethoskop, einem Thermometer oder einem Augenspiegel (Ophthalmoskop) durchgeführt. In einigen Fällen sind auch kompliziertere Methoden notwendig, wie beispielsweise Bluttests, Röntgenaufnahmen, Aufzeichnung eines EKG (zur Messung der elektrischen Aktivität im Herz), Endoskopie (Untersuchung der Körperhöhlen) oder Ultraschalluntersuchungen. Für einige diagnostische Tests muß der vierbeinige Patient betäubt werden. Wahrscheinlich wird das Kätzchen in einem solchen Fall zur stationären Behandlung in die Tierklinik aufgenommen.

Medikamente

Wird die Krankheit Ihres Kätzchens mit Medikamenten behandelt, so werden die ersten Medikamente bereits in der Tierklinik verabreicht. Sie müssen die Behandlung aber zu Hause fortsetzen. Tierkliniken stellen meist keine Rezepte aus, sondern haben eine eigene kleine Apotheke, die von einer Tierarzthelferin verwaltet wird; sie wird Ihnen auch die notwendigen Anwendungshinweise zu den verschriebenen Medikamenten geben.

Überweisungen

Nur wenige Tierarztpraxen verfügen über die notwendige Ausstattung und entsprechend geschulte Mitarbeiter, um alle Krankheiten zu behandeln, an denen das Kätzchen vielleicht im Laufe seines Lebens leidet. Daher wird Sie Ihr Tierarzt in einigen Fällen an einen spezialisierten Kollegen überweisen (siehe Seite 105). Der Tierarzt sollte Sie bei Bedarf – etwa im Fall psychischer Probleme – auch an andere Spezialisten wie z.B. Tierpsychologen überweisen.

Chirurgische Eingriffe

Zu den chirurgischen Eingriffen gehören bestimmte Zahnbehandlungen, Kastration und Sterilisation, Entfernen einer verletzten Kralle, Nähen einer Wunde, Richten von Knochenbrüchen und Entfernen von Tumoren.

Alle Tierkliniken und Tierarztpraxen sollten über die notwendige Ausstattung für chirurgische Eingriffe verfügen. Dazu gehören ein Operationssaal mit den entsprechenden Instrumenten sowie ein Ruhebereich, in dem die Tiere aus der Narkose erwachen. Einige Tierkliniken verfügen auch über modernste Geräte, wie beispielsweise Laser.

Es hängt von der Ausstattung und dem Kenntnisstand der Mitarbeiter ab, in welchem Umfang Operationen durchgeführt werden. Die Kosten umfassen die Betäubungsmittel, die Zeit im Operationssaal und zusätzliche Gegenstände, z.B. Tupfer, Spritzen oder Kanülen.

Nach einer Operation müssen Sie auf eine ziemlich hohe Rechnung gefaßt sein. Aber schließlich sind die Ansprüche an die Ausstattung der Praxis und an die Fähigkeiten des Arztes sehr ähnlich – egal, ob die Operation nun an einem Menschen oder an einer Katze durchgeführt wird.

Ist die Katze gesund, freut sich der Mensch

Ihr Tierarzt sollte eine Reihe von Produkten und Dienstleistungen anbieten, die Ihnen dabei helfen, daß Ihre Katze gesund bleibt. Alle Tierarztpraxen sind etwa in der Lage, Impfungen bei Katzenkindern vorzunehmen (siehe Seiten 118–121).

Ihr Tierarzt sollte auch eine Auswahl von Produkten zur Zahnpflege und zur Parasitenbekämpfung vorrätig haben. Mittlerweile kann man in vielen Tierkliniken auch schon spezielles Futter erhalten.

Noch wichtiger aber als die angebotene Produktpalette sind die Ratschläge, die Sie benötigen, um die geeigneten Produkte auszuwählen und richtig zu verwenden. Einige Tierarzthelferinnen sind speziell geschult, um die Tierhalter in allen Fragen rund um die Gesundheit zu beraten. In vielen größeren Einrichtungen können derartige Fragen in Einzelgesprächen mit der Tierarzthelferin oder auch in der Gruppe besprochen werden.

In den meisten Praxen können die Tierarzthelferinnen wertvolle Ratschläge zu allen Aspekten der Heimtierpflege geben und Routineuntersuchungen, wie beispielsweise Gewichts- und Entwicklungskontrollen, selbst durchführen. Elektronische Waagen (siehe links) gehören zur Grundausstattung.

Die Wahl des Tierarztes oder der Tierklinik

Untersuchungen haben ergeben, daß die meisten Menschen einfach den nächstgelegenen Tierarzt aufsuchen. Sie haben aber sicherlich schon beim Lesen festgestellt, daß es durchaus Unterschiede gibt. Vielleicht ist der nächstgelegene Tierarzt tatsächlich auch in Ihrem Fall der beste, Sie sollten aber auch die Alternativen – falls vorhanden – mit Hilfe der folgenden Checkliste einer sorgfältigen Prüfung unterziehen.

Versuchen Sie, sich bereits für eine Praxis zu entscheiden, bevor Sie das Kätzchen zu sich holen. So können Sie dort gleich von allen Ratschlägen und Informationen profitieren und zu einem guten Katzenhalter werden.

Checkliste

1 Suchen Sie in den Gelben Seiten nach Tierkliniken oder Tierärzten, die höchstens 20 bis 30 Minuten von Ihrem Wohnort entfernt sind. Länger sollte die Anfahrtszeit – besonders im Notfall – nicht sein. Fragen Sie Freunde, die auch Katzen besitzen, nach ihrer Meinung über die Tierkliniken und Tierärzte auf dieser ersten Liste.

Viele Tierärzte spezialisieren sich auf bestimmte Gebiete der Tiermedizin, beispielsweise Orthopädie oder Radiologie (siehe unten). Ein guter Tierarzt überweist das Kätzchen bei Bedarf an einen entsprechenden Experten.

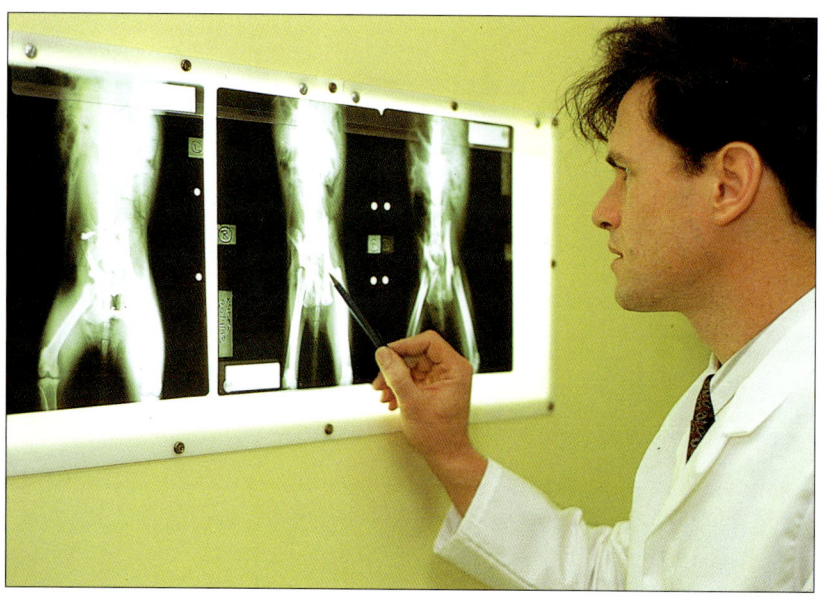

2 Stellen Sie eine Liste der Arztpraxen und Kliniken auf, die über die entsprechende Ausstattung und das Fachwissen zur Behandlung von Katzen verfügen.

3 Statten Sie diesen Praxen und Kliniken einen unangemeldeten Besuch ab, und achten Sie dabei auf die folgenden Punkte:
- Ist die Praxis gut zu erreichen?
- Zugang zum Gelände.
- Parkmöglichkeiten.
- Zustand der Gebäude.
- Sauberkeit im Wartezimmer und am Empfang.
- Erscheinungsbild und Verhalten der Mitarbeiter.
- Behandlung der anderen Patienten und ihrer Besitzer.

Fragen Sie nach dem Leistungskatalog (siehe Seiten 102–103), den Öffnungszeiten und den Honoraren (viele Tierkliniken und -praxen verfügen mittlerweile über Aufstellungen mit den Gebühren). Bitten Sie um einen Besichtigungstermin.

4 Stellen Sie anhand der erworbenen Informationen und der Ansichten Ihrer Bekannten eine neue Liste auf. Streichen Sie alle Kliniken, die nicht bereit sind, Ihnen eine Führung durch die Klinik anzubieten. Gute Tierkliniken stellen bereitwillig Mitarbeiter für solche Führungen zur Verfügung, die aus einleuchtenden Gründen allerdings meist außerhalb der Arbeitszeit stattfinden.

5 Besuchen Sie alle verbleibenden Tierkliniken erneut, nach Möglichkeit in Begleitung, denn vier Augen sehen mehr als zwei. Versuchen Sie, einige Mitarbeiter kennenzulernen, und achten Sie besonders auf folgende Punkte:
- Sauberkeit und Zustand der Gebäude.
- Freundlichkeit und Professionalität der Mitarbeiter, die Sie während der Führung kennenlernen.

6 Denken Sie zu Hause in Ruhe darüber nach, was Sie in jeder Tierklinik bzw. Tierarztpraxis gesehen und gehört haben, und treffen Sie dann Ihre Entscheidung.

Eine zweite Meinung

Wenn das Kätzchen krank ist und sich sein Zustand trotz Behandlung nicht bessert, möchte Ihr Tierarzt unter Umständen einen Kollegen hinzuziehen und Sie in eine andere Praxis überweisen.

Natürlich können Sie auch jederzeit auf eigene Faust eine zweite Meinung von einem anderen Tierarzt einholen. Einige Fachärzte übernehmen jedoch nur Fälle, die andere Tierärzte an sie überwiesen haben.

Wechsel des Tierarztes

Wenn Sie – etwa nach einem Umzug – den Tierarzt wechseln müssen, gehen Sie genauso vor wie bei der Auswahl des ersten Tierarztes. Die Sprechstundenhilfe wird Sie nach dem Namen und der Anschrift Ihrer bisherigen Tierklinik fragen, um dort die Behandlungsdaten Ihres Kätzchens anzufordern.

Vielleicht möchten Sie aber auch die Tierklinik oder den Tierarzt wechseln, weil Sie mit der Leistung unzufrieden sind. Treffen Sie keine voreilige Entscheidung, sondern besprechen Sie das Problem mit einem geeigneten Mitarbeiter. Vielleicht ist das Problem nur aufgrund eines Mißverständnisses entstanden, und das ist nun wirklich kein Grund, einer guten Praxis den Rücken zu kehren.

Krankenversicherung

Sie können die Tierarztkosten, die Ihr Kätzchen im Laufe seines Lebens verursacht, unmöglich im voraus berechnen. Die jährlichen Kosten für bestimmte Vorsorgemaßnahmen wie Parasitenbekämpfung (siehe Seiten 114–117) oder Impfungen (siehe Seiten 118–121) lassen sich natürlich aufstellen, Sie können aber nicht vorhersagen, wie oft das Kätzchen krank oder verletzt sein wird. Außerdem können Sie die Art und Dauer der tierärztlichen Behandlung nicht vorsehen.

Im allgemeinen halten sich die Kosten für Tierarztbesuche noch einigermaßen im Rahmen, aber eine unvorhergesehene Tierarztrechnung kann schon einmal ein großes Loch in Ihre Haushaltskasse reißen. Glücklicherweise haben Sie mittlerweile die Möglichkeit, eine Krankenversicherung für das Katzenkind abzuschließen.

Die meisten Policen sind so gestaltet, daß die Versicherung die anfallenden Tierarztkosten bis zu einem bestimmten Höchstbetrag übernimmt. Sie tragen dann nur noch einen Teil der Kosten, normalerweise 15%. Es gibt aber auch andere Gestaltungsmöglichkeiten. Lesen Sie in jedem Fall immer das Kleingedruckte, und beraten Sie sich mit einem Versicherungsfachmann, falls Ihnen etwas unklar ist.

Ich kann Ihnen eine solche Krankenversicherung für Ihr Kätzchen nur ans Herz legen. Es gibt nichts Schlimmeres als einen Katzenhalter, der nicht nur wegen der Krankheit seines Lieblings, sondern auch aus Geldsorgen keine ruhige Minute mehr hat.

Die folgenden Punkte sind im Normalfall durch die Police abgedeckt:
• Tierarztkosten für Krankheiten und Unfälle, einschließlich Physiotherapie, Akupunktur, homöopathische Medikamente, Krankenhausaufenthalte und Überweisungen.
• Tod infolge von Krankheiten oder Unfällen; die Kosten für das Kätzchen werden erstattet.
• Verlust durch Diebstahl oder Herumstreunen; die Kosten für das Kätzchen werden erstattet.
• Übernahme der Kosten für Anzeigen und Belohnung, wenn Ihre Katze entlaufen ist.
• Kosten für Katzenheim oder Unterbringung bei einem Freund, wenn Sie für mehr als vier Tage ins Krankenhaus müssen.
• Kosten für Reiserücktritt oder -abbruch, wenn das Kätzchen in den letzten sieben Tagen vor oder während Ihres Urlaubs erkrankt.

Nicht eingeplante Tierarztkosten können ein gewaltiges Loch in die Kasse reißen. Die Grafik zeigt das relative Kostengefüge im ersten Lebensjahr eines Rassekätzchens, das eine schwere Verletzung hatte.

Kosten eines Burmakätzchens

Impfungen

Entwurmung und Flohbehandlung

Kastration

Mögliche Tierärztliche Behandlung: Behandlung einer durch eine Falle verursachte Beinverletzung

Kauf-preis
Allge-meine Pflege-produkte
Futter (pro Jahr)
Katzen-pension (pro Jahr)
Katzen-versiche-rung (pro Jahr)
Vorsorge (pro Jahr)
Unerwar-tete Krankheit (pro Jahr)

Gesundheitsvorsorge

Von all den Personen, die sich um die Gesundheit und das Wohlergehen Ihres Kätzchens kümmern, kommt Ihnen die wichtigste Rolle zu. Sie tragen die Verantwortung für seine Ernährung, sein körperliches und geistiges Training sowie seine tägliche Pflege. Außerdem liegt es an Ihnen, zu erkennen, wenn sich das Kätzchen unwohl fühlt; Sie entscheiden auch, wann Sie den Tierarzt konsultieren möchten.

Vorbeugen ist besser als heilen

Leider sind die Symptome vieler Erkrankungen nicht auf den ersten Blick zu erkennen, daher sollten Sie es sich frühzeitig angewöhnen, das Kätzchen mindestens einmal in der Woche einer einfachen Untersuchung zu unterziehen. Durch eine sorgfältige und gründliche Untersuchung können Sie gesundheitliche Probleme frühzeitig erkennen.

Viele Katzenbesitzer sind nicht in der Lage, ihre Katzen richtig festzuhalten, und sie finden es schwierig bis unmöglich, vergleichsweise einfache Aufgaben auszuführen, wie beispielsweise Pfoten oder Zähne zu kon-

trollieren. Dies liegt oft daran, daß die Katzen aggressiv werden und sich gegen diese Behandlung wehren. Diese Katzen schaden sich selbst, da durch dieses Verhalten bestimmte Dinge der Aufmerksamkeit ihrer Besitzer zwangsläufig entgehen. Man kann den Katzen jedoch keinerlei Schuld zuweisen, da es für eine Katze nur natürlich ist, wenn sie sich gegen die Untersuchung von Pfote oder Maul zur Wehr setzt. Diese Ängste können aber vergleichsweise einfach minimiert oder sogar völlig ausgeräumt werden.

So halten Sie das Kätzchen fest

Wenn Sie mit den regelmäßigen Routineuntersuchungen beginnen, sobald das Kätzchen bei Ihnen eingezogen ist, wird es bald mit der Erfahrung vertraut sein, daß es festgehalten wird und bestimmte Teile seines Körpers untersucht werden. Mit zunehmendem Alter gehören solche Untersuchungen für das Kätzchen zum Alltag. Es wird sie zwar kaum genießen, aber zumindest wird die Katze diese Behandlung über sich ergehen lassen.

Ein einfacher Gesundheitstest

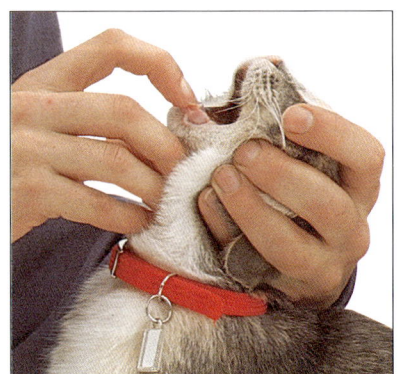

Maul

Achten Sie auf folgende Symptome:
• Gerötete, entzündete Zahnfleischränder (siehe Seiten 112–113).
• Braune Verfärbung der Zähne, insbesondere in Zahnfleischnähe.
• Abgebrochene Zähne.
• Schlechter Mundgeruch.
• Fremdkörper.

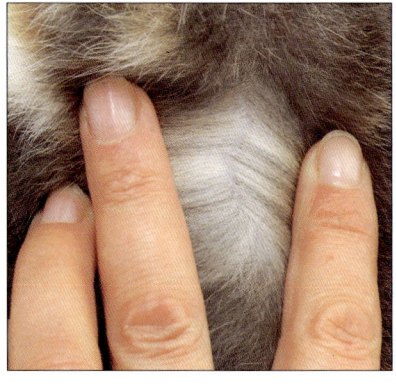

Fell und Haut

Achten Sie auf folgende Symptome:
• Fettiges Haar oder Schuppen.
• Haarausfall.
• Rote, entzündete Hautstellen.
• Außergewöhnlicher Geruch.
• Fremdkörper.
• Verfilzungen (siehe Seite 109).
• Flöhe (siehe Seite 117).

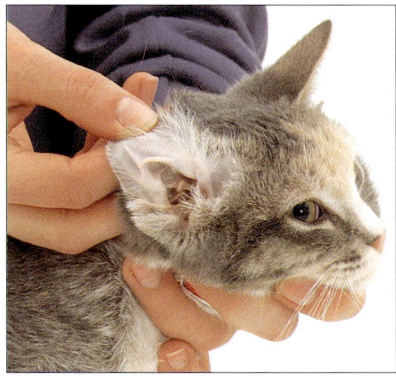

Ohren

Achten Sie auf folgende Symptome:
• Ausfluß.
• Schmutz und Krusten in der Ohrmuschel.
• Gerötete, entzündete Gehörgänge oder Ohrmuscheln.
• Außergewöhnlicher Geruch aus den Ohren.

Mit etwas Übung werden Sie immer routinierter, wenn es darum geht, das Katzenkind festzuhalten und zu untersuchen. Somit werden die Sitzungen kürzer, und das macht es für alle Beteiligten angenehmer.

Routineuntersuchungen

Wann? Das bleibt natürlich Ihnen überlassen, aber Sie werden feststellen, daß es einfacher ist, wenn das Kätzchen schläfrig ist. Wiegen Sie das Kätzchen immer zur selben Tageszeit, da sein Gewicht im Laufe des Tages variiert. Die Fellpflege Ihres Kätzchens läßt sich optimal mit der Durchführung der Untersuchungen verbinden (siehe Seiten 108–111).

Wo? Am besten führen Sie die Untersuchungen auf einem geeigneten Tisch mit einer Antirutschunterlage durch. Bitten Sie eine zweite Person um Hilfe, falls notwendig.

Wer? Alle Familienmitglieder sollten einfache Routineuntersuchungen an Ihrem Katzenkind vornehmen. Das trägt nicht nur dazu bei, die Beziehung zwischen Mensch und Katze zu stärken, sondern nimmt Ihrem Kätzchen auch die Angst, wenn es von einem Fremden, beispielsweise dem Tierarzt, untersucht wird.

So wiegt man ein Kätzchen

Sie können das Kätzchen samt seinem Katzenkorb auf eine normale Personenwaage stellen. Vergessen Sie nicht, das Gewicht des leeren Tragekorbs abzuziehen!

Wenn es noch sehr klein ist, bewegt sich wahrscheinlich noch nicht einmal die Nadel der Personenwaage. In diesem Fall können Sie eine Küchenwaage verwenden. Notieren Sie nach jedem Wiegen das Gewicht Ihres Katzenkindes.

Was gehört zu einer Routineuntersuchung?

Eine Routineuntersuchung sollte sich auf einige wichtige Körperteile Ihres Kätzchens erstrecken; die Reihenfolge bleibt dabei Ihnen überlassen. Eine Frage wird dabei mit Sicherheit immer wieder auftauchen: ‚Ist das normal?'. Was Ihnen auf den ersten Blick ungewöhnlich erscheint, ist unter Umständen eine normale Variation. Vielleicht machen Sie sich Gedanken über einen schwarzen Fleck auf den rosa Lippen Ihres Katzenkindes, aber keine Sorge, das ist völlig normal. Tritt ein solcher Fleck dagegen plötzlich auf, ist das schon eher ein Grund zur Besorgnis.

Je öfter und sorgfältiger Sie das Kätzchen untersuchen, desto besser lernen Sie seine Anatomie kennen; dadurch fällt es Ihnen leichter, Abweichungen rechtzeitig zu erkennen. Setzen Sie Ihre Augen, Ihre Nase und Ihre Finger ein, um Abweichungen im Aussehen oder Geruch Ihres Kätzchens festzustellen. Achten Sie auch darauf, wie es auf die Behandlung reagiert, ob es Schmerzen zeigt.

Pfoten

Achten Sie auf folgende Symptome:
- Überlange Krallen.
- Verletzte oder abgenutzte Krallen.
- Verletzte oder abgenutzte Ballen.
- Entzündete Haut zwischen den Zehen, Fremdkörper.
- Verfilztes Fell zwischen den Zehen.

Augen

Achten Sie auf folgende Symptome:
- Verklebtes Fell um die Augen.
- Rötung der inneren Augenlider.
- Vorfall des dritten Augenlids (Nickhaut).
- Trübung innerhalb des Augapfels.
- Glanzlose Augen.
- Fremdkörper.

Fellpflege

Die Haut Ihres Kätzchens ist das größte Organ seines Körpers und kann bei einer ausgewachsenen Katze bis zu 0,25 Quadratmeter groß sein. Die feste, aber dehnbare Haut dient nicht nur dem Schutz von Knochen und Muskeln, sondern übernimmt auch viele andere wichtige Funktionen.

Über die Haut nimmt das Kätzchen unter anderem Berührungen, Schmerzen, Wärme und Kälte wahr. Eine Reihe von Substanzen wie etwa Wasser, Vitamine, Fette, Kohlenhydrate und Proteine werden in der Haut gespeichert. Selbstverständlich ist die Haut auch für das Wachstum des Fells und der Krallen zuständig.

Ihrem Kätzchen wurde von der Natur ein haariger Mantel mitgegeben, für dessen Pflege allerdings Sie zuständig sind. Die Fellpflege trägt nicht nur zur Attraktivität bei, sondern ist auch wichtig für die Gesundheit Ihres Katzenkindes: Hautkrankheiten sind eine der häufigsten Ursachen für den Gang zum Tierarzt. Mit einer regelmäßigen Fellpflege, einer hochwertigen und ausgewogenen Ernährung und der Vorbeugung gegen Flöhe und andere Parasiten (siehe Seiten 116–117) leisten Sie Ihren Beitrag dazu, daß das Fell Ihres Kätzchens immer gesund und gepflegt ist.

Was ist Haar?

Haar ist eine tote Substanz. Es besteht zum größten Teil aus Eiweiß und wird in speziellen Strukturen in der Haut, den sogenannten Follikeln, gebildet. Die Ernährung einer Katze hat tiefgreifende Auswirkungen auf Quantität und Qualität der Haare.

Im Fell einer Katze sind drei verschiedene Haartypen vertreten. Die Leithaare sind dick, glatt und laufen gleichmäßig in feine Spitzen aus. Die Grannenhaare sind dünner und sind an den Spitzen leicht aufgeplustert. Die Unterwolle ist am dünnsten und gelockt oder wellig.

Felltypen

Bei einer Kurzhaarkatze sind die Haare im Durchschnitt 4,5 cm lang, während sie bei einer Langhaarkatze eine Länge von mehr als 12 cm erreichen können.

Rexkatzen haben gelocktes Haar (siehe Seite 47), Drahthaarkatzen haben ein gekräuseltes Fell. Die bemitleidenswerten Kreaturen, die der Rasse der Sphinx angehören, haben überhaupt kein Fell – noch nicht einmal Schnurrhaare.

Fellpflege bei Langhaarkatzen

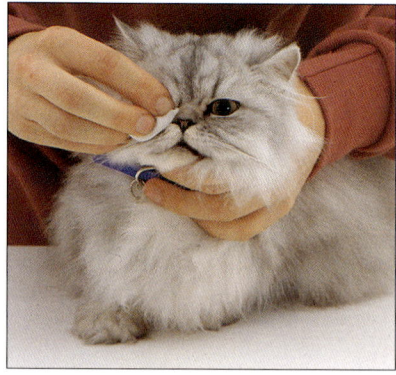

1 Verwenden Sie eine Bürste zum Glätten, und beginnen Sie bei den Pfoten. Bürsten Sie das Fell mit vorsichtig, aber kräftig. Nehmen Sie sich dann den Rest des Körpers vor, und bürsten Sie abschließend Kopf, Hals und Brust.

2 Wiederholen Sie den Vorgang mit einem Metallkamm, um lose Haare zu entfernen. Wenn das Kätzchen sehr dichtes Fell hat, achten Sie besonders auf Bart, Achseln, den Bereich unter dem Schwanz und die Rückseite der Beine.

3 Reinigen Sie zum Schluß vorsichtig die Umgebung von Augen und Ohren. Dazu eignen sich beispielsweise angefeuchtete Wattepads, Kosmetiktücher oder ein mit klarem Wasser angefeuchtetes Baumwolltuch.

Utensilien für die Fellpflege

Sie benötigen eine Bürste, einen Kamm und einige Wattepads. Die Auswahl an Fellpflegeprodukten ist sehr groß. Wenn Ihre Katze langes oder außergewöhnliches Fell hat, sollten Sie in einem Katzensalon um Rat fragen, welche Utensilien am besten geeignet sind. Ein guter Katzenfriseur gibt Ihnen gerne wertvolle Tips zur richtigen Verwendung der Bürsten und Kämme – ganz besonders, wenn Sie in seinem Salon ab und an einen Termin für das Kätzchen ausmachen.

Fellfarben

Bei Katzen mit hellen Körpern und andersfarbigen Extremitäten, wie beispielsweise bei der Siamkatze, ändert sich die Fellfarbe mit der Außentemperatur: je höher die Temperatur, desto heller wird das Fell. Deshalb haben die Jungen dieser Rassen bei der Geburt ein helles Fell. Ausgewachsene Wohnungskatzen in kühlen Klimazonen haben ein helleres Fell als ihre Artgenossen, die im Freien leben.

Angeborene Taubheit tritt bei Katzen am häufigsten bei Tieren mit weißem Fell und blauen Augen auf. Charles Darwin soll behauptet haben, daß alle diese Katzen taub seien, das stimmt aber nicht. Einige verfügen über ein ganz normales Hörvermögen, und die meisten Katzen mit weißem Fell und blauen Augen sind wahrscheinlich nicht zu 100% taub.

Fellfarbe und Temperament

Einige Fachleute sind der Auffassung, daß die Fellfarbe Hinweise auf das Temperament einer Katze zuläßt. Dieses Thema wird gegenwärtig noch erforscht, aber eine Untersuchung hat ergeben, daß schwarze, schwarzweiße und graugestromte Katzen starke Persönlichkeiten sind und gut mit Streß umgehen können. Aus meiner Erfahrung kann ich sagen, daß Katzen mit Schildpattfärbung ein hitziges Temperament haben können (normalerweise sind alle Schildpattkatzen Weibchen).

Wissenswertes über Katzenhaare

• Das Haar einer Katze legt sich in verschiedene Richtungen. Das Haar wächst am Körper von vorne nach hinten und legt sich an den Beinen abwärts. Dadurch wird der ,Strömungswiderstand' beim Laufen verringert, und Wasser kann ablaufen.

• Das Haar einer Katze wächst nicht ständig, sondern in Zyklen. Ein einzelnes Haar wächst bis zu einer bestimmten, durch die Gene der Katze festgelegten Länge. Dann hört es auf zu wachsen, fällt aber unter Umständen erst nach einigen Monaten aus oder wird durch ein nachwachsendes Haar verdrängt. Der Haarwechsel findet nach einem unterschiedlich langen Zeitraum statt, der unter anderem von der Länge des Tageslichts und der Umgebungstemperatur beeinflußt wird.

• Eine Katze wird beim Haarwechsel niemals kahl, weil sich jedes einzelne Haar auf ihrem Körper in einem anderen Stadium des Wachstumszyklus befindet.

• Bei den meisten Katzen erfolgt der Haarwechsel im Frühjahr und im Sommer. Wenn eine Katze unter künstlichem Licht in künstlicher Wärme gehalten wird, findet der Haarwechsel unter Umständen das ganze Jahr über statt.

Warum ist die Fellpflege so wichtig?

Die Art und Häufigkeit der Fellpflege richtet sich nach der Art des Fells, aber unabhängig davon ist eine regelmäßige und häufige Fellpflege für alle Katzen von Vorteil. Ein verfilztes oder schmutziges Fell kann seine Funktion als Isolierschicht für den Körper nicht mehr einwandfrei ausführen und die Haut nicht ausreichend vor Verletzungen schützen. Ohne eine entsprechende Pflege sind Fell und Haut einer Katze sehr viel anfälliger für Krankheiten.

Verfilzungen entfernen

Verfilzungen entstehen normalerweise aus losen, sich verknotenden Haaren. Die Ursache ist meist unzureichende Fellpflege. Versuchen Sie auch nicht, solche Knoten mit Bürste oder Kamm auszubürsten! Sie werden Ihrem Kätzchen damit nur weh tun. Zum Entfernen solcher Fellknoten brauchen Sie eine spezielle Art von Bürste. Halten Sie das Fell mit einer Hand fest, und bearbeiten Sie den Knoten von außen nach innen. So wird sich der Knoten allmählich lösen. Bürsten Sie die betroffene Stelle anschließend mit einer Bürste zum Glätten.

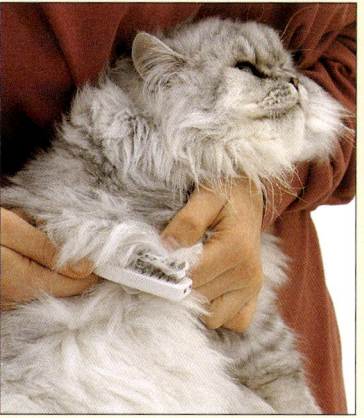

Fellpflege bei Kurzhaarkätzchen

Vielleicht halten Sie die Fellpflege bei einem Kurzhaarkätzchen für überflüssig, aber nur mit der richtigen Pflege bleibt das Fell in einem guten Zustand. Bürsten Sie das Fell zunächst mit einer Bürste mit weichen Borsten gründlich durch, um Schmutz und lockere Haare zu entfernen. Kämmen Sie das Fell abschließend, und reinigen Sie Augen und Ohren mit einem Wattepad.

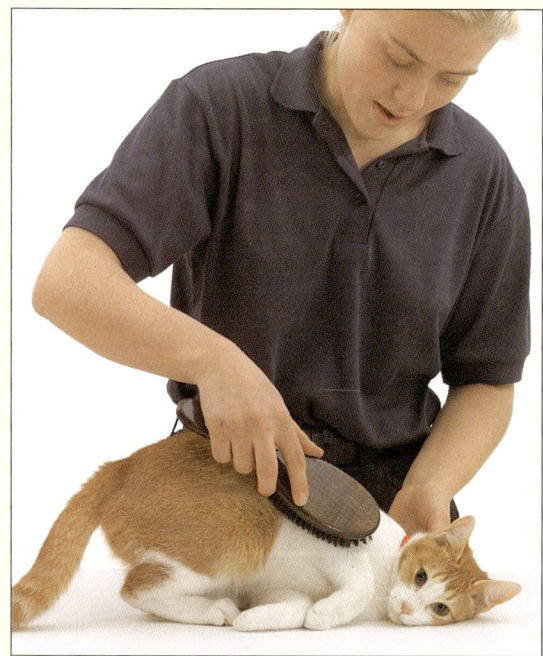

Eine Wildkatze muß sich selbst um ihre Fellpflege kümmern; Zunge und Zähne sind ihre natürlichen Helfer. Viele Rassekatzen sehen aufsehenerregender aus als ihre wilden Verwandten, da ihnen durch eine selektive Züchtung ein unnatürliches, aber sehr modisches Fell verpaßt wurde. Dafür brauchen Sie unsere Hilfe bei der Fellpflege.

Der richtige Zeitpunkt

Einige Katzen genießen die Fellpflege, doch viele ausgewachsene Katzen, deren Fell nicht von Kindesbeinen an regelmäßig gepflegt wurde, stehen dieser Prozedur ablehnend gegenüber. Gewöhnen Sie das Kätzchen am besten gleich nach seiner Ankunft an eine tägliche Fellpflege, dann werden Sie später kaum Probleme damit bekommen.

Bürsten Sie zunächst nur den Rücken des Kätzchens für einige Minuten. Belohnen Sie seine Geduld mit einigen Streicheleinheiten. Beziehen Sie nach und nach die empfindlicheren Körperteile in die Fellpflege ein, wie etwa unter dem Schwanz oder zwischen den Hinterbeinen. Betrachten Sie die Fellpflege nicht als unangenehme Pflicht, sondern als willkommene Möglichkeit, die Beziehung zu Ihrem Katzenkind zu stärken und ihre Fähigkeiten im Umgang mit Katzen zu verbessern.

Es hängt vom Fell Ihres Kätzchens ab, wieviel Zeit Sie in die Fellpflege investieren müssen. Im Idealfall sollte einmal wöchentlich eine gründliche Fellpflege durchgeführt werden, eine zusätzliche ‚Katzenwäsche‘ bei Bedarf. Sie können die Fellpflege gut mit den Routineuntersuchungen (siehe Seiten 106–107) verbinden.

Der richtige Ort

Führen Sie die Fellpflege immer am selben Ort durch, damit sich das Kätzchen daran gewöhnt. Ob das Kätzchen auf Ihrem Schoß oder auf einem Tisch am entspanntesten ist, müssen Sie selbst herausfinden.

Wer soll die Fellpflege durchführen?

Die Fellpflege bietet eine ausgezeichnete Möglichkeit, um eine gute Beziehung zu Ihrem Kätzchen aufzubauen und einige grundlegende Fertigkeiten für die Katzenpflege zu erlernen. Daher sollten alle Familienmitglieder an der Fellpflege beteiligt sein. Warum stellen Sie nicht einfach einen ‚Dienstplan‘ auf?

Krallenpflege

Lassen Sie sich von Ihrem Tierarzt zeigen, wie lang die Krallen Ihres Kätzchens idealerweise sein sollten. Prüfen Sie Länge und Zustand der Krallen in regelmäßigen Abständen selbst (siehe Seite 107). Lassen Sie sich in jedem Fall von Ihrem Tierarzt oder einer Tierarzthelferin oder einem professionellen Katzenpfleger zeigen, wie die Krallen gekürzt werden, bevor Sie selbst Hand anlegen.

Expertenrat

Bei Katzen mit ungewöhnlicher Fellstruktur und bei Tieren, die sich vehement gegen die Fellpflege wehren, sollten Sie sich in einem Katzensalon fachmännischen Rat holen. Wenn sich das Kätzchen sehr häufig kratzt oder seine Haut oder sein Fell ungewöhnlich aussehen, vereinbaren Sie am besten sofort einen Termin beim Tierarzt. Scheinbar unbedeutende Hautprobleme können sich schnell zu ernsthaften Krankheiten auswachsen.

Baden

Baden Sie das Kätzchen nur, wenn es unbedingt nötig ist. Nach zu häufigem Baden ist das Fell der Katze unter Umständen nicht mehr wasserfest.

Kaum eine Katze läßt sich gerne baden, machen Sie sich also auf mehr oder weniger heftige Gegenwehr gefaßt, und baden Sie das Kätzchen nur zu zweit. Verwenden Sie ein pH-neutrales Shampoo für den Körper und ein Babyshampoo für das Gesicht.

Am besten baden Sie das Kätzchen in der Badewanne oder einer großen Plastikwanne. Machen Sie sich in jedem Fall darauf gefaßt, daß eine wilde Wasserschlacht ihre Spuren hinterlassen wird.

Sie benötigen:

- Antirutscheinlage für die Badewanne.
- Eine Schürze für Sie selbst.
- Shampoo (und Spülung für Langhaarkatzen).
- Jede Menge Handtücher.
- Ohrstöpsel aus Baumwolle für Katzenohren.
- das frisch gebürstetes Kätzchen einschließlich Halsband (Ihr Assistent wird das Kätzchen am Halsband festhalten müssen; bedenken Sie, daß einige Halsbänder im Wasser möglicherweise ausfärben).

Machen Sie mit Hilfe einer zweiten Person das Fell des Kätzchens zunächst mit warmem Wasser naß, bevor Sie es vorsichtig shampoonieren.

Trocken Sie das Katzenkind nach dem Baden so schnell wie möglich ab, damit es sich nicht erkältet.

Vorgehensweise

1 Schließen Sie zuallererst die Badezimmertür. Oder möchten Sie etwa, daß ein eingeseiftes Katzenkind durch das Haus tobt oder, schlimmer noch, durch die Katzentür verschwindet? Verdünnen Sie das Shampoo. Prüfen Sie die Wassertemperatur, setzen Sie das Kätzchen in die Wanne, und machen Sie sein Fell naß. Fangen Sie bei den Pfoten an, und arbeiten Sie sich bis zum Rücken vor.

2 Schäumen Sie den Körper und dann den Kopf des Kätzchens vorsichtig ein, bevor Sie es gründlich abspülen.

3 Trocknen Sie das Kätzchen mit einem Handtuch ab. Verleihen Sie dem Fell mit einem Fön den letzten Schliff; bürsten Sie das Fell dabei durch, und testen Sie die Wärme mit der Hand. Richten Sie den Fön nicht auf das Gesicht des Kätzchens. Kämmen Sie anschließend das trockene Fell. Geschafft – jetzt können Sie sich zurücklehnen und das Ergebnis bewundern!

Zahnpflege

Bei Katzen über zwei Jahren sind Zahnfleischerkrankungen die bei weitem am häufigsten auftretenden Probleme im Mund- und Rachenraum. Sie sollten sich auch als Besitzer eines jungen Kätzchens mit diesem Thema auseinandersetzen. Bereits bei jungen Katzen bildet sich ein bakterieller Zahnbelag, der – falls nichts dagegen unternommen wird – das Zahnfleisch derart angreift, daß gesunde Zähne ausfallen oder gezogen werden müssen.

Zwar kann es Monate oder sogar Jahre dauern, bis dieser Zahnbelag zu ernsthaften Erkrankungen führt, doch die Wurzeln des Übels liegen in den ersten Lebensjahren einer Katze. Einige Fachleute vertreten die Auffassung, daß acht von zehn Katzen, die älter als zwei Jahre sind, mehr oder weniger stark unter Zahnfleischerkrankungen leiden. Wenn das Problem frühzeitig erkannt wird, kann es durchaus behoben werden. Aus diesem Grund ist eine sorgfältige und regelmäßige Zahnpflege auch bei jungen Kätzchen von großer Bedeutung.

Wissenswertes über Zähne

• Katzen werden – ebenso wie Menschen – ohne Zähne geboren.
• Die Milchzähne brechen zwischen der zweiten und der vierten Lebenswoche durch. Ein Kätzchen hat insgesamt 26 Milchzähne.
• Wenn das Kätzchen ungefähr drei Monate alt ist, wird das Milchgebiß durch die bleibenden Zähne ersetzt. Im Alter von sechs Monaten sollte das bleibende Gebiß vollständig sein.
• Die Zähne einer Katze sind lebende Strukturen mit Blutgefäßen und Nerven, sie sind also schmerzempfindlich.

Beim Zahnarzt

Ihre Zahnpflege zu Hause garantiert nicht, daß das Kätzchen sich nicht von Zeit zu Zeit beim Tierarzt einer zahnärztlichen Behandlung unterziehen muß. Harter Zahnstein kann durch Zähneputzen allein nicht immer verhindert werden; er wird vom Tierarzt mit einem Ultraschallgerät entfernt. Diese Behandlung wird unter Vollnarkose ausgeführt, und die Zähne werden dann poliert. Die Zähne Ihres Kätzchens sollten einmal jährlich vom Tierarzt gründlich untersucht werden.

• Von allen domestizierten Säugetieren haben Katzen die wenigsten Zähne.
• Im Gegensatz zu den Zähnen eines Hundes sind die Zähne einer Katze keine Mahlwerkzeuge, da sie als Fleischfresser nicht darauf angewiesen ist, harte pflanzliche Substanzen zermahlen zu können. Katzen kauen wenig bis gar nicht, ausgenommen des Zerknabberns von Trockenfutter.
• Das bleibende Gebiß ausgewachsener Katzen besteht aus Schneidezähnen, Eckzähnen, Vorbackenzähnen und Backenzähnen (im Milchgebiß sind keine Backenzähne enthalten).

Schneidezähne: Die kleinen Vorderzähne werden zum Schneiden, Nagen und Beißen sowie zur Fellpflege eingesetzt. Die oberen Schneidezähne sollten bei geschlossenem Maul genau vor den unteren Schneidezähnen liegen.

Eckzähne: Die großen Eckzähne werden zum Festhalten und Zerreißen von Nahrung eingesetzt. Außerdem sorgen sie dafür, daß die Zunge der Katze im Maul bleibt und halten die Lippen in der richtigen Position.

Vorbackenzähne: Die Vorbackenzähne liegen hinter den Eckzähnen und dienen zum Zerreißen, Zerschneiden und Festhalten der Nahrung.

Backenzähne: Die Backenzähne befinden sich ganz hinten.

Ohne regelmäßiges Zähneputzen bildet sich bei vielen Katzen Zahnstein, der früher oder später zu ernsthaften Zahnfleischerkrankungen führt.

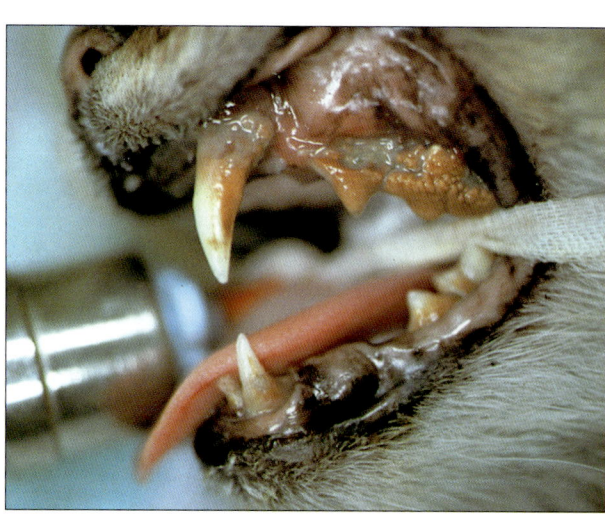

Zahnfleischerkrankungen

Die Zähne sind mit Zahnschmelz überzogen, der härtesten Substanz im Körper einer Katze. Jeden Tag entsteht neuer Zahnbelag, der zum größten Teil aus Bakterien besteht. Durch das Fressen wird ein gewisser Teil dieses Belags wieder entfernt, doch ein Teil bleibt immer zurück. Zahnbelag ist zwar an sich eine weiche Substanz, verhärtet aber schnell und erzeugt dann Zahnstein, der im Laufe der Zeit eine immer dickere Schicht bildet und schwer zu entfernen ist. Die Bakterien im Zahnbelag verursachen Zahnfleischentzündung. Das Zahnfleisch geht allmählich zurück, Zahnausfall folgt.

Vorsorge

Am wichtigsten ist es, den Zahnbelag regelmäßig zu entfernen, bevor er Schaden anrichten kann.

Tägliches Zähneputzen: Regelmäßiges Putzen mit der richtigen Zahncreme ist eine sehr effektive Möglichkeit, bakteriellen Zahnbelag zu entfernen. Gewöhnen Sie Ihre Katze vorsichtig an diese Prozedur.

Ernährung: Der Zusammenhang zwischen der Ernährung und dem Auftreten von Zahnfleischerkrankungen ist noch nicht geklärt, aber unter Umständen wird das Entfernen von Zahnbelag und Zahnstein gefördert, wenn Sie Ihrem Kätzchen einmal wöchentlich hartes, faseriges Fleisch in kleinen Mengen zum Kauen anbieten (z.B. Herz, Rindergurgeln usw.).

Zähneputzen

Auch wenn das Katzenkind seine Milchzähne verliert, sobald es ungefähr sechs Monate alt ist (siehe Seite 112), sollten Sie mit dem Zähneputzen beginnen, sobald Sie das Kätzchen zu sich geholt haben. Je eher Sie beide sich an diese Prozedur gewöhnen, desto besser. Am besten führen Sie die Zahnpflege auf einem Tisch mit einer Antirutschmatte aus.

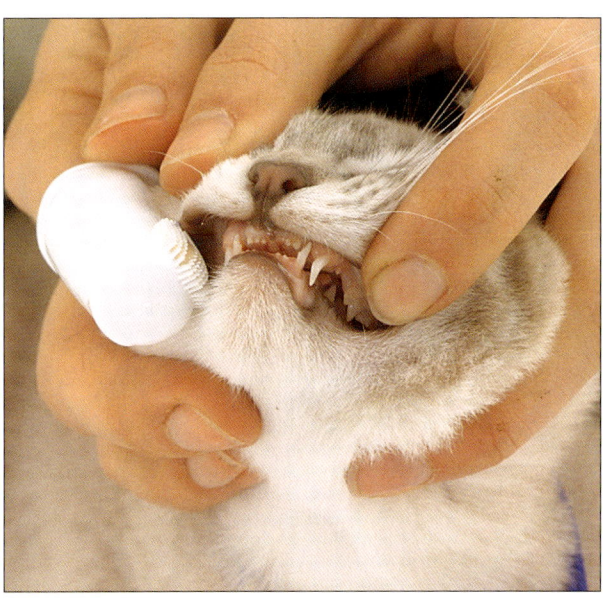

Ein spezieller Fingerhut kann nützlich sein, wenn Sie das Katzenkind an das Zähneputzen gewöhnen. Verwenden Sie erst dann eine entsprechende Zahncreme, wenn das Kätzchen es akzeptiert, daß seine Zähne mit Wasser geputzt werden.

Vorgehensweise

Gewöhnen Sie das Katzenkind zunächst an das Gefühl der Zahnbürste auf Zähnen und Zahnfleisch. Belohnen Sie das Kätzchen für das Stillhalten.

Lassen Sie die Zahnbürste jeden Tag etwas länger im Maul Ihres Kätzchens, und bewegen Sie die Bürste ein wenig hin und her. Wenn sich das Kätzchen daran gewöhnt hat, können Sie dazu übergehen, ihm mit kreisenden Bewegungen die Zähne zu putzen. Verwenden Sie zunächst keine Zahncreme, sondern tauchen Sie die Zahnbürste nur in Wasser.

Ausstattung

Zahnbürste: Sie benötigen eine Zahnbürste mit kleinem Kopf und festen Borsten. Sie können auch einen kleinen Fingerhut mit Massagenoppen verwenden, der aber vielleicht weniger effektiv ist als eine Bürste.

Zahncreme: Es gibt spezielle Zahncreme für Haustiere, die der Zahncreme für Menschen recht ähnlich ist. Jedoch ist die Zahncreme für die Tiere bekömmlicher, und sie schäumt nicht.

Spülungen und Sprays: Solche Lösungen ergänzen die Zahnpflege und sind besonders für Katzen geeignet, die sehr anfällig für Zahnfleischentzündungen sind.

Parasitenbekämpfung

Die bekanntesten Parasiten, die im Körper der Katze leben, sind wohl Bandwürmer und Spulwürmer, während Flöhe in vielen Ländern die bekanntesten Hautparasiten sind. Sowohl Würmer als auch Flöhe können bei Katze und Mensch Krankheiten verursachen.

Was sind Parasiten?

Parasiten sind Organismen, die in oder auf anderen Tieren leben und sich von diesen Wirten ernähren. Katzen sind – wie im übrigen auch der Mensch und viele andere Lebewesen – innerlich und äußerlich von vielen verschiedenen Parasiten befallen; eigentlich sind sie ein wandelnder Kleintierzoo!

Einige Parasiten sind mikroskopisch klein, andere kann man mit dem bloßen Auge erkennen. Nicht alle Parasiten sind schädlich: die Haut sowie Luftröhre und Lungen beherbergen eine ganze Reihe von Bakterien, die im Normalfall keinerlei Probleme verursachen.

Bandwürmer

Ausgewachsene Bandwürmer leben im Dünndarm der Katze. Sie sind flach und weiß und bestehen aus vielen kleinen Gliedern.

Der Bandwurm *Taenia taeniaeformis*

Diese Würmer sind kräftiger als *Dipylidium caninum*. Zwar sind im Darm einer infizierten Katze nur drei oder vier Würmer dieser Art gleichzeitig vorhanden, aber jeder von ihnen kann bis zu 30 cm lang sein.

Die Eier dieser Bandwürmer müssen von kleinen Nagetieren – z.B. Ratten oder Mäusen – verzehrt werden, um ihre Entwicklung fortzusetzen. Folglich stellen diese Bandwürmer normalerweise nur für solche Katzen ein Problem dar, die regelmäßig auf die Jagd gehen.

Wie wird eine Katze befallen?

Die Glieder eines ausgewachsenen Bandwurms, die seine Eier enthalten, werden mit dem Kot aus dem Körper der Katze ausgeschieden. Dann werden die Eier von Flohlarven (oder Läusen) gefressen. Im Körper des Flohs entwickeln sich Larvenstadien des Bandwurms.

Der ausgewachsene Floh ist ein Blutsauger und sucht nach einem geeigneten Opfer. Dabei kann es sich um dieselbe oder eine andere Katze, einen Hund oder auch einen Menschen handeln. Unter Umständen wird der Floh dann während der Fellpflege verschluckt; er wird verdaut, und die Bandwürmer wachsen im Darm des Tieres heran – so geht der Kreislauf immer weiter.

Anzeichen für Bandwurmbefall

Wenn es sich nur um wenige Bandwürmer handelt, sind oft keine Anzeichen sichtbar; vielleicht finden Sie im Fell der Katze in Afternähe oder auf dem Boden einige Bandwurmglieder. Ein starker Bandwurmbefall äußert sich in Verdauungsstörungen.

Sind Kätzchen anfällig?

Wenn sich in der Umgebung Ihres Katzenkindes Flöhe mit heranreifenden Bandwürmern aufhalten, kann es befallen werden. Vom Zeitpunkt des Verschluckens des Flohs dauert es drei Wochen, bis der Bandwurm Eier legt. Daher

Bandwürmer

Bandwurmglieder auf Fell im Analbereich

Der vergrößerte Kopf eines Bandwurms (rechts).

Katze frißt Floh während der Fellpflege

Die Glieder fallen auf den Boden

Floh (mit Wurmlarve im Körper)

Jedes Glied setzt Eier frei (vergrößert)

Larve entwickelt sich zum Floh

Flohlarve frißt Eier

Der Lebenszyklus des Bandwurms, von dem Katzen am häufigsten befallen werden, Dipylidium caninum, ist mit dem Leben eines anderen Parasiten (Floh) verbunden.

treten die Anzeichen für einen Bandwurmbefall Ihres Katzenkindes frühestens nach einigen Wochen auf (es sei denn, es ist schon mit Wurmbefall zu Ihnen gekommen).

Können Bandwürmer Menschen befallen?

Ein Mensch kann nur von Katzen-Bandwürmern befallen werden, wenn er einen Floh (mit Bandwurmlarven) verschluckt, der sich im Fell der Katze verbirgt.

Vorsorgemaßnahmen

• Führen Sie eine Wurmkur mit einem von Ihrem Tierarzt empfohlenen Entwurmungsmittel durch. Beginnen Sie damit, sobald das Katzenkind zu Ihnen kommt, und wiederholen Sie die Wurmkur bei Katzen, die ins Freie dürfen, in regelmäßigen Abständen, idealerweise alle zwei bis drei Monate. Wurmmittel können verfüttert oder gespritzt werden.
• Behandeln Sie die Katze gleichzeitig mit einem wirksamen Präparat gegen Flöhe.

Rundwürmer

Es gibt viele verschiedene Arten von Rundwürmern wie etwa Spulwürmer, Hakenwürmer oder Lungenwürmer. Bestimmte Arten können bis zu 15 cm lang werden.

Wie wird eine Katze befallen?

Über die Muttermilch: Heranreifende Spulwürmer gelangen aus dem Körper der Katzenmutter in die Muttermilch und werden beim Saugen von den Katzenjungen verschluckt. Die Würmer reifen dann im Gedärm der Katzenjungen zu ausgewachsenen Spulwürmern heran und legen ihre Eiern im Darm des Kätzchens ab. Ein weiblicher Spulwurm kann bis zu 250 000 Eier pro Tag legen.

Durch die Aufnahme von Eiern: Eier, die mit dem Kot einer befallenen Katze ausgeschieden werden, brauchen mehrere Wochen, bis sie das Stadium erreichen, in dem sie eine andere Katze befallen können. Wenn sie dieses Stadium erreicht haben und von einem Kätzchen verschluckt werden, schlüpfen Larven aus den Eiern, die im Körper des Kätzchens im

Spulwürmer

Spulwürmer der Art Toxocara cati (oben) haben spitz zulaufende, cremefarbene Körper.

Die Hauptquellen für einen Spulwurmbefall bei jungen Kätzchen (rechts).

Kätzchen wird durch Fressen von Beutetieren befallen

Kätzchen infiziert sich über Muttermilch

Kätzchen nimmt Eier aus der Umgebung auf

Laufe von etwa sechs Wochen zu ausgewachsenen Würmern heranreifen. Bei ausgewachsenen Katzen durchdringen die Larven die Darmwand und lassen sich in anderen Geweben nieder (im Gedärm ausgewachsener Katzen findet man normalerweise keine Spulwürmer).

Durch den Verzehr anderer, befallener Tiere: Wenn die Spulwurmeier von einem Regenwurm, einem Käfer, einem Nagetier oder einem Vogel gefressen werden, schlüpfen die Larven aus und setzen sich im Körper ihres Wirts fest. Verzehrt nun die Katze ein mit Würmern befallenes Beutetier, so kann auch sie von den Würmern befallen werden. Die heranreifenden Würmer gelangen während des Verdauungsprozesses in den Körper der Katze und entwickeln sich zu ausgewachsenen Spulwürmern, die ihrerseits wieder Eier legen.

Anzeichen für Spulwurmbefall

Oft gibt es keine äußerlichen Anzeichen, auch wenn ein schwerer Spulwurmbefall bei einem Kätzchen unter acht Wochen zu Verdauungsstörungen führen kann. Gelegentlich werden ausgewachsene Spulwürmer von einem Kätzchen erbrochen oder als Knäuel bereits toter und sterbender Spulwürmer über den Kot ausgeschieden. Die Eier der Spulwürmer sind mikroskopisch klein.

Können Spulwürmer Menschen befallen?

Menschen können mit ihren Händen unbewußt Spulwurmeier aus der Umgebung aufnehmen und versehentlich in den Mund bringen. Kinder sind besonders gefährdet.

Sind die Eier einmal im Darm angelangt, schlüpfen die heranreifenden Wurmlarven aus, wandern durch den Körper und verursachen verschiedene Krankheitssymptome. Allerdings sind solche Fälle sehr selten.

Sie können das Risiko noch weiter verringern:
• Sorgen Sie dafür, daß sich Kinder vor dem Essen immer die Hände waschen und keine Gegenstände in den Mund nehmen, die auf dem Boden gelegen haben.
• Decken Sie Nahrungsmittel ab, um der Übertragung der Eier durch Fliegen vorzubeugen.
• Beseitigen Sie den Kot Ihres Kätzchens so schnell wie möglich.

Vorsorgemaßnahmen

Wenn das Katzenkind nicht beim Züchter entwurmt wurde, so trägt es mit ziemlicher Sicherheit Spulwürmer in sich, wenn Sie es zu sich holen. Aber auch wenn der Züchter bereits eine Wurmkur durchgeführt hat, sollten Sie das Kätzchen entwurmen. Beachten Sie die folgenden Punkte:
• Behandeln Sie das Kätzchen regelmäßig mit einem empfohlenen Wurmmittel. Häufig werden Kätzchen in der zweiten Lebenswoche zum ersten Mal entwurmt, dann alle zwei Wochen bis zur zwölften Lebenswoche. Die meisten Tierärzte empfehlen, bei älteren Kätzchen und ausgewachsenen Katzen alle drei Monate eine Wurmkur durchzuführen. Wurmmittel gibt es in flüssiger Form, als Tabletten oder als Pulver und werden oral verabreicht. Einige Produkte bekämpfen Bandwürmer und Spulwürmer gleichzeitig.
• Entfernen und entsorgen Sie den Kot so schnell wie möglich aus der Katzentoilette oder auch aus Ihrem Garten, um der Entwicklungn von Spulwurmeiern vorzubeugen.

Andere Würmer

Je nach Wohnort und Lebensweise Ihres Katzenkindes kann es auch von anderen Wurmarten befallen werden. In einigen Ländern Südeuropas treten beispielsweise Fadenwürmer häufiger auf.

Erkundigen Sie sich beim Tierarzt nach den Würmern, die in Ihrer Region vorkommen, und nach den entsprechenden Vorsorgemaßnahmen.

Flöhe

Katzen können von einer Reihe von Insekten und anderen Lebewesen befallen werden, etwa von Läusen, Zecken und von Milben, doch Flöhe sind die bekanntesten Hautparasiten der Katze. Flöhe sind zwar weniger als 3 mm groß bzw. klein, aber oho: ein ausgewachsener Floh kann bis zu 600 Sprünge pro Stunde vollführen. Ein Sprung entspricht dem Sprung eines Menschen in den 50. Stock eines Wolkenkratzers! Es gibt etwa 3000 verschiedene Flocharten, wobei der Katzenfloh bei Katzen – und Hunden – am häufigsten auftritt.

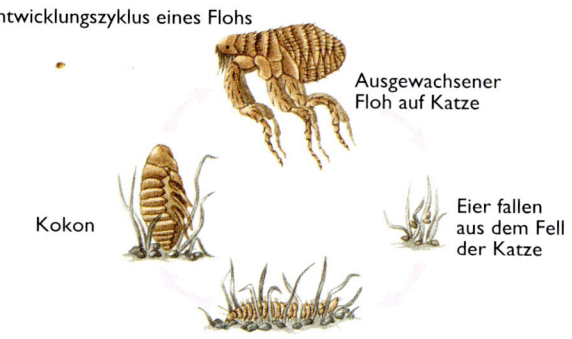

Entwicklungszyklus eines Flohs

Ausgewachsener Floh auf Katze

Kokon

Eier fallen aus dem Fell der Katze

Aus jedem Ei schlüpft eine Larve

Flöhe verbringen die meiste Zeit ihres Lebens in der Umgebung. Nur um Blut zu saugen, springen sie auf ein warmblütiges Tier.

Wie wird eine Katze befallen?

Flöhe gibt es eigentlich überall; Katzen und andere Warmblüter wie etwa Hunde und sogar Menschen sind für sie Restaurants auf vier bzw. zwei Beinen. Flöhe springen auf eine Katze auf, krallen sich im Fell fest und beißen sich durch die Haut, um Blut zu saugen. Die Parasiten sind sehr paarungsfreudig; die Weibchen legen Hunderte von Eiern, die normalerweise innerhalb von acht Stunden aus dem Fell der Katze auf den Boden fallen.

Nach knapp zwei Wochen schlüpft aus jedem Ei eine Larve aus und versteckt sich in einem dunklen Winkel wie etwa in den Ritzen von Polstermöbeln. Die Larve ernährt sich von Essenskrümeln, Hautschuppen und natürlich Bandwurmeiern (siehe Seite 114).

Wenn die Larve eine Länge von etwa 6 mm erreicht hat, verpuppt sie sich in einem Kokon und verwandelt sich vollständig. Ein ausgewachsener Floh kann bis zu acht Monate überleben, während er darauf wartet, daß ein Hund oder eine Katze vorbeispaziert. Sobald er Vibrationen spürt, beginnt er zu springen.

Ihr Kätzchen kann folgendermaßen Flöhe bekommen:

• Direkt von einer anderen Katze.
• Direkt von einem Hund.
• Direkt von einem anderen Tier, z.B. einem Kaninchen.
• Aus der Umgebung, in der die oben genannten Tiere leben oder in der sie sich vorübergehend aufhalten.

Die Fruchtbarkeit der Flöhe ist bemerkenswert. Wenn das Kätzchen eines Tages mit 10 Flöhen im Fell nach Hause kommt, könnte Ihr Haus nach vier Wochen von mehr als 250 000 Flöhen bevölkert sein!

Anzeichen für Flohbefall

Im Haus: Flöhe sind so verbreitet, daß in vielen Haushalten mit Tieren – und vielen ohne Tiere – Flöhe zu finden sind. Die Tierchen sind zwar mit bloßem Auge zu erkennen, aber sie bewegen sich so schnell, daß man sie meist nicht wahrnimmt.

Auf Ihrem Kätzchen: Einige Katzen sind sehr flohempfindlich und zeigen schon bei geringem Flohbefall Hautirritationen und Anzeichen wie übermäßiges Kratzen, Lecken und Fellknabbern. In einigen Fällen treten auch kleine rote Schwellungen auf der Haut auf. Andere Katzen wiederum zeigen nur geringe oder gar keine Reaktionen auf Flöhe.

Auf Ihnen selbst: Wenn einem hungrigen Floh kein vierbeiniges Opfer unterkommt, kann er durchaus auch mit Ihrem Blut vorlieb nehmen. Wenn er satt ist, springt er wieder herunter und wartet weiter auf eine Katze oder einen Hund.

Vorsorgemaßnahmen

Bedenken Sie, daß Flöhe den Großteil ihres Lebens in unserer Umgebung verbringen, nicht auf der Katze selbst. Sie müssen also entsprechend drastische Maßnahmen ergreifen, um die Flöhe aus der Wohnung zu vertreiben, aber auch, um Hautproblemen und der Übertragung von Bandwürmern (siehe Seiten 114–115) auf die Katze vorzubeugen. Sie sollten die folgenden Maßnahmen ergreifen:

Flohtest

Ein offensichtliches Anzeichen für einen Flohbefall sind kleine schwarze Partikel im Fell Ihrer Katze. Diese Flohausscheidungen sind leicht zu erkennen: Setzen Sie Ihre Katze auf weißes Papier und bürsten Sie das Fell. Nehmen Sie verdächtig aussehende Teilchen mit einem feuchten Baumwolltuch auf. Wenn es sich um die Ausscheidungen von Flöhen handelt, zerfallen sie und hinterlassen rotbraune Flecken aus halbverdautem Blut.

Wichtiger Hinweis

Insektizide sind gefährliche Chemikalien. Gehen Sie sehr vorsichtig damit um, und befolgen Sie unbedingt die Gebrauchsanweisung! Verwenden Sie immer nur ein Produkt gleichzeitig, und benutzen Sie nur Flohsprays, die ausdrücklich für die Behandlung von Katzen bestimmt sind.

• Saugen Sie regelmäßig Staub im und um den Schlafplatz Ihres Kätzchens, und waschen Sie die Schlafdecken regelmäßig.
• Saugen Sie regelmäßig Staub in Ihrer Wohnung.
• Verwenden Sie regelmäßig ein Flohspray. Gute Produkte verhindern auch die Entwicklung der Eier.
• Behandeln Sie Ihr Kätzchen regelmäßig mit Flohmitteln, die es in Form von Sprays, Spot-on, Shampoos usw. zur äußerlichen Anwendung, aber auch Medikament zum Schlucken gibt. Flohhalsbänder sind eine weitere Möglichkeit.

Führen Sie die Flohbehandlung mit einem Spray an einem ungewohnten Ort, etwa auf einem Tisch, durch, und halten Sie das Kätzchen gut fest. Bitten Sie bei Unsicherheiten Ihren Tierarzt um eine praktische Vorführung.

Impfungen

Alle Katzenkinder sind für Krankheiten anfällig, die durch lebende Mikroorganismen, etwa bestimmte Viren, verursacht und von einer infizierten Katze auf andere übertragen werden. Zu den wichtigsten Infektionskrankheiten bei Katzen zählen der Katzenschnupfen, Katzenleukose (Virusinfektion) und Tollwut.

Die Wahrscheinlichkeit, daß das Kätzchen sich ansteckt, hängt mit seiner Lebensweise zusammen: wenn es regelmäßig Plätze aufsucht, die von anderen Katzen frequentiert werden, ist das Ansteckungsrisiko natürlich wesentlich höher, als wenn sich sein Leben innerhalb Ihrer vier Wände abspielt.

Das Immunsystem

Wenn sich eine Katze mit einem bestimmten Erreger ansteckt, versucht sein Immunsystem, diesen Organismus zu zerstören. Viele Erreger von Infektionskrankheiten schädigen die Organe und Körperstrukturen der Katze derart jedoch schnell, so daß ihr Immunsystem nicht in der Lage ist, rechtzeitig genug zu reagieren.

Was bewirken Impfungen?

Impfungen erhöhen die Geschwindigkeit und Effektivität, mit der das Immunsystem auf eine Infektion reagiert. Das Immunsystem wird mit kleinen, unschädlichen Mengen des betroffenen Erregers konfrontiert, bevor der Körper der Katze sich mit dem echten Krankheitserreger auseinandersetzen muß.

Impfschutz für das Katzenkind

Um das Katzenkind vor den oben genannten Infektionskrankheiten zu schützen, müssen Sie darauf achten, daß der erste Impfdurchgang bis zur zwölften Lebenswoche abgeschlossen ist und daß die Impfungen jedes Jahr aufgefrischt werden. Bedenken Sie, daß davon das Leben Ihres Katzenkindes abhängen kann!

Impfstoffe werden normalerweise unter die Haut der Katze gespritzt, meist im Halsbereich. Sie sind relativ schmerzlos und werden von den meisten Katzen widerstandslos hingenommen.

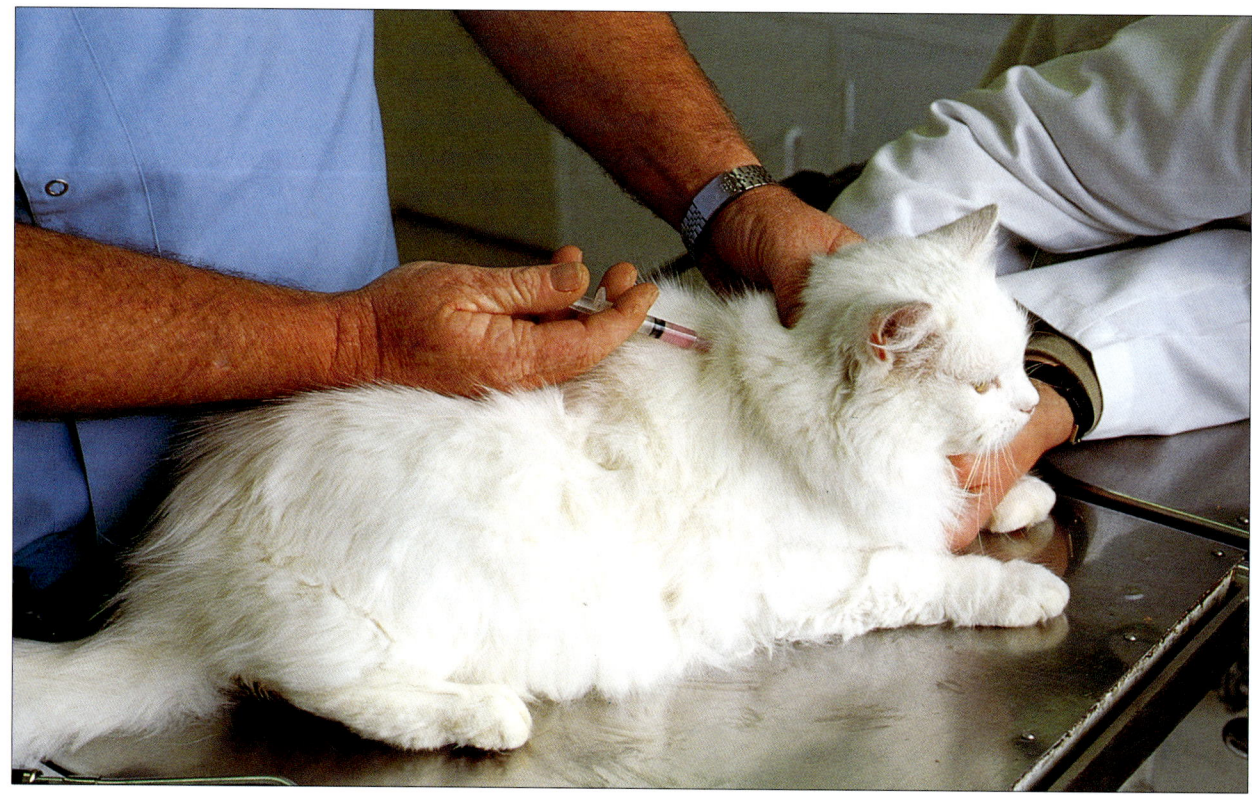

Die häufigsten Infektionskrankheiten

Es hängt von Ihrem Wohnort und der Lebensweise Ihres Katzenkindes ab, welchen Infektionskrankheiten das Kätzchen im einzelnen ausgesetzt ist. Danach richten sich auch die notwendigen Impfungen. Stellen Sie gemeinsam mit Ihrem Tierarzt einen Impfplan für das Katzenkind auf.

Im folgenden werden einige der häufigsten Infektionskrankheiten beschrieben. Die meisten Tierärzte empfehlen eine routinemäßige Impfung gegen diese Krankheiten.

Tollwut

Ansteckung: Da der Tollwuterreger mit dem Speichel infizierter Tiere auch auf den Menschen übertragen wird, ist eine Tollwuterkrankung höchst gefährlich. Voraussetzung für die Ansteckung sind kleine Hautverletzungen, durch die das Virus in den Körper eindringen kann.

Symptome: Befallene Tiere werden äußerst agressiv, es kommt zu Muskelzuckungen, Speichelfluß, Krämpfen und zum Tod.

Behandlung: Es gibt keine Behandlungsmöglichkeiten. Freilaufende Katzen müssen deshalb unbedingt gegen Tollwut geimpft werden!

Katzenseuche

Ansteckung: Eine Katze kann sich durch engen Kontakt mit einer bereits infizierten Katze anstecken oder das Virus aus der Umgebung aufnehmen. Wenn das Virus über Maul oder Nase in den Körper gelangt ist, beginnt es sofort mit der Zerstörung von Gewebe, einschließlich der Därme und des Knochenmarks.

Symptome: Es treten verschiedene Symptome auf, darunter Fieber, Erbrechen, Durchfall, Teilnahmslosigkeit und Appetitlosigkeit. Manche infizierte Katzen zeigen als einziges Symptom ein wenig Fieber, andere sterben kurz nach Ausbrechen der Krankheit. Der Krankheitsverlauf ist bei jungen Kätzchen am schwersten.

Behandlung: Es gibt keine bestimmte Behandlungsmethode für die Katzenseuche. Vorbeugend impfen!

Katzenschnupfen

Diese Infektionskrankheit, die durch Herpes- und Caliciviren verursacht wird, ist unter der Bezeichnung ‚Katzenschnupfen‘ bekannt und tritt am häufigsten auf, wenn mehrere Katzen zusammengehalten werden, wie etwa in Katzenpensionen oder bei Züchtern.

Wichtiger Hinweis

Es gibt eine weitere Infektionskrankheit, gegen die es in Deutschland derzeit keine Schutzimpfung gibt (fragen Sie Ihren Tierarzt nach weiteren Informationen): Katzen-„AIDS" (Felines Immundefizienz-Virus = FIV; siehe Seite 93). Gegen die Infektiöse Bauchfellentzündung (FIP) wurde inzwischen ein Impfstoff entwickelt.

Ansteckung: Normalerweise steckt sich eine Katze durch den direkten Kontakt mit einer bereits erkrankten Katze an. Aber auch eine scheinbar gesunde Katze, die einmal an Katzenschnupfen gelitten hat, kann das Virus immer noch in sich tragen und auf andere Katzen übertragen. Beide Viren überleben außerhalb des Körpers nur für kurze Zeit.

Symptome: Mögliche Symptome sind Depression, Niesen, Appetitlosigkeit, Fieber, Ausfluß aus Augen und Nase sowie Geschwürbildung auf der Zunge. Katzenschnupfen endet nur in wenigen Fällen tödlich – etwa bei jungen Kätzchen oder alten Tieren mit einem schwachen Immunsystem.

Behandlung: Durch Antibiotikagaben können sekundäre bakterielle Infektionen verhindert werden.

Andere Infektionskrankheiten

Im folgenden werden weitere Infektionskrankheiten beschrieben, gegen die Katzen geimpft werden sollten.

Katzenleukose

Die Katzenleukose ist gegenwärtig die Ursache großer Besorgnis bei den Katzenhaltern; daher wird diese komplexe Krankheit im folgenden eingehend beschrieben. Das Virus gehört zu einer Gruppe von Viren, die als Retroviren bezeichnet werden. Zu dieser Gruppe gehören auch Viren, die Krankheiten bei Tieren, beispielsweise Schafen, Rindern oder Pferden, und beim Menschen hervorrufen. Der HI-Virus, die Ursache von AIDS, ist wahrscheinlich das bekannteste Retrovirus. Die Virusinfektion, die zur Katzenleukose führt, ist aber keinesfalls mit AIDS beim Menschen vergleichbar. Das Virus wurde in allen Ländern gefunden, in denen entsprechende Tests durchgeführt wurden, und ist hochinfektiös.

Ansteckung: Das Virus tritt bei infizierten Katzen im Speichel, im Urin, im Blut, in der Milch, im Schleim der Atemwege und im Kot auf. Die Übertragung auf andere Katzen erfolgt meistens durch Tröpfcheninfektion; das Virus wird durch den engen Kontakt beim Lecken und Beißen übertragen. Auch verunrei-

nigte Futterschüsseln können einen Ansteckungs-
herd darstellen. Katzenjunge können von der eigenen Mutter infiziert werden, entweder noch vor der
Geburt über den Mutterkuchen oder nach der Geburt über die Muttermilch.

Symptome: Es gibt keine charakteristichen Anzeichen
für die Katzenleukose. Im Anfangsstadium ist eine
Katze unter Umständen einfach nicht in Form, und
die eigentliche Infektion wird gar nicht bemerkt.
Aber auch in fortgeschrittenem Stadium sind die
Symptome eher unspezifisch. Eine der Hauptaus-
wirkungen der Katzenleukose ist eine Schwächung
des Immunsystems, so daß es oft zu anderen Infektionen kommt. Die häufigsten Anzeichen für eine
Infektion sind Gewichtsverlust, Fieber, Anämie, Geschwürbildung im Maul, Zahnfleischerkrankungen,
geschwollene Drüsen, Durchfall, Erbrechen und
Bindehautentzündung. Allerdings treten die Symptome unter Umständen erst Monate oder sogar Jahre
nach der eigentlichen Infektion auf. Eine infizierte
Katze stellt ein ernstes Gesundheitsrisiko für alle anderen Katzen dar, zu denen sie Kontakt hat.

Prognose: Die meisten Katzen kommen mindestens
einmal in ihrem Leben mit dem Katzenleukosevirus
in Berührung, aber nur sieben von zehn Katzen infi-
zieren sich tatsächlich. Wenn sich eine Katze mit
dem Virus infiziert, gibt es drei Möglichkeiten:
• Die Katze kann die Infektion erfolgreich bekämpfen und wird dadurch immun gegen erneute Infektionen. Dies ist der Normalfall bei älteren Katzen.
• Das Immunsystem der Katze wird mit dem Virus
nicht fertig; sie infiziert sich. Der Körper der Katze
wird nun zur ‚Virenfabrik‘; es werden ständig neue
Viren produziert und in die Außenwelt ‚exportiert‘.
Dieser Krankheitsverlauf tritt bei drei von zehn Katzen auf, die mit dem Virus in Berührung kommen,
und ist der Normalfall bei ungeborenen Kätzchen
und Kätzchen, die jünger als acht Wochen sind.
• Das Immunsystem der Katze kann die Viren nicht
vollständig niederschlagen. In diesem Fall verblei-
ben einige im Körper. Nicht alle Katzen können sich
im Laufe der Zeit von der Infektion befreien.

Behandlung: Es gibt keine Medikamente zur Behandlung der Katzenleukose. Die meisten dauerhaft infizierten Katzen sterben innerhalb von dreieinhalb
Jahren nach der Infektion.

Vorbeugung: Manche Tierkliniken führen grundsätzlich bei allen Katzenkindern vor der Impfung gegen
Katzenleukose einen Bluttest durch, um festzustellen, ob die Kätzchen bereits infiziert sind. Besprechen Sie diese Frage mit Ihrem Tierarzt.

Chlamydieninfektionen

Chlamydien sind spezialisierte Bakterien. Eine Art
wird als häufiger Auslöser für Bindehautentzündung
angesehen und kann in einigen Fällen zu Komplikatio-
nen während eines Katzenschnupfens führen. Am häufigsten sind Kätzchen im Alter zwischen fünf Wochen
und neun Monaten von Chlamydieninfektionen betroffen.

Ansteckung: Eine Katze kann sich durch engen Kontakt mit dem Ausfluß aus Augen oder Nase eines infizierten Lebewesens anstecken, aber auch über den
direkten Kontakt mit einer Katze, die sich zwar von
der Krankheit erholt hat, aber immer noch die Erreger in sich trägt.

Symptome: Die deutlichsten Symptome sind tränende,
gerötete Augen und geschwollene Augenlider. Unter Umständen tritt auch ein leichter Ausfluß aus
der Nase aus, und die Katze niest. In den meisten
Fällen ist der Allgemeinzustand der Katzen nicht
beeinträchtigt, und sie behalten ihren Appetit.

Behandlung: Bestimmte Antibiotika töten die Chlamydien ab. Eine Impfung wird nur in seltenen Fällen
empfohlen, wenn ein besonderes Ansteckungsrisiko
besteht.

Zeitplan für die Impfungen

Der richtige Zeitpunkt für die Impfungen Ihres Katzenkindes hängt von den verwendeten Impfstoffen sowie
von den nationalen oder regionalen tierärztlichen Empfehlungen zur Impfung ab. Ihr Tierarzt empfiehlt Ihnen
den richtigen Zeitpunkt für die ersten Impfungen des
Katzenkindes.

Natürlicher Schutz

Während sich das Immunsystem des Kätzchens in den
ersten Lebenswochen allmählich entwickelt, ist es vor
den häufigsten Infektionskrankheiten geschützt, da es
mit der ersten Milch der Mutter, der Kolostralmilch,
Antikörper aufnimmt. Mit zunehmendem Alter des
Katzenkindes geht der Schutz durch diese Antikörper
allmählich verloren; er ist normalerweise ab der zwölften Lebenswoche nicht mehr vorhanden.

Impfplan für das Katzenkind

Der erste Impfdurchgang besteht aus zwei Impfungen,
die im Abstand von einigen Wochen durchgeführt werden. Ein typischer Impfplan könnte so aussehen:

Neunte Woche: Impfung gegen Herpes- und Caliciviren, die Katzenschnupfen verursachen, Impfung gegen Katzenleukose und Impfung gegen Katzenseu-

che. Alle drei Impfungen können als eine Injektion unter die Haut durchgeführt werden. Die Impfung gegen Katzenleukose kann separat erfolgen.

Zwölfte Woche: Wiederholung der oben genannten Impfungen und zusätzlich Impfung gegen Tollwut. Das Kätzchen sollte nach diesen Impfungen für sieben bis zehn Tage nicht ins Freie gelassen werden und nicht mit fremden Katzen in Kontakt kommen.

15 Monate: Wiederholung der oben genannten Impfungen. Von nun an werden diese im Abstand von zwölf Monaten (je nach Hersteller) aufgefrischt. Wahrscheinlich schickt Ihre Tierklinik dem Katzenkind rechtzeitig ein Erinnerungsschreiben. Gut möglich, daß dies die einzige Post ist, die es in seinem Leben bekommt! Regelmäßige Impfungen sind ein wichtiger Bestandteil der Gesundheitsvorsorge. Planen Sie die anfallenden Impfkosten ein, und verzichten Sie niemals darauf, um Geld zu sparen. Möglicherweise zahlen Sie dann einen viel höheren Preis, nämlich das Leben Ihres Kätzchens.

Wenn Sie die vom Tierarzt empfohlenen Schutzimpfungen durchführen lassen, tun Sie alles Menschenmögliche, um das Katzenkind vor Infektionskrankheiten zu schützen.

Informationen zu den Impfungen

• Sie sollten von Ihrem Tierarzt einen Impfpaß für das Katzenkind bekommen, in dem alle vorgenommenen Impfungen vermerkt sind. Bewahren Sie den Impfpaß mit den anderen Unterlagen der Katze an einem sicheren Ort auf. Sie brauchen den Paß beispielsweise, wenn Sie das Kätzchen in einer Katzenpension unterbringen möchten.

• Deutliche Reaktionen auf Impfungen treten nur selten auf; manche Kätzchen sind vielleicht für die nächsten 24 Stunden etwas ruhiger als sonst. Wenn Sie den Eindruck haben, daß Ihrem Kätzchen eine Impfung überhaupt nicht bekommen ist, sollten Sie sich sofort mit dem Tierarzt in Verbindung setzen.

• Impfungen bieten keinen hundertprozentigen Schutz vor den jeweiligen Infektionskrankheiten, da einige Katzen nicht vollständig auf die Impfstoffe ansprechen. Außerdem gibt es einige Krankheiten, gegen die noch keine Impfung entwickelt werden konnte (siehe Seite 119). Wenn Sie Ihr Kätzchen regelmäßig impfen lassen, können Sie jedoch das Schlimmste verhindern.

Familienplanung

Sie müssen sich rechtzeitig Gedanken darüber machen, ob Ihre Katze Nachwuchs bekommen soll. Das Züchten von Katzen bringt viel Verantwortung mit sich, und die Tierheime sind ohnehin schon mit ungewollten Kätzchen überfüllt.

Wenn Sie sich dazu entschließen, Ihre Katze Junge bekommen zu lassen, sprechen Sie mit Ihrem Tierarzt, bevor Sie ein Rendezvous mit dem Kater organisieren. Wenn Sie dagegen kein Verlangen danach verspüren, von tapsigen kleinen Samtpfoten umgeben zu sein, müssen Sie sich für eine Verhütungsmethode entscheiden, bevor das Kätzchen sechs Monate alt ist.

Die Geschlechtsreife

Bei nicht reinrassigen Katzen wird ein Zusammenhang zwischen dem Eintreten der Geschlechtsreife und dem Körpergewicht angenommen. Weibliche Katzen kommen ungefähr im Alter von sieben Monaten mit einem Gewicht von 2,3 bis 2,5 kg das erste Mal in Hitze, Kater pubertieren etwa einen oder zwei Monate später und wiegen dann etwa 1 kg mehr.

Bei Rassekatzen variiert der Zeitpunkt für das Einsetzen der sexuellen Aktivität von Rasse zu Rasse. Das Eintreten der Geschlechtsreife hängt bei weiblichen Kätzchen auch davon ab, zu welcher Jahreszeit sie geboren wurden. Ein im Frühjahr geborenes Kätzchen kann durchaus im Herbst desselben Jahres geschlechtsreif sein, während ein gegen Ende des Jahres geborenes Kätzchen erst im übernächsten Frühjahr rollig wird.

Kater

Nach Erreichen der Geschlechtsreife sind Kater zur selben Zeit sexuell aktiv wie ihre weiblichen Artgenossen. Die einzige Möglichkeit, eine Vaterschaft wirksam zu verhindern, ist die Kastration.

Kastration

Bei der Kastration, die unter Vollnarkose durchgeführt wird, werden die Hoden entfernt. Es bleiben kleine Wunden zurück, die im Normalfall innerhalb einer Woche abheilen. Die meisten Tiere erholen sich sehr schnell von diesem Eingriff, wobei kastrierte Kater nicht die für Kater typische kräftige, muskulöse Statur entwickeln.

Normalerweise werden kleine Kater im Alter von sechs Monaten kastriert. Sie können noch bis zu einem Monat nach dem Eingriff fruchtbar sein.

Vorteile
- Der Kater sorgt nicht mehr für unerwünschten Nachwuchs.
- Der Kater bleibt von nun an näher am Haus.
- Kastrierte Kater markieren ihr Revier im Haus weniger oft mit Urin.
- Kastration ist eine Möglichkeit, mit gutem Beispiel voranzugehen und die Verhütung nicht allein den Besitzern weiblicher Katzen zu überlassen.
- Wohnungskater oder Kater mit kleinem Auslauf verspüren einen weniger starken Freiheitsdrang.

Die Fortpflanzungsorgane des Katers

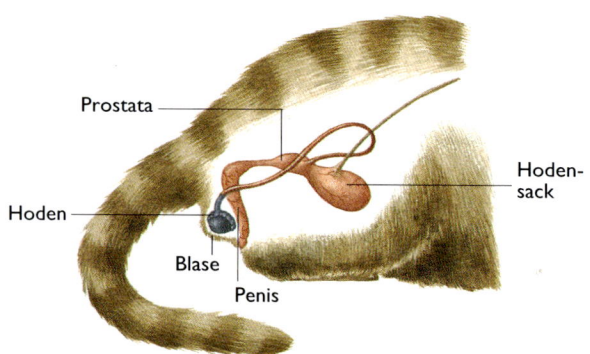

Ein gesunder Kater hat zwei Hoden, die in einem Hautgebilde, dem sogenannten Hodensack, liegen.

Die Fortpflanzungsorgane der Katze

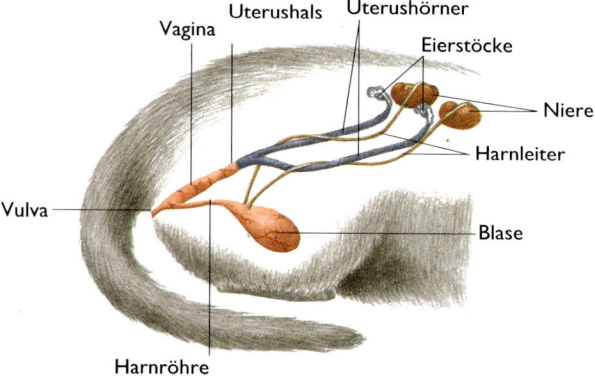

Eine Katze hat zwei Eierstöcke, von denen einer nahe bei den Nieren liegt. Die Gebärmutter hat die Form eines Y.

Katzen

Geschlechtsreife Weibchen sind normalerweise nicht immer empfängnisbereit und werden nur während der Paarungszeit sexuell aktiv. Diese Paarungszeit hängt mit der Länge der Tage zusammen und kann unter künstlichen Bedingungen auf das ganze Jahr ausgedehnt werden.

Die Rolligkeit

Zu Beginn der Paarungszeit kommt eine Katze in Hitze, sie wird rollig. Vier bis zehn Tage lang ist sie für die Avancen eines Katers empfänglich. Sie gibt ihrem Drang lautstark Ausdruck und rollt auf dem Boden umher, um die Aufmerksamkeit der Kater zu erregen (siehe Seite 12).

Wenn Sie mit einem Weibchen züchten möchten, müssen Sie warten, bis sie geschlechtsreif ist und normale Zyklen erlebt. Besprechen Sie Ihre Pläne rechtzeitig mit dem Tierarzt.

Der Zyklus einer Kätzin vom Ende der einen Rolligkeit bis zum Beginn der nächsten. Im Winter sind die meisten Katzen für vier Monate sexuell inaktiv.

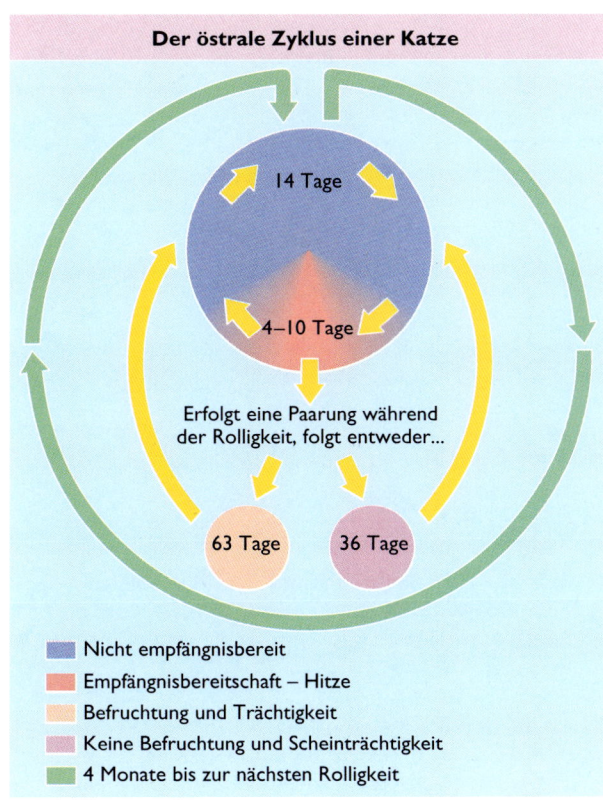

Der östrale Zyklus einer Katze

14 Tage

4–10 Tage

Erfolgt eine Paarung während der Rolligkeit, folgt entweder...

63 Tage   36 Tage

- ■ Nicht empfängnisbereit
- ■ Empfängnisbereitschaft – Hitze
- ■ Befruchtung und Trächtigkeit
- ■ Keine Befruchtung und Scheinträchtigkeit
- ■ 4 Monate bis zur nächsten Rolligkeit

Vor allem junge Katzen kommen während der Paarungszeit alle drei Wochen in die Hitze; bei anderen ist der Zyklus unregelmäßiger. Wenn eine Katze nach der Paarung nicht empfängt, kommt es zu einer Scheinschwangerschaft (siehe unten, links), bevor sie erneut rollig wird.

Entfernen der Eierstöcke (Kastration)

Bei diesem chirurgischen Eingriff, der unter Vollnarkose ausgeführt wird, werden die Eierstöcke und die gesamte Gebärmutter entfernt. Katzen können mit sechs Monaten kastriert werden.

Vorteile
- Die Katze ist nach dem Eingriff zu 100% unfruchtbar.
- Keine Probleme im Umgang mit einer rolligen Katze.

Nachteile
- Es handelt sich um einen größeren Eingriff mit den entsprechenden Risiken.
- Die Kastration kann nicht rückgängig gemacht werden.

Geburtenkontrolle mit Medikamenten

Die Anzeichen der Rolligkeit können kurzfristig mit bestimmten Hormonpräparaten unterdrückt werden; damit läßt sich auch eine bevorstehende Hitze verschieben. Die Medikamente können auch regelmäßig verabreicht werden, um die Hitze langfristig zu unterdrücken. Nach Absetzen der Präparate sollte die Rolligkeit wieder einsetzen.

Gesundheitsfahrplan für das Katzenkind

Vielleicht geht es Ihnen wie mir – Sie vergessen ständig die Termine für Kontrolluntersuchungen beim Augen- und Zahnarzt und wann die nächste Auffrischung der Tetanusimpfung fällig ist. Jetzt sind Sie auch noch für die Gesundheit Ihres Katzenkindes zuständig. Einige Aufgaben wie etwa Fütterung fallen jeden Tag an und können eigentlich gar nicht vergessen werden. Andere sehr wichtige wie etwa Impfungen oder Wurmkuren stehen weniger oft an.

Die folgende Checkliste soll Ihnen dabei helfen, anhand der Bedürfnisse Ihres Katzenkindes einen individuellen Vorsorgeplan zu erstellen. Verwenden Sie den Fünfwochenplan (siehe nächste Seite) als Grundlage, um einen Plan für das erste Jahr aufzustellen.

Futter

Das richtige Futter: Ernähren Sie das Katzenkind fast ausschließlich mit hochwertiger Vollnahrung, die eigens auf seine Ernährungsbedürfnisse ausgerichtet ist.

Der richtige Zeitpunkt: Junge Kätzchen brauchen mehrere kleine Mahlzeiten, da ihr Verdauungssystem sonst leicht überfordert wird. Auch mit zunehmendem Alter nehmen viele Katzen am liebsten mehrere Mahlzeiten zu sich.

Übergang zu Erwachsenennahrung: Wenn das Kätzchen mit zwölf Monaten ausgewachsen ist, gehen Sie allmählich zu Futtermitteln für ausgewachsene Katzen über (siehe Seite 66).

Wasser: Stellen Sie Ihrem Kätzchen rund um die Uhr frisches Wasser zur Verfügung (siehe Seiten 66–67).

Fitness

Das Kätzchen muß jeden Tag aufs Neue geistig und körperlich herausgefordert werden – ganz besonders, wenn es ausschließlich in der Wohnung lebt oder nur begrenzten Auslauf im Freien hat. Schneiden Sie den Fitneßplan auf die Fähigkeiten und Interessen Ihres Kätzchens zu:

• Spiele in der Wohnung mit Spielzeug und Klettergerüsten o.ä. (siehe Seiten 83–85).
• Lassen Sie das Kätzchen im Freien umherstreifen, klettern, jagen und spielen.
• Führen Sie das Kätzchen an der Leine spazieren.

Fellpflege

Zu Hause: Unterziehen Sie das Kätzchen täglich einer schnellen Fellpflege und einmal wöchentlich einer gründlichen Reinigung (siehe Seiten 108–110).

Beim Fachmann: Wenn Sie ein Langhaarkätzchen besitzen, empfiehlt es sich, ein- bis zweimal im Jahr das Fell von einem Fachmann pflegen zu lassen.

Baden: Baden Sie das Kätzchen nur, wenn es unbedingt nötig ist (siehe Seite 111).

Zahnpflege

Nehmen Sie sich jeden Tag eine Minute Zeit, um Zähne und Zahnfleisch mit einer geeigneten Zahnbürste und Zahncreme zu bürsten (siehe Seiten 112–113).

Gesundheitskontrolle zu Hause

Nahrungsaufnahme: Achten Sie auf Veränderungen bei Futter- und Wasseraufnahme.

Ausscheidungen: Achten Sie täglich darauf, ob Kot und Urin Veränderungen aufweisen.

Verhalten: Achten Sie ständig auf das Verhalten Ihres Kätzchens; plötzliche Änderungen sind oft Vorboten einer Krankheit.

Körper: Unterziehen Sie Ihr Kätzchen einmal in der Woche einer gründlichen Untersuchung (siehe Seiten 106–107).

Gewicht: Wiegen Sie das Kätzchen einmal in der Woche (siehe Seite 107) immer zur selben Tageszeit, und notieren Sie die Ergebnisse.

Gesundheitscheck beim Tierarzt

Tierarzt: Lassen Sie das Kätzchen vom Tierarzt untersuchen, sobald Sie es im Alter von acht Wochen zu sich holen (siehe Seiten 70–71). Die nächsten Untersuchungen stehen im Alter von zwölf Wochen und zwölf Monaten an.

Das Katzenkind sollte im ersten Jahr im Idealfall alle vier Wochen einen Termin beim Tierarzt wahrnehmen, der seine Entwicklung und das Gewicht kontrolliert.

Zeitplan für Behandlungen

Beachten Sie, daß sich der Zeitplan für bestimmte tierärztliche Behandlungen nach den speziellen gesundheitlichen Gefahren richtet, denen das Kätzchen aufgrund seiner Umwelt und seiner Lebensweise ausgesetzt ist, sowie nach den verwendeten Präparaten. Ihr Tierarzt gibt Ihnen gerne genaue Informationen für Ihren speziellen Fall.

Impfungen

Der Impfplan für das Katzenkind hängt davon ab, welche Krankheiten in Ihrem Land wie häufig auftreten. Ein Impfplan kann etwa wie folgt aussehen:

Impfungen gegen Katzenschnupfen, Katzenleukose und Katzenseuche (siehe Seiten 119–120): Erste Impfung im Alter von neun Wochen, Wiederholung im Alter von zwölf Wochen und Auffrischung im Alter von 15 Monaten.

Tollwutimpfung: Erstmals im Alter von 12 Wochen, dann jährlich (je nach Hersteller) auffrischen.

Entwurmen

Auch der genaue Plan für die Wurmbehandlung hängt davon ab, welche Würmer in welchem Umfang auftreten und welche Produkte verwendet werden.

Bandwürmer (siehe Seiten 114–115): Erste Wurmkur im Alter von acht Wochen, wiederholte Behandlung alle zwei bis drei Monate.

Spulwürmer (siehe Seiten 115–116): Erste Wurmkur im Alter von acht Wochen, zweite Behandlung im Alter von zehn Wochen, dritte im Alter von zwölf Wochen, Folgebehandlungen alle drei Monate.

Behandlung von Hautparasiten

Auch in diesem Fall hängt der genaue Behandlungsplan davon ab, welche Parasiten in welchem Umfang in Ihrem Land auftreten und welche Produkte verwendet werden (siehe links, unten). Eine Routinebehandlung gegen Flöhe kann etwa folgendermaßen aussehen:

An der Katze: Erste Behandlung im Alter von zwei Wochen, weitere Behandlungen alle zwei Wochen.

Im Haus: Die Flohbekämpfung sollte zwei Wochen vor der Ankunft des Kätzchens abgeschlossen sein und alle vier Monate wiederholt werden.

Familienplanung

Kater: Eine Kastration erfolgt normalerweise, bevor der kleine Kater sechs Monate alt ist (siehe Seite 122).

Katze: Eine regelmäßige Hormonbehandlung sollte nach der ersten Hitze begonnen und nach Bedarf weitergeführt werden. Eine Kastration wird normalerweise vor der ersten Rolligkeit vorgenommen, also etwa im Alter von sechs Monaten.

Diese kurzgefaßte Checkliste umfaßt die ersten fünf Wochen, nachdem das Kätzchen in seiner achten Lebenswoche zu Ihnen gekommen ist. Anhand dieser Muster-Checkliste können Sie eine eigene Checkliste entwickeln, die das gesamte erste Lebensjahr abdeckt.

8. Woche

Zähneputzen (täglich) .... ☑
Schnelle Fellpflege (täglich) .... ☑
Gründliche Fellpflege .... ☑
Gesundheitscheck zu Hause................... ☑
Gewichtskontrolle ....Datum ....kg ....
Gesundheitscheck beim Tierarzt...........................Datum
Entwicklungskontrolle beim Tierarzt.............Datum ....
Erste Bandwurmkur...............................Datum ....
Erste Spulwurmkur ....Datum ....

9. Woche

Zähneputzen (täglich) .... ☑
Schnelle Fellpflege (täglich) .... ☑
Gründliche Fellpflege............................. ☑
Gesundheitskontrolle zu Hause................ ☑
Gewichtskontrolle ....Datum ....kg ....
Erste Impfung ....Datum ....

10. Woche

Zähneputzen (täglich) .... ☑
Schnelle Fellpflege (täglich) .... ☑
Gründliche Fellpflege............................. ☑
Gesundheitskontrolle zu Hause................ ☑
Gewichtskontrolle ....Datum ....kg ....
Zweite Spulwurmkur................................Datum ....

11. Woche

Zähneputzen (täglich) .... ☑
Schnelle Fellpflege (täglich) .... ☑
Gründliche Fellpflege .... ☑
Gesundheitskontrolle zu Hause................ ☑
Gewichtskontrolle ....Datum ....kg ....

12. Woche

Zähneputzen (täglich) .... ☑
Schnelle Fellpflege (täglich) .... ☑
Gründliche Fellpflege .... ☑
Gesundheitskontrolle zu Hause................ ☑
Gewichtskontrolle ....Datum ....kg ....
Gesundheitscheck beim Tierarzt ....Datum ....
Entwicklungskontrolle beim Tierarzt.............Datum ....
Zweite Impfung.......................................Datum ....
Dritte Spulwurmkur ....Datum ....
Flohbehandlung....................................... ☑

Register

Danksagung des Autors

Hinter der Veröffentlichung eines Buches steht immer ein Team, und ich möchte mich ganz herzlich bei den zahlreichen Organisationen und Einzelpersonen, den Zweibeinern und Vierbeinern bedanken, die zur Enstehungen dieses Buches beigetragen haben.

Ganz besonders möchten ich den folgenden Freunden und Kollegen für ihre allgemeinen Ratschläge und Anleitung und ihre besonderen Beiträge danken.

Dr. John Bradshaw PA Phd, Direktor des Anthrozoologischen Instituts der Universität von Southampton (des einzigen Forschungszentrums in Großbritannien, das sich der Erforschung des Verhaltens von Katzen und Hunden und ihrer Beziehung zum Menschen widmet).

Erica Peachey Bsc (Hons), Beraterin für Tierverhalten.

Dr. Jo Wills BVetMed. MRCVS, Tierarzt und Spezialist für Tierernährung.

John Down BVetMed. MRCVS, Tierarzt.

Elspeth Down BVetMed. MRCVS, Tierärztin.

John Robinson BDS (Lond.), Tierzahnarzt.

Sue Parslow, Herausgeberin der Zeitschrift Your Cat

Peter Young, Preisgekrönter Profi-Katzenfriseur

Dem Verlagsteam, Sam, Viv, Jane, Paul, Claire und Nina.

Danksagung des Verlegers

Reed Illustrated Books dankt den folgenden Organisationen und Personen für ihre Hilfe in bezug auf Fotografien, Abbildungen und Gestaltung: Mr. A. Glue vom Millbrooke Animal Center (RSPCA), Chobham; Pet Plan Insurance; Craig und Janet Irvine-Smith; Sue Holden; Liz McGauley und Anne Walton vom Stonehenge Veterinary Hospital: Waltham Centre for Pet Care and Nutrition; Wood Green Animal Shelter; Geoff Borin; Jane Burton und ihren Kindern; Nick Goodall; Vicky Gray; Rosie Hyde; Jacky und ihren Kindern; Vera Lopez; Alison, Mike und Grace Molan; Claire Musters; Nicola O'Connell; Mr. und Mrs. Paul und ihrer Familie; Nina Pickup; Sarah Pollock; Michael Quinney; Tim Ridley; Helen Sargeant; Herb Schmitz.

Bildnachweis

Animal Graphics Ltd./Angela Rixon 93.
Aimal Photography/Sally Anne Thompson 89.
University of Bristol/Department of Companion Animals/Dr. Frances Barr 17.
Bruce Coleman Ltd./Jane Burton 38, 90, 121, 123 (oben).
Dr. Gary England/Royal Veterinary College 13 (unten), 16 (oben rechts und unten rechts).
Oxford Scientific Films/Des und Jen Bartlett 8/London Scientific Films 114, 115, 116/John McCamon 118/Frank Schneidermeyer 80 (unten).
Pet City 58.
Pedigree Pet Foods 59.
Reed International Books Ltd./Jane Burton 1, 2, 10, 12, 15, 16, 18, 19 (links und rechts), 20, 21, 22, 23 (links und rechts), 24, 25 (oben und unten), 26, 27 (oben und unten), 28,29 (oben und unten), 30, 31 (oben und unten), 32 (oben und unten), 33 (oben und unten), 34 (oben, unten links und unten rechts), 35 (oben und unten), 40, 41, 42, 43, 49, 52, 57 (oben und unten), 60 (oben und unten), 61, 62, 63 (oben und unten), 64, 65, 66, 67 (oben und unten), 68, 69, 70, 71, 72, 73, 74, 75, 76, 77 (links und rechts), 79 (unten links und unten rechts), 79 (oben), 82, 83, 84, 85, 86, 98, 99 (oben), 106 (links, Mitte und rechts), 108 (links, Mitte und rechts), 109, 110, 111 (oben und unten), 113, 117, 128/Nick Goodall 95, 97/Rosie Hyde 102 (oben und unten), 103, 104/Ray Moller 44, 45 oben, 45 (unten), 46, 47/Tim Ridley 3, 6, 54, 100, 101/Herb Schmitz 99 (unten).
Titelfoto: mauritius images/Frank Lukasseck
Abbildungen/Adam Abel 51/Stefan Chabluk 9, 14 (unten links und rechts), 36, 80, 101, 105, 123/Liz Gray 11, 13, 14 (oben), 19, 56, 114, 115, 116, 122 (links und rechts)/Chris Orr 39, 87, 91.
John Robinson DS (London) 112.
Tony Stone Images 36 (oben), 37, 81/Jerome Tisne 48.
Zefa Picure Library 7, 9 (oben), 55, 92.